本专著为2015年度河北省高等学校科学研究计划人文社会科学重点项目"IPO注册制下证券市场投资者利益保护研究"的最终成果，由2016年度河北经贸大学学术著作出版基金和河北经贸大学金融学省级重点学科学术著作出版基金共同资助出版。

IPO注册制下证券市场投资者保护研究

封文丽 卢素艳 著

中国社会科学出版社

图书在版编目（CIP）数据

IPO注册制下证券市场投资者保护研究/封文丽，卢素艳著. —北京：中国社会科学出版社，2017.10
ISBN 978 - 7 - 5203 - 1005 - 5

Ⅰ.①I… Ⅱ.①封… ②卢… Ⅲ.①上市公司—企业管理—研究—中国 Ⅳ.①F279.246

中国版本图书馆CIP数据核字（2017）第224733号

出 版 人	赵剑英
责任编辑	车文娇
责任校对	王纪慧
责任印制	王 超

出　　版	中国社会科学出版社
社　　址	北京鼓楼西大街甲158号
邮　　编	100720
网　　址	http：//www.csspw.cn
发 行 部	010 - 84083685
门 市 部	010 - 84029450
经　　销	新华书店及其他书店

印　　刷	北京明恒达印务有限公司
装　　订	廊坊市广阳区广增装订厂
版　　次	2017年10月第1版
印　　次	2017年10月第1次印刷

开　　本	710×1000　1/16
印　　张	17.5
插　　页	2
字　　数	260千字
定　　价	75.00元

凡购买中国社会科学出版社图书，如有质量问题请与本社营销中心联系调换
电话：010 - 84083683
版权所有　侵权必究

前　言

　　中小投资者作为证券市场的弱势群体，在制度改革中很容易成为利益受损的一方，其权益保护需要改革设计者给予特别关注。此外，目前 A 股市场虽有股指期货、融资融券等做空机制，但受资金、风险承受能力、投资技能等因素所限，这些业务主要是机构投资者的专利，散户很少涉猎其中，无法通过这些创新产品进行风险对冲；加之作为社会监督的集体诉讼机制缺失，无法获得"一人胜诉所有受害者均平等获赔"的结果，进而无法通过增加违规者的违规成本产生外部震慑作用。基于上述原因，IPO 注册制下中小投资者的权益保护成为学术研究难点。

　　本书综合运用制度经济学、行为金融学、管理学等理论，专门针对称为中国证券市场第二次"股权分置改革"的新股发行（IPO）注册制改革，深入探讨如何科学有效地完善多层次资本市场体系、信息披露制度、退市制度及证券市场监管制度等与之配套的证券市场基础设施建设，以实现"投资者利益的切实保护"与"注册制改革的顺利实施"二者的双赢。同时，将"IPO 注册制改革中投资者价值投资技能培育"作为研究突破的重点，以"风险教育与投资理念培育"为核心，从投资价值挖掘和"招股说明书"等公开披露核心文件信息阅读、规避注册制下不再稀缺的新股与重组股及"壳资源"炒作风险、警惕退市风险、把握注册制的内涵及实施条件、熟悉注册制改革的各项配套措施及对 A 股市场格局与生态环境的影响、积极运用投资者维权机制、参与建立合格投资者制度等方面全维度、多视角提高投资者自我保护能力。

由于时间、经验、学术水平、研究内容的时效性等因素所限，书中不足之处在所难免，恳请各位同仁予以斧正，以便更好地推进后续研究。

封文丽

2017 年 7 月

目　　录

第一章　IPO 注册制下证券市场投资者保护的必要性与内容 ……… 1

第一节　IPO 注册制下证券市场投资者保护的必要性 ………… 2
第二节　IPO 注册制下证券市场投资者保护的内容 …………… 6

第二章　我国 IPO 发行审核制度的历史变迁 …………………… 18

第一节　IPO 发行审批制 ……………………………………… 19
第二节　IPO 发行核准制 ……………………………………… 24
第三节　未来改革方向：IPO 注册制 ………………………… 35

第三章　IPO 发行审核制度的国际比较与借鉴………………… 44

第一节　保荐人制度 …………………………………………… 44
第二节　英国核准制 …………………………………………… 54
第三节　德国"中间型"发行审核制度 ………………………… 59
第四节　国际 IPO 注册制 ……………………………………… 63
第五节　比较与借鉴 …………………………………………… 79

第四章　IPO 注册制实施的市场环境优化：
　　　　多层次资本市场建设 ………………………………… 84

第一节　基于注册制的多层次资本市场建设内容 …………… 84
第二节　多层次资本市场建设中的投资者保护………………… 92

第五章　IPO 注册制的配套改革之一：信息披露制度 ············· 119

　　第一节　注册制下信息披露的要求 ············· 119

　　第二节　注册制下信息披露的内容 ············· 130

　　第三节　投资者阅读信息披露文件的技巧 ············· 146

第六章　IPO 注册制的配套改革之二：退市制度 ············· 154

　　第一节　注册制成功实施国家和地区的退市制度借鉴 ······· 154

　　第二节　我国现行退市制度的缺陷 ············· 163

　　第三节　退市制度的优化 ············· 174

　　第四节　投资者警惕退市风险 ············· 186

第七章　IPO 注册制的配套改革之三：监管制度 ············· 193

　　第一节　注册制下监管机构职能转变 ············· 193

　　第二节　注册制下监管职能强化 ············· 199

第八章　IPO 注册制的配套改革之四：事后追责制度 ············· 214

　　第一节　IPO 注册制下刑事处罚强化 ············· 214

　　第二节　IPO 注册制下民事赔偿制度建立 ············· 218

　　第三节　IPO 注册制下投资者维权 ············· 226

第九章　IPO 注册制的配套改革之五：合格投资者制度 ······· 239

　　第一节　投资者适当性管理的内涵 ············· 239

　　第二节　成熟市场投资者适当性管理成功经验借鉴 ········· 241

　　第三节　我国创业板市场投资者适当性管理经验 ············· 244

　　第四节　股指期货投资者适当性制度 ············· 249

　　第五节　中国合格投资者制度设计 ············· 256

参考文献 ············· 262

第一章 IPO 注册制下证券市场投资者保护的必要性与内容

　　投资者作为重要的参与主体，对其利益进行保护是证券市场赖以生存和发展的核心基础。市场对投资者保护力度的大小，决定了投资者对市场的信心。党的十八届三中全会通过的《中共中央关于全面深化改革若干重大问题的决定》中提出了"健全多层次资本市场体系，推进股票发行注册制改革"。2015 年 12 月 27 日，全国人大常委会审议通过《关于授权国务院在实施股票发行注册制改革中调整适用〈中华人民共和国证券法〉有关规定的决定》，该注册制法案自 2016 年 3 月 1 日起施行，实施期限为两年。该法案是在《证券法》修订草案仍需完善的情况下，对股票发行注册制改革制度允准先行先试的变通之法。多层次资本市场的健康发展要求交易产品风险特性与投资者风险承受能力相匹配；而作为牵一发而动全局的改革，IPO 注册制的推进将使 A 股市场格局与生态环境面临巨变，对其产生短期冲击。在以"散户为主"的投资者结构、集体诉讼机制缺位及事后监管处罚体系尚不健全的国情下，受损失的将主要是为数众多的中小投资者。

　　基于此，当务之急在于综合运用制度经济学、行为金融学、管理学等理论，专门针对可称为中国证券市场第二次"股权分置改革"的新股发行（IPO）注册制改革，深入探讨如何科学有效地完善监管制度、信息披露制度等与之配套的证券市场基础设施建设，以实现"投资者利益的切实保护"与"注册制改革的顺利实施"二者的双赢。

第一节 IPO 注册制下证券市场投资者保护的必要性

注册制改革被视为中国资本市场的"成人礼",其核心在于理顺政府与市场的关系,总体目标是建立市场主导、责任到位、披露为本、预期明确、监管有力的股票发行上市制度,改革成败关键在于能否保护投资者尤其是中小投资者的利益。在 IPO 注册制下,市场各方参与者的行为将对投资者权益产生重要影响——监管方的监管水平与执法力度、发行人的信息披露策略与发行人受监管处罚的敏感程度、投资者对信息的判断能力及其风险承受水平均与投资者权益息息相关。发行人的信息披露越真实、监管方的惩罚力度越严格、投资者因发行人违规披露被处罚对自身权益造成的影响越严重、法律法规以及监管制度越完善,投资者权益越不容易遭到侵害。注册制改革将促进市场在资源配置中发挥决定性作用,但市场化改革需要法制化保驾护航,在由核准制向注册制过渡时期,各项配套制度建设滞后背景下,投资者利益保护十分必要。

一 相关法律不完善可能使中小投资者权益无法得到保障

自证券市场建立以来,我国对于证券投资者的保护立法工作一直在不断补充与完善之中,但有相当一部分法律仍处于空白阶段或存在滞后、实用性不强等问题。比如,现行《证券法》制定于 1998 年 12 月,2005 年做过较大修订,其后进行过个别条款的修改,但关于信息披露的内容较少,与对发行人及直接责任人的处罚力度与获利情况相比明显偏弱,且并未提及对投资者赔付的问题。《证券法》第一百八十九条规定了对欺诈发行的处罚措施,发行人不符合发行条件,以欺骗手段骗取发行核准,尚未发行证券的,处以 30 万元以上 60 万元以下的罚款;已经发行证券的,处以非法所募资金金额 1% 以上 5% 以下的罚款;对直接负责的主管人员和其他直接责任人员处以 3 万元以上 30 万元以下的罚款。第一百九十三条对未按照规定披露信息,或者所披露的信息有虚假记载、误导性陈述或者重大遗漏的情况规定了处罚措施，其处理方式和第一百八十九条相同。

《刑法》中关于证券犯罪的量刑也比较轻。我国《刑法》在第一百六十条欺诈发行股票、债券罪，第一百六十一条提供虚假财会报告罪，第一百八十一条编造并传播证券、期货交易虚假信息罪中，虽具体列明了犯罪构成要件及量刑标准，但无论获利多少，最重刑罚无一超过十年。此外，《刑法》并未对故意隐瞒应披露信息、不及时发布信息并造成严重后果的行为规定罪名和刑事责任。这使得一些违法者不会受到刑法的制裁，从而缺少威慑诸多违法行为的刑罚手段。

因此，现行法律法规在立法层面修改应加重违法主体的刑事、行政和民事责任，做到有法可依，以扭转违法者高收益、低风险格局，特别是股票发行从实质性审核过渡到形式审核，更需要有配套的法律制度来规范市场主体行为，提高违法成本，否则恶意损害中小投资者利益的事件将会屡禁不止。一是在注册制下，发行人、中介机构等主体参与市场运营的自由度更大，如果没有匹配严格的惩治措施、退市制度等，中小投资者可能会因发行人、中介机构发布虚假信息、故意瞒报重大事项，甚至造假而利益受损；二是中小投资者可能会因维权无门、维权成本高、民事赔偿得不到保障等问题最终放弃利益诉求。

二　市场不健全可能带来的风险

注册制的理论设计是基于市场经济条件下的证券市场，只要信息完全、真实、及时公开，市场机制与法律制度健全，证券市场本身会自动做出择优选择。但在现实中，股票的发行更多地交由市场来选择，可能存在难以预料的风险：一是真实世界中不存在完全有效的证券市场，或多或少存在内幕信息，特别是在中国这样的新兴市场中，市场机制尚不健全，各市场要素不可能自由发挥作用，信息不对称问题较为突出；二是市场机制运行的相关配套设施不完善，不能有效规范市场主体参与市场运作的行为，市场就不能有效传递信息，噪声交易大量存在影响或误导中小投资者接受和分析判断信息，"羊群效应"导致盲目跟风，难以进行理性投资。

三 中小投资者自身局限性可能使其权益受损

注册制下，证券监管机构只对发行人是否充分、完整披露了相关信息负责，不再对所发股份的优劣进行官方背书。因此，中小投资者需要对发行人所披露信息的质量和拟上市股票的价值进行自我判断，这就对中小投资者的专业知识水平、信息获取能力、市场分析技巧等提出了较高的要求。但在我国证券市场的实际运行中，其一，由于中小投资者自身的局限性，经常处于弱势地位。一方面，由于中小投资者比较分散，虽然整体数量较大，但很难形成合力在证券市场与大股东等内部人进行博弈；另一方面，中小投资者普遍缺乏财务、法律、证券等专业知识和专业判断能力，往往表现为靠经验、盲目跟风等赌徒心理实战运作，这就有可能被虚假信息欺骗，也有可能因专业知识不足而做出误判，导致其权益受损。其二，中小投资者缺少风险对冲工具。目前，A 股市场虽有股指期货、融资融券等做空机制，但因受资金、风险承受能力、投资技能等方面所限，这些业务主要是机构投资者的专利，散户很少涉猎其中，难以利用这些创新产品对冲市场系统风险。其三，作为社会监督的集体诉讼机制缺失，无法获得"一人胜诉所有受害者均平等获赔"的结果，进而无法通过增加违规者的违规成本产生外部震慑作用。因此，作为证券市场的弱势群体，中小投资者在制度改革中很容易成为利益受损一方，其权益保护需要改革设计者给予特别关注。

四 IPO 注册制将改变 A 股市场格局与运行环境

在核准制下，IPO 过程中的"高发行价、高市盈率、高超额募集资金"的"三高"问题不断显现，IPO 造假更是层出不穷，这些问题的存在都将矛头指向了现行的发行体制。而在以市场化改革为方向的注册制下，我们有理由期待，困扰证券市场多年的新股发行"三高"、恶意圈钱、造假上市等这些股市顽疾能够在源头上得以治理。毋庸置疑，注册制改革必将打破现有的股市利益格局，对监管机构、证券公司、上市公司、广大投资者等相关市场主体产生深刻影响。

在核准制下，大量优秀公司必须经过严格审核才能上市。由于达不到监管部门规定，许多优秀企业转而寻求中国香港、美国等市场上市。而符合要求的企业完成上市之后，由于退市制度不严厉，不用担心经营不善而无法继续存在于市场中，主观上又缺乏对投资者负责的态度，进而导致上市圈钱、高位套现、不注重公司经营的现象。这种由于权力垄断而形成的资源稀缺性，是新股"三高"发行、业绩造假、恶性圈钱等 A 股顽疾的根源所在。而股票发行由核准制转向注册制将加快新股发行节奏，拓宽退出渠道。市场新股将会激增，发行价格将会降低，A 股的估值中枢将会下降，现存的新股"三高"现象会得到抑制；大量优质企业能够实现简易快捷上市，市场供给无限放大。市场供求关系和组成结构改善后，投资者更易于货比三家优中选优，好的企业（股票）投资者会争先购买，而劣质高价的企业将在激烈的市场竞争中被压缩生存空间乃至被自然淘汰。这样"壳资源"不再稀缺，垃圾股不再被爆炒。让好企业上市融资变得容易，让经营不善的企业退市，也能有效地抑制二级市场中部分的内幕交易、老鼠仓等违规违法行为，打击金融腐败，缔造出良好的投资环境和交易生态。

注册制实施后，证监会监管重心后移，不再负责发行审核，这样就会腾出手肃清市场秩序，加大对违规和造假的处罚力度，更好地维护投资者权利。对证券公司而言，大量新上市公司带来的承销收入将与融资融券业务一样可以缓解整个行业"靠行情吃饭"的窘境。对广大投资者而言，由于上市门槛的大幅降低，手中可选的优质企业越来越多，有利于避免再为高市盈率高风险的劣质企业买单。对众多 A 股中的僵尸公司而言，注册制将是它们难以面对的噩梦。只有实施实质性重组，寻求地方政府财政补贴等招数"自保"，才有可能置之死地而后生。

然而，注册制改革也并非万能灵药，可以包治市场百病。即使在成熟证券市场上，注册制也无法避免世通、安然等美国本土公司的会计丑闻，更无法消除大量中概股的集体造假。而且，注册制实施初期，市场新股激增，投资者面对繁多的新股，对于标的选择需要更加专业的眼光，投资风险将进一步加大。这对于习惯听消息、炒概念又无法对冲风险的 A 股中小投资者将是一个考验。在股市供需改变下资金分流冲击、整体估值下降以及市场规则不完备有可能使自身利益遭受损失。因此,从实质审核过渡到形式审核是一个复杂的系统工程,必须要有配套的法律、制度建设,匹配严格的惩治措施、退市制度等。制定注册制实施细则和配套措施、修改原有法律法规、变革现行制度规章、处理善后遗留问题等将成为相关职能部门未来几年的工作重心,以便最终能建立一个更加公开公正阳光透明的信息披露制度、一个高举高打加雷厉风行的退市制度,进而打造一个与全球第二经济体地位相匹配的资本市场。

第二节 IPO 注册制下证券市场投资者保护的内容

注册制改革是一项系统工程,其特征可概括为:上市权下移交易所,证监会负责事中事后监管,证券业协会规范自律,法律法规设定底线。与之相适应的投资者权益保护也需多管齐下,由法律法规、配套制度、监管机构、自律组织、投资者自身等多层面全方位实施。

一 建立一套与股票发行注册制相匹配的法律、法规体系

核准制向注册制的转变,必然伴随着证券市场各参与主体的角色转变,因此必须建立健全一套与之相适应的法律、法规体系。目前我国发行审核制度所依据的法律规范主要是《公司法》《证券法》《股票发行与交易管理暂行条例》,以及证券监管部门公布的相关准则和指导意见如《首次公开发行股票并上市管理办法》等,很多规定还存在漏洞甚至空白,比如在对违法责任处罚方面,侧重于行政处罚,缺乏相应的民事和刑事处罚,需要进一步修订和完善。而在现行核准制下,投资者对审核机构的审核结果抱有较强的依赖心理,使我国股票发行审核制度改革难以迈出实质性步伐。在实践中,要积极借鉴国内外的相关经验,寻找适合我国国情的中小投资者保护措施,比如通过建立法律集团诉讼制度和完善退市制度,对欺诈发行和重大违法的上市公司实施强制退市,坚决清除出市场。这样不仅能更好地保护投资

者的利益，也能对铤而走险者形成巨大震慑，让违规者付出惨重代价。

尽管监管机构可通过行政和刑事手段威慑惩戒违法者，但由于监管资源有限，且在民事责任追究方面的不足，投资者往往难以挽回损失。因此，不仅要健全行刑衔接机制，对违法行为追究刑事责任，实施刑罚制裁，而且要推动建立适应注册制改革要求的民事赔偿制度，有效保障投资者通过民事赔偿诉讼获得赔偿。而集团诉讼制度是较为实际的保护投资者利益的做法，为小额投资者提供诉讼实现手段。

证券犯罪导致的损失往往涉及人数众多，合计数额惊人，但单个投资者损失额并不高。出于成本考虑，很多中小投资者不愿走诉讼途径，无法主张索赔权利。集团诉讼可集合分散的诉讼请求，产生规模效应，使诉讼执行变得经济、有效。目前实施的代表人诉讼制度，要求权利人向法院登记，未登记的权利人需在诉讼时效内单独提起诉讼，由法院裁定适用对代表人诉讼的判决或裁定，提高了当事人的诉讼成本，大部分投资者因而放弃行使诉讼权。

我国属于大陆法系国家，在法律制度、司法体系等方面与英美法系存在较大差异，在政治、经济、文化等方面也存在明显区别，很难全盘照搬美国的集团诉讼制度，但可以借鉴其理念，完善我国的代表人诉讼制度。例如，授权投资者保护基金代表投资者参与代表人诉讼，允许法院判决或裁定直接适用于未参与诉讼的投资者等，这不仅可以有效地保障投资者获得经济赔偿，而且在制裁违法违规公司及责任人的过程中也可发挥正面作用。

二 加快推进配套制度建设

作为一个制度变迁的过程，由核准制过渡到注册制不可能一蹴而就。根据制度变迁中充当初级行为团体的主体不同，可分为强制性制度变迁和诱致性制度变迁。而根据制度变迁的参照不同，可分为创新性制度变迁和模仿性制度变迁。就我国股票发行审核制度的制度变迁而言，变迁方式主要以强制性变迁为主，同时因受路径依赖制约，遵循自上而下的渐进式制度变迁过程，模仿性制度变迁因素占主导地位。这意味着注册制改革首先需要顶层设计，其次还需借鉴美国等发达经济体成熟经验，再辅之以各种配套基础设施和相关制度建设才能最终落地。

作为美日等成熟证券市场实施的发行制度，注册制是完全市场化的标志。要想实现从核准制到注册制的平稳过渡，需要具备以下诸多条件：其一，股市具备投资功能，投资者利益与融资者利益达到平衡；其二，IPO 市场定价机制完备，"三高"发行得以彻底纠正；其三，上市与退市形成动态平衡；其四，多层次资本市场建设，以分流 A 股 IPO 融资压力；其五，信息披露制度规范；其六，发行人、中介机构严格自律；其七，司法诉讼体系、投资者教育和保护体系完善。其中，需要着重强化的是信息披露制度、IPO 定价机制和退市制度建设。

（一）信息披露制度优化

信息披露是注册制的灵魂和核心，是连接上市公司与投资者的桥梁，上市公司披露的各种定期报告和临时报告是投资者的决策依据。真实、准确、完整、及时的信息披露是证券市场诚实信用的基石，在防范市场投机、减少市场操纵、帮助投资者和社会公众准确投资等方面具有重大意义。因此，充分而准确的信息披露就是对中小投资者的最大保护。

与核准制相比，IPO 注册制下的信息披露制度更加关注投资者利益，审核要求更严格。审核关注点不是财务状况、盈利能力等实质性指标，而是更细微、更深入的信息披露形式，要求所披露信息真实准确、完整易得。就目前我国信息披露制度而言，还存在披露信息质量较差、违规披露多发、监管效率低下等问题，投资者之间存在较严重的信息不对称性，无法适应注册制的严格要求。因此，需要借鉴美国、日本等发达国家注册制成功实施经验，从信息披露导向转变、核心文件确立及其披露质量提高、证监会监管职责的重新定位、规范信息披露主体行为、加大对违规披露惩处力度等方面优化我国现行信息披露制度，构建以充分信息披露为基础、以审慎形式审查为核心、以严格法律责任追究为后盾的 IPO 注册制，以推进证券发行市场健康稳定发展。

（二）完善市场定价机制

证券市场定价功能的合理发挥，是市场资源优化配置和发挥交易功能的前提和基础。建立市场化的定价机制是实施注册制的坚实基础，因为唯有买卖双方能够充分博弈，市场选择机制才能替代行政审批，实现市场资源的合理配置。这包括 IPO 定价和二级市场定价两方面。

1. IPO 定价

真实反映市场需求，是新股定价有效的前提。从网上竞价到定价发行，再到今天的询价制度，A 股发行制度一步步地朝着市场化方向迈进。然而目前核准制下的 IPO 定价机制还存在诸多问题，使新股发行市盈率高、发行价格高、超募资金高的"三高"现象严重。其中，最重要的问题便是高发行价。高发行市盈率、高超募资金等现象一定程度上是由高发行价引起的。因为市盈率等于新股市场价格除以每股收益，因此在每股收益不变的情况下，发行价越高，其发行市盈率就越高。而在发行量固定不变的情况下，发行价越高，超募资金就越高。我国在新股定价机制上，违背了市场化定价原则，一级市场高溢价发行，导致市场过度投机现象严重，一、二级市场之间失衡。因此，需要着手以下几方面的改革：

（1）完善询价制度，强化定价约束机制

应提高发行定价的市场化程度，以充分信息披露和风险提示为前提，通过发行人和投资者的博弈确定发行价格，逐步减少非市场化的影响因素。改变现行的询价模式，规范询价过程，使询价结果能够充分体现企业真实的内在价值。在询价对象引入个人投资者的同时，进一步加强对机构投资者的报价监管，制定问责制度，与信用评价机制挂钩，加大对高报价机构投资者的惩处力度，大力打击哄抬价格者。在询价过程中，对多次出现非理性报价和其他不当行为的机构，应降低信用评级，给予警示乃至取消其参与询价的资格，使其对自身行为负责，提高询价对象整体报价水平。

（2）改革配售申购方式，保障中小投资者利益

在英美等成熟资本市场上，新股发行均首先保证中小散户申购，

这是抑制新股发行市盈率畸高的有效措施，非常值得借鉴。在新股发行中对大机构进行某些限制，优先保障中小投资者的利益。具体做法可考虑取消网下配售，让所有投资者公平地参与网上申购；或将中小投资者与机构投资者的申购方式彻底分开，机构只参与网下配售，而中小投资者参与网上申购，或规定机构与中小投资者申购的比例，以提高中小投资者的中签率；还可找寻能替代资金量作为申购条件的手段，使中小投资者能有实力与机构投资者竞争。

2. 二级市场定价

造成国内证券市场定价机制扭曲的主要原因是二级市场上一直存在着两种不同的估值体系：一种是股票自身的现金回报价值，另一种是上市公司的壳价值。前者主要决定大盘股、蓝筹股的定价，后者主要决定小盘股、垃圾股的定价。总股本越小、业绩越差的上市公司被借壳重组的可能性就越大，其估值就会越高。如曾经的"ST 昌九（600228）"在没有任何业绩支撑的情况下，仅凭朦胧的稀土重组题材就可以将股价炒到每股 40 多元，即使在稀土重组希望彻底破灭的情况下，该公司的股票总市值仍然可以长期维持在 30 亿元左右。还有造假上市的"万福生科（300268）"在遭受证监会处罚之后不跌反涨，还连拉十几个涨停板，均是上市公司壳资源价值的具体表现。因此，恢复证券市场定价能力的最重要举措就是彻底破除上市公司壳资源价值，让所有上市公司都能够在一个估值体系中定价，丧失盈利能力上市公司的股价就应当无限趋近于 0，直至其股票退市或破产清算。为此，监管部门应从如下三方面常抓不懈：

（1）证券监管部门应当敢于旗帜鲜明反对借壳上市

虽然借壳上市从形式看也属于上市公司的市场化重组，但其本质是一种"后门上市"行为，与国家鼓励的产业升级、调整无关，监管部门应当旗帜鲜明地表明监管态度，而不应当将其视为企业上市的正常途径之一。

美国、日本和中国香港证券监管部门无不旗帜鲜明反对借壳上市，对借壳上市采取了一系列高压监管措施。自从中概股危机爆发以后，美国政府大幅度提高了借壳上市门槛，使借壳上市比正常的 IPO

难度还要大，因此近 3 年来没有一家中国公司在美国借壳上市了。虽然 2013 年年底，中国证监会也宣布了借壳上市等同 IPO 政策，但在实际执行中相去甚远，例如借壳上市无须漫长的排队等候，一般在 3 个月即可完成审批，而 IPO 排队 3—5 年都是家常便饭；IPO 申请被否决后至少 6 个月不得再申报，而借壳上市申请被否决后可以立即卷土重来。

（2）各级政府应当有序推动少数上市公司破产清算

证券市场开办 20 多年来，经济周期几起几落，但上市公司尚没有一家破产清算明显不符合经济规律。为了避免这些"僵尸"公司过度占用市场资源，也为了让投资者切身感受市场投资风险，中央政府应当统一安排，有序推动少数没有市场前景或重大违规的上市公司进入破产清算程序。

一家上市公司的破产必将牵涉上万股民利益，地方司法部门将被迫参与进来，以追究有关当事人的责任，让司法制度真正成为保护证券市场投资者利益的最后防线，而不是像现在这样通过所谓的借壳上市，表面上让众多股民皆大欢喜，实际上却将证券市场矛盾无限递延。

（3）现行退市制度的威慑力有待进一步提升

2014 年 11 月开始生效的最新退市制度虽然退市覆盖范围有明显的扩大，但由于"法不溯既往"原则被严重滥用，导致新退市规则的市场威慑力明显不够。

（三）严格退市制度

实行注册制，不仅需要有完善的配套制度保驾护航，更需要严格的退市制度作为后盾。纵观国际成熟资本市场的发展经验，卓有成效的退市制度的建立，将有助于促进市场公平、提升上市公司质量、保护投资者权益，从长远角度裨益于市场整体估值。

实行注册制后，新股发行重在信息披露，新股发行能否成功、发行价格的高低等均由市场来决定。投资者既可以用手投票，也可以用"脚"投票。更值得关注的是，今后亏损企业也能上市将不再是新闻，新股发行失败的可能性大增。另外，实行注册制，新股发行门槛降低,企业上市变得相对容易,那就不排除某些企业会通过财务造假或包装粉饰的方式"混进"市场的可能性。从这个意义上说,如果没有严格的退市机制做后盾,注册制实行后,企业造假上市就有可能不减反增。这在客观上也要求监管部门降低退市门槛,以便让大量占用市场宝贵资源的劣质公司退出市场,也可加快推进僵尸企业重组整合。

"大进大出"是优胜劣汰机制。流水不腐,户枢不蠹。股票市场要健康发展,不可能多进少出,更不可能只进不出。然而近几年来,由于资本市场的缺陷,国内 A 股退市数量少、退市流程长,看似严格的退市制度几乎形同虚设。自 2001 年年底 PT 水仙的退市正式拉开了中国资本市场退市的序幕后,截至目前,沪深两市"被退市"的上市公司共 95 家,与挂牌的 3200 余家上市公司数量相比,16 年来的退市率不足 3%。其中,有因证券置换退市的,有因吸收合并退市的,还有因私有化而退市的,也有像*ST 二重主动退市的,而因触发业绩条款退市的公司不足 60 家。然而,据不完全统计,美国纳斯达克市场每年有大约 8% 的公司退市,其中大约一半被强制退市。纽交所退市率约为 6%,其中约 1/3 强制退市。英国创业板的退市率更高,大约12%,每年超过 200 家公司退市。较高的退市率,强化了市场的新陈代谢功能,保障了注册制的成功实施。

为保证退市规范进行,同时保障中小股东权益,需从以下几方面着手:

首先,上市公司及投资者应充分认识退市制度的严肃性与正常性。

退市制度作为资本市场必备机制之一,其实质是保持市场资源的有效配置和强化市场自我纠错、公平竞争的体现。股票退市与否有三条判断原则:股票失去价值、股票失去流动性及股票交易失去公允性。一旦上市公司股票不符合以上原则,该只股票将会进入退市程序。但我国上市公司与投资者对此认识存在误区,认为只有劣质企业才退市。其实成熟市场上,经营好的企业也可以退市,退市与否并非衡量企业好坏的标准。就国际经验而言,很多公司当认为自身股权交易价值不足后,常常选择自主退市。以纽交所为例,自主退市与强制退市的比例大约为3∶1，纳斯达克则为1∶1。这既符合企业生命周期选择，也能推动股市行业结构的变迁，使股市更好地反映实体经济。

其次，提升退市制度的有效性。

在制定退市制度时，退市标准具体、明确，具备多样性和操作性，退市程序兼顾效率和节奏，注重公平性和灵活性，将有助于提升退市制度的有效性。根据海外成熟市场经验，有效的强制退市制度应强化交易指标，明确财务指标和细化退市程序，并给予触及强制退市标准的公司整治和重新达到标准的机会，同时严惩存在欺诈行为的上市公司。

最后，发挥多层次资本市场的作用。

成熟的多层次资本市场一是能为融资企业找到更多出路，二是能为退市企业找到更好的退路。以美国为例，其强制退市的公司退市后一般是去场外市场交易，包括OTCBB市场、粉单市场（Pink Sheet）。虽然场外市场的流动性有所下降，股价的波动率也会明显提高，但是它提供了一个高风险偏好的股权交易场所。就我国A股市场而言，主板强制退市企业可在新三板挂牌。随着未来新三板各项制度建设的加速完善，投资者门槛在未来终将下调，这为主板企业退市后留下的中小投资者保护难题提供了解决思路，也能从一定程度上削减壳资源价值，进一步为退市制度的实施提供保障。

三　证监会监管职责的重新定位与强化

注册制改革的实施，将使证监会进一步简政放权，真正意义上还权于市场、还权于投资者。但这并非意味着证监会的监管职责的放松，而是实现监管方式与监管理念的转变，由着重事前审核转向强化以风险导向为主的事中监管和以行为导向为主的事后监管，且须均衡配置三个环节的监管资源，即由"家长"式监管角色转换为"裁判员"角色。

无论是成熟市场还是新兴加转轨市场，证券监管机构的性质或定位均是围绕"监管"展开的。然而，多年来中国证监会却将主要精力放在对新股发行的审批上，而且对拟发行公司未来是否有持续盈利能力作为判断公司可否发行和上市的标准。然而实践表明，严格的实质性审核并不能禁止违法违规行为。通过筛选的公司很难在经营中展现持续盈利能力，业绩下滑的公司占据相当高的比重。发审权下放是发行体制市场化改革的必然要求。证监会应逐步从烦琐的行政审批中摆脱出来，把监管重点转到引导证券市场健康发展、维护三公原则和市场秩序、打击处罚违法违规行为、保护投资者合法权益上来。

由核准制过渡到注册制，首先要做到监审分离。监管部门应当厘清行政审批和证券监管的关系，将工作重点放在监管上，包括对证券交易所、中介机构、拟上市公司的监管。企业发行股票和上市首先由证券交易所审核，在证券交易所初审后，再上报证监会审查，证监会对拟发行公司不作价值判断，主要审查是否合规，信息披露是否真实，逐步从投资价值的实质审核向信息披露的形式审查过渡，降低事前审核门槛，使投资者更加谨慎地甄别、评估拟上市公司。自身实施的审慎形式审查以信息披露为核心，强化对发行人信息披露的齐备性、一致性和可理解性进行监督，重点关注申请文件的真实性、准确性、完整性、合法性、关联性与充分性等，还需设定关联交易、同业竞争的合规要求和风险底线门槛。

加强证券监管执法，应是证券发行市场化改革的法制保障。对于注册制改革，市场最为关注的是如何遏制与严惩欺诈发行和信息披露虚假等违法违规行为。应在规则制定权、日常监督权和调查处罚权等方面，全面完善对中介机构特别是保荐机构和会计师事务所的执业规范的监管。证监会应进一步强化保荐人、投行、律师等中介机构在确保上市公司信息披露真实性中的责任，使其充分发挥企业发行上市"第一道把门人"的作用，通过责、权、利的统一，培育市场意识，规范市场行为。将监管重点转移为打击内幕交易、防范利益输送，加大违法违规行为的惩罚力度，促使各中介机构（律师、审计师、评级机构等）各司其职、各负其责，强化约束机制，使其代替发审委成为市场的"守夜人"。而对于造假机构，应建立投诉、问责和索赔机制，如采取责令回购股份、责令先行赔付等方式，加大处罚力度，尽力使投资者获得及时补偿。即在证监会认定欺诈发行的情况下，要求发行人及其控股股东、实际控制人从投资者手中回购股份；要求保荐机构在民事诉讼程序启动前，先行赔偿投资者损失。此外，还可采取吊销营业执照、市场禁入等更加严厉措施加以震慑。

四　规范证券交易所等一线自律组织

证券交易所作为证券市场中的交易平台和枢纽，以及一线监管上市公司的自律组织，具有重要的战略地位。在注册制下，作为自律组织的证券交易所将依据证监会授权，行使发行上市审核权，将原本由发审委及证监会掌握的行政权力下放到证券交易所，利用交易所一线监管的丰富经验、信息和人力资源优势，在证监会监督下，分行业、分专业行使审核权，充分发挥监督管理职责。目前，证券交易所实质上是政府机构的延伸，与证监会之间形分实不分。在现行体制下，发审权下放到交易所容易造成证监会"自我监管"的无效性。在全球交易所并购和公司制改革的大背景下，沪深证券交易所有必要顺应潮流，以强化自律地位和改善市场效率为目标，积极进行改制，不断加强其独立性，进一步明晰权责。只有通过改制，才能强化交易所的自律地位，使其可通过制定适合自身需求的上市和退市规则，履行新股上市发审职责，对申报资料的齐备性、上市公司信息披露等事项独立行使审核权。此外，交易所改制还有利于改善交易所的竞争环境，促使交易所提升服务质量，不断降低成本，改善治理结构，提高市场效率，实现资源优化配置。

五　提高投资者自我保护能力

注册制下投资者权益保护除完善法律法规、规范自律行为等要求之外，首要的是投资者的自我保护。而投资者自我保护水平最终取决于投资者自身对法律法规的掌握程度、投资者投资技巧、投资者风险意识的高低及投资者的自我法律保护意识等。通过培育中小投资者专业素养，规范发展机构投资者，进行投资者适当性管理、建立合格投资者制度，以提升投资者自我保护能力。

（一）培育中小投资者专业素养

在注册制下，中小投资者需要对上市公司所披露信息的真伪加以鉴别，并对其行业前景和未来投资价值进行分析和判断。因此，需要借助投资者教育和自我学习，不断提高中小投资者的专业判断能力、市场分析能力和自我维权能力等，才能在纷繁复杂的股市信息中去伪存真、淘汰虚增业绩、恶意隐瞒重大事项等垃圾股票，真正将有限的资金投资到有潜在价值和增长潜力的优质蓝筹股票，以保护其合法权益。

中小投资者专业素养包括：一是中小投资者应具备财务、税收、股票、金融等基础知识。能够读懂上市公司所发布的各类财务报表、理解财务数据的含义、明晰财务指标之间的勾稽关系。二是要有风险意识。中小投资者要掌握股市运行的客观规律，培养风险意识，能够从宏观上对股市运行的大势做出初步研判。三是要具备分析、判断能力，能够深入了解和分析自己所购买股票的行业发展、具体上市公司的财务指标、运营现状及发展潜能，做到自主选择，不盲目跟风。四是要有自我维权能力，能够主动识别侵犯自身权益的违规、违法现象，并能利用法律武器进行维权。

（二）规范发展机构投资者

在我国证券市场中，中小投资者占有绝对比例。但由于中小投资者人数分散、个体资金量小、专业知识和判断能力较低，与控股股东（或经理人）相比，存在严重信息不对称。但机构投资者的出现能够有效地解决这一困境。机构投资者不仅拥有资金优势，而且通常是由各领域专家组成的群体，他们可以利用各种先进渠道收集信息，具有专业优势和信息优势，从而能够与控股股东（或经理人）相抗衡。通过机构投资者采取"股东积极主义"，投身上市公司治理，能在一定程度上有效地维护自身及中小投资者权益。此外，机构投资者参与询价和发行配售，能增强买方的议价能力，对降低新股发行抑价作用显著，有利于提高市场发行定价的效率。

（三）进行投资者适当性管理、建立合格投资者制度

投资者适当性制度是经国际经验证实的证券市场监管与投资者保护的有效机制。在域外成熟市场，投资者适当性制度主要通过规制证券金融机构的组织架构、经营行为的方式，确保投资者接受适合自身的投资服务，避免投资遭受损失或者当损失发生时能够得到及时、有效的赔偿。

我国相关行政法规、证监会部门规章以及证券交易所和证券业协会的自律规则对创业板、融资融券、股指期货等业务中的投资者适当性管理做了规定，但上位法特别是《证券法》中仍欠缺对投资者适当性的一般规定。建议在《证券法》《证券交易所管理办法》下一次修订中确立投资者适当性管理制度，并将其作为证券公司等机构对外提供服务的一项基本原则。在我国证券市场基本法律中规定适当性的内容，不仅对证券公司及其从业人员的约束力更强，而且投资者可以直接援引基本法律中的相关规定向法院主张获得司法救济，以有效地提升保护投资者利益的效果。

一个健全的资本市场，投资者是分层分级的。由于历史原因，我国主板市场一直以中小散户为主，抗系统风险能力较弱。在推行IPO注册制改革这一A股市场重大制度创新进程中，实施投资者适当性管理制度，既是投资者保护的话题，也是投资者教育的必需。围绕适当性制度建设开展投资者教育工作，可通过向投资者普及证券投资知识以提升其参与市场创新的能力，向市场输送能够参与投资的"合格的"投资者群体，满足市场创新发展的需求。另外，基于理念创新、制度创新和产品创新不断推进，在增强投资者理性参与市场投资能力的同时，还需全面提升投资者的风险意识及根植"买者自负"的契约精神。

第二章 我国 IPO 发行审核制度的历史变迁

　　IPO（Initial Public Offering）是首次公开募股的简称，是指企业通过证券交易所首次公开向投资者发行股票，以期募集用于企业发展资金的过程。股票公开发行形成证券市场源头，其不仅影响发行人的融资利益，还与社会大众投资者的投资收益息息相关。因此，各国政府均对股票公开发行实施监管，并且作为证券监管制度的基础和核心，IPO 发行审核制度设置合理与否将直接影响到交易市场的发展和稳定。投资者要想有效保护自身权益，就需要详细了解其前世今生，把握其发展脉络。

　　股票发行审核制度，是指为保护投资人权益，证券监管机构依据《证券法》的相关规定，对股票发行进行审查，决定是否同意发行人发行股票的一种法律制度。它对投资者利益的保护和金融资源优化配置有着重要的影响，是整个资本市场制度建设中最重要的环节之一。由于每个国家的经济体制和证券监管体制不同，进而股票的发行审核制度也有所不同。世界各国新股发行审核制度主要有审批制、核准制和注册制三种，每一种发行制度均与一定的市场发展状况、经济体制以及所遵循的经济思想相对应。其中，审批制是完全计划发行的模式，核准制是从审批制向注册制过渡的中间形式，注册制则是目前成熟资本市场普遍采用的发行体制。

　　从额度管理到指标管理，从通道制到保荐制，从核准制到注册制，中国在股票发行审核制度、定价制度、发行方式等方面进行了不懈的探索和改革。我国的 IPO 审核制度已经历了由审批制到核准制的演变，目前仍处于核准制监管阶段。但在经济全球化和金融自由化的大背景下，注册制更能体现股票市场自身要求的公开、公平、公正和效率的基本原则。伴随着中国资本市场的日益成熟和功能完善，注册制无疑是未来改革方向。

第一节　IPO 发行审批制

审批制是一国在股票市场的发展初期，为了维护上市公司的稳定和平衡复杂的社会经济关系，采用行政和计划的办法分配股票发行的指标和额度，由地方或行业主管部门根据指标推荐企业发行股票的一种发行制度。在股市发展初期，审批制反映了当时中国股市的人文精神，很大程度上起到呵护市场和保护投资者的作用，通过筹集资金，推动了当时的国有企业改革，促进了社会经济发展。但随着市场形势的变化，审批制的资源配置效率低下、市场建设极度缓慢等诸多缺陷逐步显现，进而伴随着《证券法》的实施，被市场化程度较高的核准制所取代。

一　审批制实施的背景

制度安排具有"路径依赖"的特点，即初始条件对新制度的形成具有重要影响。同样地，我国股票发行审批制的形成也有其深刻的制度背景。在资本市场建立之初，股票发行是一项试点性工作，哪些公司可以发行股票是一个非常敏感的问题，需要有一个通盘考虑和整体计划，也需要由政府对企业加以初步遴选。这样做，一是可以对企业有个基本把握，二是为了循序渐进培育市场，平衡复杂的社会关系。审批制起到了控制股票市场发行节奏的作用，让市场可以以一个相对稳定的速度发展。尽管 20 世纪 80 年代初就有了股份制的萌芽，1990 年沪深交易所也相继成立，但直到 1992 年仍有"姓社姓资"的争论，同年股票发行的试点工作才由上海、深圳推广到全国。作为试点，需要实行指标额度管理。在此情况下只能采用计划色彩浓厚的审批制。

（一）与传统计划经济相适应的非正式制度安排在股票市场上的客观反映

非正式制度是正式制度形成的基础。一定的正式制度安排只有与非正式制度安排协调起来，才能减少摩擦有效地实施并达到预期效果。在非正式制度安排中，意识形态占据主导地位，它可以构成某种正式制度安排的先验模式。我国股票发行审批制度的形成受许多旧的非正式制度影响，突出表现在相机抉择的发行规模控制上。在长期计划经济过程中，公众将政府视为经济运行的核心和总债务人。基于这种传统认识的惯性影响，政府具有干预股市的强烈责任感，并将注意力集中于股指，通过控制股票发行规模影响股指涨跌。新股发行额度由 1994 年的 55 亿元增至 1996 年的 100 亿元仍然无法抑制当时过热的股票市场。为了控制市场风险，管理层不得不将 1997 年的新股发行额度调增至前所未有的 300 亿元，超过了前四年新股发行额度之和。而在股市持续低迷的 1995 年则未曾下达新增额度。这样，额度控制便演变成了随股指涨跌而相机抉择的发行规模调控政策。

（二）我国传统的金融调控体制在股票市场上的合理延续

长期以来，我国实行的是以资金配给制为基本特征的管制性金融体制，其在股票市场上的突出反映就是行政管制与市场监管的高度统一。股票市场作为国家金融调控的补充，必然要发挥与之相适应的筹资和结构调整功能。

首先，新股发行额度分配实质上是政府在无力对国有企业投资，而银行间接融资又面临严重困难的情况下，通过股票发行额度的倾斜重点支持国企改革，对国企的再一次"输血"行为。其次，国家通过对上市公司产业、地区的审批限制，实现股票市场结构调整的功能。一方面，发行额度向符合国家产业政策的企业倾斜，如优先考虑国家确定的重点企业及全国现代企业制度试点企业和企业集团。另一方面，通过额度分配实现地区平衡。如果在全国范围内按统一标准选择上市企业，则全国性的资金要素无疑将通过股市流入经济发达地区，这将加剧中东西部区域间经济发展失衡。因此，一级市场上以政府行为代替市场行为背后隐藏着很深的政策含义。

（三）转轨时期实行"政府推动型"股票市场发展模式的必然选择

与发达国家在市场经济逐步成熟的过程中自发出现、不断发展的自然演进型发展模式不同，我国的股票市场是在由计划经济转向市场经济的大变革中由政府直接植入的，具有逆向成长特征。非自发产生和非自然演进的转轨时期的股票市场存在许多先天不足。在市场机制尚未充分发育的初期阶段，市场各方缺乏对资本市场规则、参与主体的权利义务的深刻认识，各项监管制度尚不完善，中介机构发育很不成熟。一旦放弃额度控制，具有投资扩张冲动和强烈发股融资愿望的各级政府和企业在当地政府和中介机构的支持下包装造假上市难以避免，最终必然降低上市公司质量，进而动摇股市的基础。加之转轨时期政府在传统体制下控制一切经济活动的做法仍在惯性延续，偏好对股市进行干预，采取计划手段管理发行市场顺理成章，实行额度管理成为历史的必然。

二　审批制实施阶段

自 1990 年 12 月 19 日上海证券交易所开业至 2001 年 3 月 17 日，新股发行的审批制在中国股票市场的历史舞台上存在了十多年。1993 年 4 月 25 日，国务院颁布《股票发行与交易管理暂行条例》，标志着审批制的正式确立。1999 年 7 月 1 日《证券法》的实施以及一系列文件的相继出台，构建了股票发行核准制的基本框架。2001 年 3 月 17 日，证监会正式宣布取消股票发行审批制。审批制黯然退市，股票发行核准制应运而生。

审批制采用对股票发行规模和发行公司数量双重控制的办法，分别经历了"总量控制、划分额度"和"总量控制、限报家数"两个阶段，对证券发行实行管制。

（一）"额度管理"阶段

主要做法是，国务院证券管理部门根据国民经济发展需求及资本市场实际情况，先确定融资总额度，然后根据各个省级行政区域和行业在国民经济发展中的地位和需要进一步分配总额度，再由省级政府或行业主管部门来选择和确定可以发行股票的企业（主要是国有企业）。

拟发行公司在申请公开发行股票时，要经过下列申报和审批程序：征得地方政府或中央企业主管部门同意后，向所属证券管理部门正式提出发行股票的申请。经所属证券管理部门受理审核同意转报中国证监会核准发行额度后，公司可正式制作申报材料，提出上市申请，经审核、复审，由中国证监会出具批准发行的有关文件，方可发行。由于在监管机构审核前已经经过了地方政府或行业主管部门的"选拔"，因此审批制对发行人信息披露的要求不高，只需作一般性的信息披露，其发行定价也体现了很强的行政干预特征。

（二）"指标管理"阶段

为了扩大上市公司的规模，提高上市公司的质量，1996 年新股发行改为"总量控制、限报家数"的指标管理办法。其做法是由国务院证券主管部门确定在一定时期内发行上市的企业家数，然后向省级政府和行业主管部门下达股票发行家数指标，省级政府或行业主管部门在上述指标内推荐预选企业，证券主管部门对符合条件的预选企业同意其上报发行股票正式申报材料并审核。为了支持国有大中型企业发行股票，该阶段的发行审核政策明确要求，股票发行要优先考虑国家确定的 1000 家特别是其中的 300 家重点企业，以及 100 家全国现代企业制度试点企业和 56 家试点企业集团，并鼓励在行业中处于领先地位的企业发行股票并上市。

三　审批制的主要特点

审批制实行的是"严格实质管理原则"，即股票发行不仅要满足信息公开的各项条件，而且还要通过在计划指标前提下严格的实质性审查。股票发行要纳入国家投资规模及信贷规模的管理之中，企业的任何筹资除了需要计划，还需有中国人民银行的严格审批，并且股票的发行主要限制在深圳、上海两地。其主要特点为额度管理、两级审批、增量发行上市和价格限制。

①额度管理。由证监会和国家计委制定全国股票发行总额度，然后再将总额度按条块分配给各地方政府和中央部委。

②两级审批。证券发行企业首先向其所在地地方政府或主管中央部委提交额度申请，后者在国家下达的额度规模内进行一级审批。发行申请如获批准，须报送证监会复审，形成第二级审批。

③增量发行上市。只有新发行的社会公众股才能进入二级市场

流通。

④价格限制。基本上采用定价发行方式。

四　审批制的缺陷

虽然产生于由计划经济向市场经济过渡的特定历史时期的带有较强行政色彩的审批制在资本市场的形成初期发挥了积极作用，但也存在市场主体职能错位、责任不清、不利于提高市场效率等弊端。从选择企业到发行上市的整个过程，透明度不高，市场自律功能得不到有效发挥，难以适应规模日益扩大的证券市场的发展要求。

（一）"委托—代理关系"问题突出

审批制执行中证监会与地方政府之间形成了"委托—代理关系"，但缺乏委托方对代理方的约束机制。因为证监会和地方政府处于同样的行政级别，证监会无权以行政手段来激励和约束地方政府，进而出现证监会对违规事件加以处罚时，违规者倚仗地方政府拒绝执行的现象。此外，在委托方与代理方之间还存在信息不对称问题，地方政府出于自身利益考虑，会推荐自己管辖区内的企业或与之联系密切但业绩较差的企业上市。

（二）无法贯彻"三公"原则

审批制完全由政府主导，从发行额度到发行价格均由政府制定。发行监管当局除了要求形式审查，还要对发行公司的股东性质、行业、发行数量和价格等条件进行审查，并由此做出是否核准发行申请的决定，因此主管机关无疑完全替代了市场成为进入股市的门槛。企业选择行政化，资源按行政原则配置。上市企业往往是利益平衡的产物，担负着为地方或部门内其他企业脱贫解困的任务，这使它们难以满足投资者的要求，无法实现股东的愿望。甚至一些非经济部门也能获得额度，并且通过买卖额度获利。这样，一些即使符合法律规定的实质条件的主体也不一定最终获得批准发行股票的资格，进而使发行主体实际上处于不平等地位，不利于市场经济条件下的公平竞争。

（三）加大股票发行风险

行政化的审批在制度上存在较大的寻租行为。审批机关批准的标准并非表现为明确的法律形式，审批机制也存在一定的隐蔽性，暗箱操作增加了交易成本。申请股票发行的主体对于自己的发行申请能否获得批准难以预期，加大了股票发行的风险。

（四）受外界因素影响较大

审批制下公司发行股票的首要条件和竞争焦点是取得指标和额度。证券监管部门凭借行政权力行使实质性审批职能，证券中介机构的主要职能是进行技术指导。这样，很多企业为了获得批准的股票发行额度对相关机关进行贿赂行为，而审批的过程往往又难以依法进行监督，所以在审批的过程中很容易滋生滥权以及腐败。因此，审批制无法保证发行公司不通过虚假包装甚至伪装、做账达标等方式实现发行股票的目的。并且，将所有审批权都集中于证监会的发审委，而上市公司涉及各行各业，发审委的委员并非对所有行业都精通，所以对盈利能力的判断会有失偏颇，进而无法从根本上解决新股上市之后公司业绩"变脸"和资源有效配置的问题。

（五）证监会面临业务压力

审批制往往被理解为证券监管机构对发行数量和公司质量的把控，一旦出现市场下跌或者个体公司风险爆发，监管机构往往成为市场诟病的对象，承受巨大的舆论压力。并且随着中国经济和资本市场的发展，企业发行上市的需求巨大，证监会有限的人力及审核资源难以满足未来发行节奏市场化的要求。因此，急需采用市场化的新股发行审核制度。

第二节　IPO 发行核准制

审批制明显阻碍了资本市场的规范发展，因此，1999 年颁布的《证券法》对发行监管制度作了改革，其中第十五条明确规定："国务院证券管理机构依照法定条件负责核准股票发行申请。" 2000 年 3 月 16 日，《中国证监会股票发行核准程序》发布，标志着核准制正式实施。

从审批制到核准制的转变，体现了中国证券市场发展的内在要求，反映了证券监管思路的变化，表明中国的证券市场监管逐步摆脱计划经济思维方式的束缚。核准制取代审批制，适应了证券市场的发展规律，一家企业能否上市，已经不再取决于这家公司能否从地方政府手中拿到计划和指标，取而代之的是企业自身的质量。与审批制相比，核准制增加了承销商的责任，转向强制性信息披露和合规性审核，发挥发审委的独立审核功能。

一　核准制的内涵与特点

核准制是介于注册制和审批制之间的中间形式。一方面，核准制取消了指标和额度管理，并引进证券中介机构的责任，判断企业是否达到股票发行的条件；另一方面，证券监管机构同时对股票发行的合规性和适销性条件进行实质性审查，并有权否决股票发行的申请。

（一）内涵

所谓核准制，是指证券监管部门根据法律法规所规定的股票发行条件，对按市场原则推选公司的发行资格进行审核，并做出核准与否决定的制度。发行人在准备发行新股前，必须按照《股票上市发行核准程序》等规定向证券监管机构申报提交各种相关证明文件，经监管机构发行审核委员会审核确定其具备了法律规定的实质条件后，准予其公开发行股票，同时否决不符合条件的发行申请，不再存在额度的限制。

（二）特点

核准制取消了由行政方法分配指标的做法，改为由主承销商推荐、发行审核委员会表决、证监会核准的办法。核准制遵循的是实质管理原则，以欧洲各国的公司法为代表。监管机构审核的重点在于发行人是否具备发行股票的实质条件。其宗旨是经济自由与政府干预相结合，拟发行股票的公司有发行股票的自由，但证券监管机构要对股票的发行进行严格的实质审查，以提高发行质量，稳定证券市场秩序，维护投资者的合法权益。

与之前的"审批制"相比，新的核准制的最大特点是企业可以根据自己的需要提出股票发行的申请，由券商尽职调查后进行推荐，最后由证监会对强制性信息披露进行核准，强调各参与机构各司其职，各负其责。具体表现为：

①在选择和推荐企业方面，由主承销商培育、选择和推荐企业，增加了主承销商的法律责任。

②在企业发行股票的规模上，由企业根据资本运营的需要进行选择，以适应企业按市场规律持续成长的需要。

③在发行审核上，将逐步转向强制性信息披露和合规性审核，发挥股票发行审核委员会的独立审核功能。

④在股票发行定价上，由发行人和主承销商协商，并充分反映投资者的需求，使发行定价真正反映公司股票的内在价值和投资风险。

⑤在股票发行方式上，提倡和鼓励发行人和主承销商进行自主选择和创新，努力建立最大限度地利用各种优势、由证券发行人和承销商各担风险的机制。

二 核准程序

根据《中国证监会股票发行核准程序》，2001 年 4 月开始实行的核准制的核准程序如下：

①受理申请文件。发行人按照中国证监会颁布的《公司公开发行股票申请文件标准格式》制作申请文件，经省级人民政府或国务院有关部门同意后，由主承销商推荐并向中国证监会申报。中国证监会收到申请文件后在 5 个工作日内做出是否受理的决定。未按规定要求制作申请文件的，不予受理。

②初审。中国证监会受理申请文件后，对发行人申请文件的合规性进行初审，并在 30 日内将初审意见函告发行人及其主承销商。主承销商自收到初审意见之日起 10 天内将补充完善的申请文件报至中国证监会。中国证监会在初审过程中，将就发行人投资项目是否符合国家产业政策征求国家发展计划委员会和国家经济贸易委员会意见，两委自收到文件后在 15 个工作日内，将有关意见函告中国证监会。

③发行审核委员会审核。中国证监会在受理申请文件后 60 日内，将初审报告和申请文件提交发行审核委员会审核。委员会进行充分讨论后，以投票方式对股票发行申请进行表决，提出审核意见。

④核准发行。依据发行审核委员会的审核意见，中国证监会对发

行人的发行申请做出核准或不予核准的决定。予以核准的,出具核准
公开发行的文件。不予核准的,出具书面意见,说明不予核准的理
由。中国证监会自受理申请文件到做出决定的期限为 3 个月。

⑤复议。发行申请未被核准的企业,接到中国证监会书面决定之
日起 60 日内,可提出复议申请。中国证监会收到复议申请后 60 日
内,对复议申请做出决定。

三 实施阶段

核准制经历了前期的通道制和后期的保荐制两个阶段。

(一) 通道制阶段

自 2001 年 4 月至 2004 年 1 月,股票发行实行核准制下的通道制,
监管部门根据各家证券公司的实力和经营业绩,直接确定其拥有的申
报企业的通道数量,即向综合类券商下达可以推荐拟公开发行股票的
企业家数。只要具有主承销商资格,即可获得 2—8 个通道。

通道制下股票发行"名额有限"的特点未变,但这一制度淡化了
股票发行工作的行政色彩,改变了过去行政机制遴选和推荐发行人的
做法,使主承销商在一定程度上承担起股票发行风险,并且获得了遴
选和推荐股票发行的权力,因此,可视为股票发行制度由计划机制向
市场机制转变的一项重大改革。

1. 通道制的积极意义

(1) 通道制不再运用行政机制来遴选和推荐发股公司,提高了市
场机制对股票发行的影响力度

在审批制条件下,各地方政府、各家拟发股公司为了获得尽可能
多的发股指标,用尽了各种方式分别向主管部门和当地政府部门进行
行政性"攻官";券商等中介机构为了获得主承销商等资格,也用尽
各种方式向地方政府部门和拟发股公司"攻官"。在这一过程中,不
仅滋生严重的腐败现象,而且还会因发股指标具体落实到哪家公司引
起激烈的地方政府部门内部矛盾。而在通道制条件下,发股通道具体
落实到哪家公司不再由地方政府部门决定而由券商根据拟发股公司的
具体情况决定,由此一定程度上避免了上述现象。

(2) 通道制培育了券商的市场竞争意识和市场竞争行为

通道制实施以来，券商明显改变了审批制条件下的通过"攻官"来争取主承销商资格的行为，将主要注意力集中于发股公司的质量选择、做好公司改制和上市辅导工作与严格审核拟发股公司的申报材料等方面。同时，为了能够持续地推荐高质量的公司发股，一些券商加大了培育企业的力度。为了保障推荐拟发股公司的工作能够顺利展开，少返工或不返工，有效利用发股通道，争取较好的发股收入，券商对发股公司申报材料的内部审核制度也逐步严格完善。

（3）通道制较为有效地保障了发审会的工作质量

在审批制条件下，拟发股公司既拥有发股指标又拥有地方政府部门的推荐函，在申报材料不合规的场合，发审会要取消其发股资格极为困难。在 1993—2001 年的 9 年时间内，被取消发股资格的拟发股公司屈指可数，绝大多数没有通过发审会审查的公司被要求修正、补充或重新制作申报材料后再次上会。因此，发审会的公正评判功能受到明显影响。而实行通道制后，未能通过发审会的拟发股公司无论是绝对数还是比例数均明显增加，这一突出现象表明发审会公正评判的功能明显得以加强。

2. 通道制的弊端

通道制有利于改变以往大量申报、做工粗糙、重数量轻质量的缺点，可以加强对承销项目的审核和风险控制。同时，能够促使好的券商做得更好，推荐更多质量好的公司，加快通道周转速度，利用有限的通道创造最大的收益。然而，通道制虽具有上述积极功能，但也存在着一些不容忽视的主要来源于两方面的负面效应：一是在相当程度上仍实施审批制机制，只不过将"指标"变为"通道"，由原先通过行政机制将指标下达给地方政府变为将发股通道直接分配给券商；二是依然贯彻着"合规性审核"原则，无法改变监管机构最后把关的实质。

（1）通道制抑制了券商之间的有效竞争

在通道制条件下，虽然证券主管部门在分配通道数量时考虑到了各家券商的实力和业绩状况，采取了一定的差别对待措施，从而使各家券商所获得的通道数量不尽相同，但在以下三种机制中，通道数量的差别并没有有效激发券商在发股市场中的竞争。其一，排队机制。券商使用通道采取排队机制，即按照发股申报材料报送中国证监会和上发审会的顺序进行排队，先到先得，发股 1 家再申报 1 家。由此，实力较强的券商只能与实力较弱的券商一同排队，等待审核和核准。这样，排队机制弱化了各家券商在通道数量上的差别。其二，发审机制。发股申报材料上发审会后，即使未能通过，券商和拟发股公司也可根据发审会提出的修改意见进行补充修改，并可不按照排队顺序再次上发审会。由此，一些实力较弱的券商可通过多次修改发股申报材料来达到通过发行审核，这一过程再次降低了券商之间建立在实力差别基础上的竞争。其三，发股安排机制。在 2001 年 7 月后两年左右的时间内，股指和股价持续走低，受此制约，证券监管部门在发股上市安排中有意放慢了节奏。由此，与排队机制相联系就形成了如此情形：拥有 8 个通道的券商每年实际可发股仅 2—4 只，而拥有 6 个、4 个、2 个通道的券商每年的发股数量也在 2—4 只。

（2）合规性发审未能有效确立股票发行的政策导向

根据通道制中仍然沿用的合规性发审机制，只要拟发股公司的申报材料符合相关法律法规规定即"合规"，就应核准该公司的发股申请。这一机理在理论上是成立的，但由于缺乏市场竞争机制，这种合规性发审却给拟发股公司和券商以误导。由于相关法律法规对公司发股的条件只做出了最低线要求，在缺乏竞争机制的条件下，发股公司和券商等中介机构就很容易将注意力主要集中于制作合规的发股申报材料，轻视甚至忽视发股公司的素质提高。只要公司经营业绩大致符合发股上市要求，在辅导期内拟发股公司和主承销商及其他中介机构都集中精力制作文件使其达到合规要求，而对企业的业绩成长、市场竞争力、发展潜力等直接关系资金配置效率、上市公司成长性及股市发展前景等重大事项却明显重视不足，进而影响了上市公司整体素质的提高。

（二）保荐制阶段

1. 保荐人制度的内涵

如表 2 - 1 所示，与通道制不同，保荐人制度，是指证券发行人申请其证券发行、上市交易，必须聘请依法取得保荐资格的保荐人为其出具保荐意见，确认其证券符合发行、上市交易条件的制度。具体而言，由保荐人负责发行人的上市推荐和辅导，核实公司发行文件和上市文件的真实性、准确性和完整性，协助发行人建立严格的信息披露制度，并承担风险防范责任，并在公司上市后的规定时间内继续协助发行人建立规范的法人治理结构，督促公司遵守上市规定，完成招股计划书中的承诺，同时对上市公司的信息披露负有连带责任。保荐制下，企业发行上市不但要有保荐机构进行保荐，还需要具有保荐代表人资格的从业人员具体负责保荐工作。保荐工作分为两个阶段，即尽职推荐阶段和持续督导阶段。

表 2 - 1 保荐制与通道制对比

对比内容 \ 制度	保荐制	通道制
推荐上市方式	券商通道数决定推荐数量	由保荐机构和保荐人推荐
上市公司质量	券商以规模为参考依据，质量较差	保荐人和保荐机构负责制，质量较高
上市后督导	无要求	保荐人和保荐机构上市后持续督导

资料来源：平安证券研究所。

保荐人制度主要由保荐人、保荐对象和保荐业务三大要素组成。其中，保荐人（Sponsor）原意为负责人、保证人或赞助人的意思。在保荐人制度的法规中，它特指对保荐对象履行保荐责任的证券市场中介机构，一般为证券公司。保荐对象一般是指证券发行人和上市公司，它们在发行有价证券筹集资本、上市和信息披露等方面都需要保荐人提供保荐服务。保荐业务是保荐人履行保荐职责的工作内容，主要包括公司上市保荐业务和信息披露保荐业务。[①]

---

① 王维：《我国证券发行保荐人制度研究》，硕士学位论文，南京师范大学，2008 年，第 7 页。

2. 保荐制在中国

目前，中国大陆以外比较成熟的保荐人制度大多建立于创业板市场，如英国 AIM 的"终身"保荐人法律制度、马来西亚 MESDAQ "接力"保荐人法律制度以及中国香港创业板市场（GEM）的保荐人法律制度。

2003 年年末中国证监会发布的《证券发行上市保荐制度暂行办法》和 2004 年 5 月第一批保荐机构和保荐代表人的公布，拉开了我国证券发行审核制度革命性变革的序幕，证券保荐制度正式在我国推行。2005 年 10 月 27 日颁布、2006 年 1 月 1 日实施的新《证券法》，更是以法律的形式确定了我国发行上市阶段对保荐人的要求，并授权国务院证券监督管理机构对保荐制度进行管理。

根据 2003 年年末中国证监会发布的《证券发行上市保荐制度暂行办法》的规定，我国保荐人制度适用于有限公司首次公开发行股票和上市公司发行新股、可转换公司债券的情况。我国证券保荐人制度要求保荐人（通常为券商）负责证券发行人的发行上市辅导和发行上市推荐。而 2005 年 1 月中国证监会发布的《关于进一步做好〈证券发行上市保荐制度暂行办法〉实施工作的通知》，就保荐制度一些具体政策的改革做出解释：除废止"自行排队、限报家数"规定外，取消一个保荐代表人可同时推荐多个项目的过渡安排，同时调整保荐代表人首次注册登记及持续维持资格的条件。而 2006 年 1 月 1 日实施的《证券法》第十一条规定："发行人申请公开发行股票、可转换为股票的公司债券，依法采取承销方式的，或者公开发行法律、行政法规规定实行保荐制度的其他证券的，应当聘请具有保荐资格的机构担任保荐人"（第 1 款）；"保荐人应当遵守业务规则和行业规范，诚实守信，勤勉尽责，对发行人的申请文件和信息披露资料进行审慎核查，督导发行人规范运作"（第 2 款）；"保荐人的资格及其管理办法由国务院证券监督管理机构规定"（第 3 款）。根据我国 2009 年修订的《证券发行上市保荐业务管理办法》，以下情形发行人应当聘请具有保荐机构资格的证券公司履行保荐职责：①首次公开发行股票并上市；②上市公司发行新股、可转换公司债券；③中国证券监督管理委员会认定的其他情形。而接受发行人聘请的保荐机构，在我国就是指证券公司，必须遵守法律规定，恪尽职守，诚实守信，勤勉尽责，履行好保荐机构的推荐和辅助发行的职责。

在此需明确的是：一是申请发行一般的公司债券不需要聘请保荐人，因为公司债券与股票不同，发行时一般设有担保，而且发行人到期还本付息，债券持有人的利益可以得到保证，没有必要实行保荐制度；二是公开发行股票、可转换为股票的公司债券，依法不采取承销方式的，不需要聘请保荐人。根据《公司法》的规定，向社会公开募集股份，应当由依法设立的证券公司承销，结合《证券法》对公开发行证券的规定，向不特定对象发行证券，属于《公司法》规定的"向社会公开"募集股份，因而需要采取承销方式，需要聘请保荐人。而对于向特定对象发行证券累计超过 200 人的情形虽然属于公开发行，但不属于向"社会"公开，因其涉及人数较少，不涉及公众利益，因而不需要采取承销方式，也没有必要实行保荐制度。

《证券法》第十一条同时规定，保荐人应当遵守业务规则和行业规则，诚实守信，勤勉尽责，对发行人的申请文件和信息披露资料进行审慎核查，督导发行人规范运作。如果保荐人出具有虚假记载、误导性陈述或者重大遗漏的保荐书，或者不履行其他法定职责，如未对发行人申请文件进行尽职调查、审慎核查等，就是一种严重违法行为，应当承担相应的法律责任。实行保荐人制度的目的是通过保荐人对上市公司进行质量控制，督导其规范运作，保证公开发行证券符合法定条件，保证上市公司的质量，保护投资者的合法权益。

3. 保荐责任的主要内容

保荐人制度是很多海外证券市场尤其是二板市场上设立的一种中介组织制度，其目的是通过连带责任机制将发行公司的质量与保荐人的利益形成直接挂钩，防范市场风险，规范上市公司行为，保护投资者利益。保荐人的职责就是协助上市申请人进行上市申请，负责对申请人的有关文件做出仔细的审核和披露并承担相应的责任。保荐人在公开、公平、公正、规范、自愿的原则下在本所核准的范围内从事业务，不得擅自超越业务范围、业务权限。作为整个繁复上市过程的统筹者和领导者，向拟上市公司提供上市的专业财务意见，助其处理上市各项事务；同时担当拟上市公司与联交所、中国证监会、香港证监会及各专业中介机构之间的主要沟通渠道，确保拟上市公司适合上市，其重要资料已在招股文件中全面及准确地披露，及拟上市公司的所有董事明白作为上市公司董事的责任等。其功能还包括设计股票推销策略、组织承销团等。

保荐机构在证券发行中应当履行的义务分为以下六种：①尽职推荐义务；②上市辅导义务；③尽职调查，审慎核查义务；④确信的义务；⑤协力义务；⑥督导义务。具体而言，保荐人承担的责任大体上可分为两方面：

第一，公司上市保荐责任。主要包括以下几点：①勤勉尽责地为被保荐人提供股票发行上市的专业指导意见；②核查被保荐人的基本情况，确保其具备相关法律、法规、规范性文件规定的发行上市条件；③指导被保荐人按照规范要求制作股票发行上市申请文件，对股票发行上市申请文件的真实性、准确性、完整性承担连带责任；④指导被保荐人建立规范的法人治理结构；⑤确认被保荐人的全体董事具备担任董事所需的专业技能及经验，并确保全体董事充分了解其作为上市公司董事应遵循的法律、法规及相关责任；⑥代表被保荐人报送发行上市申请文件并负责与监管部门和交易所进行沟通。

第二，上市后信息披露保荐责任。公司上市后，保荐人通常在两年内要持续履行下列信息披露保荐责任：①继续为被保荐人提供持续遵守相关法律、法规及交易所上市规则的专业指导意见并指导其规范运作；②督促被保荐人严格履行公开披露文件中承诺的业务发展、募集资金使用及其他各项义务；③认真审核被保荐人拟公告的所有公开披露文件，督促并指导被保荐人按照法规，真实、准确、完整、及时地披露信息；④对被保荐人公开披露文件的真实性、准确性、完整性有疑义时，应当向被保荐人指出并进行核实，发现重大问题时，及时向证券监管部门和交易所报告；⑤代表申请人与证券监管部门、交易所进行沟通，参加被保荐人与证券监管部门和交易所进行的所有正式会谈；⑥公司上市后，就被保荐人业绩状况、发展前景、市场表现等发表财务分析报告，为投资者决策提供参考意见。

4. 保荐人制度的局限性

保荐人制度能够通过明确券商在股票发行中的法律责任和强化相应的法律约束，促使券商更加注重发行公司的质量，监督并帮助企业严格遵守有关法规，进而有助于加快我国证券发行制度从计划经济的行政审批制向市场经济的注册制转变的进程，有助于改善上市公司质量，规范上市公司运作，提高证券市场的整体功能，最终保护投资者的利益。

保荐制实施以来，取得了长足发展。保荐制使证券公司的内控制度逐步建立和完善，风险和责任意识逐步增强，保荐代表人队伍不断壮大，素质不断提高，保荐业务也成为许多证券公司的重要盈利来源。与此同时，证监会对保荐机构的管理也日趋严格，加大对违规保荐机构及保荐代表人监管措施的力度。2004 年以来，证监会采取出具警示函、监管谈话、暂停或撤销资格、内部批评提醒等监管措施 49次，涉及保荐机构 10 家、保荐代表人 71 名。

然而，保荐人制度作为我国股票发行制度由通道制向注册制过渡的一项阶段性措施，在实施过程中不可避免地会出现一些未预料到的具体问题。首先，发行上市是一个由发行人、券商、律师事务所、会计师事务所等多个中介机构共同操作的系统工程，其中的法律文件、财务报表、资产评估报告等文件的真实性、完整性和准确性分别由相应的机构承担法律责任，券商作为项目的总负责人、召集人和协调人，有组织、协调发行工作团队的义务，但不可能包揽律师、审计机构、评估机构等专业机构的职责，发行人、会计师、律师、评估师并不对保荐人负责，保荐人对他们并没有法律上的约束力。即使券商作为保荐人尽职尽责了，也无法保证其他中介机构工作的真实性和客观性。加上审计和法律事务需要经验丰富的专业人士才能胜任，保荐人不可能不计成本地去复核其他中介机构为发行人出具的专业报告，只能在职责和能力许可的范围内控制风险。因此，保荐人不可能替代其他中介机构履行应尽的诚信义务。其次，保荐人与发行公司之间始终存在着明显的信息不对称。如果发行公司刻意隐瞒真实情况，弄虚作假，保荐人往往也很难发现问题。在保荐人发行上市推荐和持续督导的过程中，上市公司及其股东、投资者均可能将其应承担的责任也转嫁给保荐人，存在"道德风险"。再次，市场中每一个独立的经济人均有着趋利避害的本性，保荐人自然也无法超越追逐经济利益的局限性，加之责任追究机制缺失，导致其诚信意识不强。最后，保荐人职责过于繁重，任务过多反而影响了自身在证券发行和承销阶段的专业努力。

最为重要的是，保荐人本身并不承担保荐责任，频繁转会，使持续督导流于形式，实际上承担保荐责任的是保荐机构。保荐人制度的核心是由保荐机构扮演"辅导者"和"独立审计师"的职责，辅导企业遵守市场履行应尽的责任和义务，指导和监督企业做好信息披露工作。其核心的责任和义务均在于保荐机构。保荐人只是保荐机构聘请的具有相关专业资格的业务人员。但目前保荐制度的设计，过分强化了保荐代表人的权利，弱化了保荐机构的权利。由于在制度安排上让保荐代表人成为稀缺资源，导致保荐代表人在与保荐机构的关系中处于主导地位，保荐机构事实上无法对保荐代表人形成有效的约束。特别是保荐代表人可以随意更换保荐机构，使持续督导流于形式，最终承担保荐责任和督导责任的实际上就是保荐机构。

因此，保荐人制度只是完善我国证券发行制度的手段和步骤之一，并非一剂万能良药。若要全面提高上市公司质量，保障广大投资者的利益，还必须从优化发行机制——进一步探索更加市场化的注册制、完善各项配套措施、加强对相关主体的监管、加大违规处罚力度等方面同时着手，才能取得较为理想的效果。

第三节　未来改革方向：IPO 注册制

核准制的实施提高了中国证券市场的市场化程度，许多民营企业、外资企业均可经过股份制改造，按条件申请公开发行股票，扩大了发行人的范围，遵循了市场主体地位平等、机会均等的原则；管理层可依据国家的产业政策对通过发行证券进行融资实行产业倾斜实现国家对经济的宏观调控，这些均在一定程度上促进了中国证券市场的健康发展。然而，核准制审核周期较长，通常需要花费2—3年时间，即使最终上市也会丧失一些市场机遇，发行审核效率相对较低，且容易产生寻租现象，使投资者对监管机构产生依赖心理，从而削弱了投资者本身的独立判断能力。而注册制体现的价值观念更加强调市场经济的自由性、主体活动的自主性和政府管理经济的规范性与效率性。它可以减少对政府的依赖，抑制腐败滋生，简化审核程序，提高工作效率，进而促进证券市场健康规范发展。

一　注册制发展进程

2015年12月9日，国务院召开常务会议，通过提请全国人大常委会授权国务院在实施股票发行注册制改革中调整适用《证券法》有关规定的决定草案。该草案明确，在决定施行之日起两年内，授权对拟在上海证券交易所、深圳证券交易所上市交易的股票公开发行实行注册制度，表明A股市场向注册制迈进了一大步。2015年12月27日，十二届全国人大常委会第十八次会议在北京表决，通过了关于授权国务院在实施股票发行注册制改革中调整适用《证券法》有关规定的决定。该决定的实施期限为两年，决定自2016年3月1日起施行。

全国人大做出的授权决定，为启动注册制改革的技术准备工作提供了法律依据。证监会将按程序研究制定专门的部门规章、信息披露准则和规范性文件，系统构建注册制的规则体系。一旦A股市场进入一段相对较长的稳定期或回升期，二级市场交投活跃，投资者情绪转为乐观的条件下，注册制的推进将会加快。

二　注册制的实质内涵

注册制（Registration System），又称"申报制""登记制"或"公开原则"（Full Disclosure Philosophy），是指证券发行申请人按照法定程序公开披露与证券发行相关的全部信息和资料，并将其制成法律文件，送交证券监管机构进行全面性、准确性、真实性、及时性及发行人是否具备法定的发行基本条件等形式审查，对未提出补充或修订意见或未阻止注册生效者予以注册，发行人即可公开发行证券的审核制度。

由上述定义和表 2-2 可知，与核准制不同，注册制的核心是信息披露，精髓和根基是公开原则。作为市场约束基础和透明度保障，监管机构须对所有拟上市公司发布的信息，包括招股说明书、公司章程、经审计的财务报表等在内的 IPO 涉及的一切有价值材料进行常态化、制度化的严格审核，以确保信息充分公开，并禁止虚假与错误陈述、重大遗漏及信息滥用行为。证券监管机构对于诸如发行人资质、所发行证券投资价值等实质问题不予评判，而交由投资者依据市场公开信息进行自主决断，买者自负。

表 2-2　　　　　　　　　　注册制与核准制的比较

发行制度 比较因素	注册制	核准制
立法理念	披露哲学	优劣哲学
发行审核	形式审核	实质审核
审核原则	公开披露	准则主义
实质判断主体	中介机构	中介机构、监管机构
监管重点	事后控制	事前与事后并举
交易所上市审查	较严格	较宽松
市场化程度	较高	较低
发行效率	较高	较低
发行人成本	较低	较高
投资者角色	自主抉择	判断依赖
典型国家	美国、日本	英国、中国

资料来源：根据相关文献整理。

具体而言，二者区别主要有以下几点：

第一，从审核的内容来看，注册制比较宽松，证券主管机构只对发行人进行形式审查，即只对发行人申请注册材料进行全面审查，但不对投资价值做出判断，只要求提供的信息必须真实、准确、完整；核准制不仅要对发行人申请注册的材料进行形式审查，而且还要对发行人进行严格的实质性审查，对发行人投资价值的判断是核准制审核的重点。

第二，从审核工作量来看，注册制体现着公开原则，而核准制则体现着实质管理原则，因而注册制审核的内容较核准制少，程序简单。证券主管机构仅为投资者提供一个信息公开、平等竞争、自主抉择的客观真实、自由竞争的市场环境，这减少了管理机构的工作量，因而证券主管机关的工作效率较高；核准制的实质性管理原则，需要对发行的股票进行细致的审查与核准，工作量大大增加，势必会降低管理机构的工作效率。

第三，从发行人市场进入来看，注册制下，发行人只要提供了符合要求的申请资料即可进行股票发行，但获准发行后，股票能否发行成功须经投资者的严格挑选，因而在这一环节对发行人要求很高，甚至存在发行失败的风险。核准制下，发行人申请发行股票能否获得批准，完全须由审核机构最终确认。但只要被批准发行后，发行人发行股票一般都会成功，因而对发行人来讲，缺乏后续提高其竞争力的激励机制。

第四，对投资者而言，注册制对投资者的要求较高。发行人的投资价值完全由投资者自行判断，股票发行成功与否完全取决于投资者的选择决定，因而较高的投资者素质是注册制实施的基本条件。核准制下，由于事先有管理机构对发行人的申请进行实质性核准，容易使投资者产生依赖心理，误认为政府已对发行人所申请发行的股票的安全性和收益性做出了保证，这不利于培养投资者成熟的投资心理和提高其投资技能。

三 注册制的影响

（一）注册制对宏观经济的影响

注册制实施后将对宏观经济整体产生以下影响。

1. 由货币时代迈入资本时代

中国未来的改革方向将由以货币信贷为基础的金融体系转向以资本市场为基础的金融体系，资源分配将由以信贷为基础、关键价格受政府管制变为以金融市场为基础、由市场竞争决定价格，经济增长模式也随之由信贷扩展支撑的高速增长转向多元化的资本市场孵化的创业时代的繁荣。

2. 社会融资结构改变

以银行信贷为主的间接融资比重将下降，而以股权债权融资为主的直接融资在社会融资中的规模将大幅度提高。注册制不仅仅是股票发行制度，也将推及企业债券市场，公司债券注册制和各种资产证券化产品备案制也将接踵而来，进而推动整个资本市场的迅速发展。

3. 注册制将降低企业的负债比率，释放中小企业的增长活力

创新型企业在创立初期，如果选择股权融资将降低企业的财务负担，节约宝贵的现金流，助力其成长壮大。而注册制赋予每个企业天然发行股票来募集资金的权力，其实施将降低中小企业上市的盈利门槛，为其带来更多的股权融资机会，降低资产负债比率，缓解制约中小企业尤其是高新技术企业发展的融资难困局。

（二）注册制对资本市场的影响

作为中国资本市场的一项根本性制度创新，注册制将提升资本市场在整个国民经济发展中所扮演的角色定位，形成其发展史上的重大转折。

1. 提升中国资本市场的效率和竞争力

首先，注册制改革将对企业发行上市的注册条件、注册机关、注册程序、审核要求做出相应调整，加快上市审核步伐，企业上市效率将得到大幅提升。其次，注册制降低发行上市门槛，吸引那些已经选择或拟选择海外上市的优质公司回归 A 股，进而提高中国资本市场的竞争力。

2. 回归理性投资

注册制背景下将有越来越多的企业进入资本市场，机构的存量资金不能顾及每一家企业，因此，IPO 市场出现分化行情，即优质企业被争相认购，成长性不佳的企业鲜有问津将成为大方向。此外，注册制改革的核心在于理顺政府与市场的关系，充分发挥市场在资源配置中的决定性作用，在融资方式、发行节奏、发行价格、发行方式等方面强化市场约束机制，并最终放开发行价格的控制，定价将更加市场

化，新股上市后溢价水平也将出现回落，"打新"热潮将逐步降温。注册制改革将大幅降低企业上市融资的成本。同时，改革还将实施严格的退市制度，对欺诈发行和重大违法的上市公司实施强制退市。因此，上市公司资格不再像现在这样稀缺，ST 公司"壳资源"炒作也将退烧，投资者投资理念逐步实现理性回归。

3. 市场主体违规成本提高

注册制下宽进严管，监管层的监管重点将从前端的审批后移至事中事后环节，更多监管力量将放在稽查执法上，对违规违法行为的惩罚更加严厉，违规违法者将付出更高代价。比如，以完全信息披露为核心的注册制在法律和法规层面将强化对虚假信息披露行为的惩戒；此外，与之相匹配的集体诉讼的法律框架下，在行政监管者退出之后，所有投资者都将成为监管者。如果一个投资者发现公司存在虚假信息，或者存在侵犯投资者利益的行为，进而起诉后胜诉，那么所有的投资者都将获赔。这些无疑加大了市场主体的违规成本，从而抑制造假行为。

4. 各市场主体归位尽责

如表 2 - 3 所示，注册制下，监管机构、发行人、中介机构和投资者等职责分工明晰，各市场主体均应对其行为负责。注册制将发行风险交给了主承销商，将合规要求的实现交给了中介机构，将信息披露真实性的实现交给了发行人，并要求各市场主体归位尽责，合力确保实现资本市场价格发现、融资、资源配置三大基本功能。

实行注册制后，国家将对上市发行的实质性审查任务交给市场，其中对财务会计、税务等问题审核的责任交给注册会计师，这样一来，注册会计师实际上承担了原来政府实质性审核部分的责任。实行注册制后，披露的要求从表面上看是发行人的责任，但实际上很多工作需要注册会计师协助发行人去做，即注册会计师将为发行人提供相关鉴证服务。因此，注册会计师一旦接受发行人的委托为其承担各项鉴证服务，则注册会计师将为此承担相应的鉴证责任，面临着很大的职业风险。

每一次的 IPO 制度改革，都将引发中介机构的重新洗牌，如 2004

年的保荐制、2009 年的创业板推出等。无论是注册制还是核准制,只
要企业需要中介机构保荐,投资银行、会计师事务所、律师事务所等
的职能就必不可少。注册制并不代表监管层不审理,相反,监管层会
对上报企业的运作规范,如治理结构、独立性、财务等方面积极介
入。不过,募集资金运用、持续盈利能力等将交由市场判断。因此,
注册制下中介机构尽职调查的职能不会改变,但对企业的运作规范将
更加关注。

表 2 – 3   注册制下各市场主体职责

市场主体	职责要求
监管机构	依法设定和核准股票发行及上市条件,统一注册审核规则;依法对发行和上市进行全程监管,严厉查处违法违规行为
发行人	是信息披露第一责任人,其言行必须与信息披露内容相一致
中介机构	与发行人一道对信息披露的真实性、准确性、完整性、充分性和及时性承担法律责任
投资者	自行判断发行人的盈利能力和投资价值,自担投资风险

资料来源:根据 http://www. Finance. china. com. cn 提供的资料整理。

5. 考验各市场主体的专业能力

在注册制下,上市企业将失去监管层的层层审核把关的"监管背
书",投资者需要对发行人的资产质量、投资价值自主判断并承担风
险,监管部门重点对发行人信息披露的齐备性、一致性和可理解性进
行监督。这意味着,投资者需要自己睁大眼睛辨别企业的投资价值。
承难销易时代结束,市场定价和自主配售考验券商包括发行定价、风
险控制、市场销售等在内的综合专业能力,投行业务的通道竞争将变
成专业能力的竞争。注册制下,如果设立了简单高效的转板机制,主
板市场的一家公司业绩下滑,即应逆转板到中小板或新三板;反之,
新三板的公司如果业绩提升也可转到中小板或主板。这样一种转板机
制能鼓励资金,尤其是一些 PE 和风投,投向一个创业期的企业:因
为上市很容易,上市以后转板也很容易,所以上市对这些投资者而言

变得不是那么重要，关注点转向被投资企业的业绩和成长性。因此，注册制后，股权投资基金对实体项目的介入时点前移，在企业发展初期就入股，并对其后续发展做出关于产品结构、增资扩股、引荐客户等的意见，甚至做出决策。风险投资的专业性提高，投机性下降，不会一上市就选择退出，整个私募市场的收益率会更加市场化，并强化对创业和创新的促进作用。

四　注册制改革的目标与路径

作为中国证券市场的"供给侧"改革，从本质上看，IPO 注册制改革有两大主要目标：其一，通过解决供求关系失衡，抑制高发行价、高市盈率和高超募现象。现行核准制下，企业为顺利通过发审会，粉饰财务数据，对拟上市资产进行过度包装，导致估值偏离。由于政府控制发行规模和发行节奏，一级市场普遍存在"承难销易"的现象，超额募资屡见不鲜。监管机构在证券发行中的主导作用使其成为上市新股的"隐性担保者"，投资者在政府机构的发行审核机制背书下，往往低估投资风险。在供不应求的情况下，上市企业和中介机构合谋出的高报价容易被市场接受。因此，注册制改革就是创造一个供求平衡的市场环境，抑制"三高"发行。其二，通过减少审批环节去行政化，提高发行效率，减少权力的寻租。发审制度使上市资格成为一种"稀缺资源"，上市意味着"获利"，股票发行审批中容易出现权力"寻租"现象。而注册制改革就是要实现监审分离，重新定位监管机构的职责。

因注册制改革的系统性与复杂性，其路径选择无疑是渐进式而非休克式改革。中国台湾从 1983 年就开始实行核准制和注册制并行的制度，经过 24 年，到 2006 年以后才真正完成实行注册制。如图 2 - 1 所示，为了避免因注册制全面实施对境内资本市场的冲击，我国注册制改革也应选择从比较基础的、影响力较小的市场开始试点，从场外（主要为新三板）到场内，从创业板到中小板，最终向主板市场推进的层次路径。

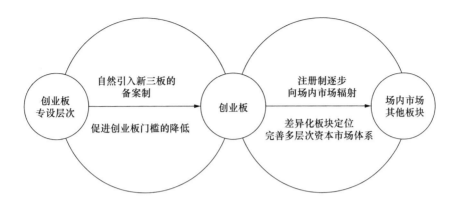

图 2 - 1 注册制改革的层次推进路径

资料来源：申万研究，转引自韩炜亮《从核准制到注册制：中国股票发行制度改革研究》，硕士学位论文，济南大学，2015 年，第 52 页。

第三章　IPO发行审核制度的国际比较与借鉴

股票发行审核制度的形成和变迁与国家的政治、经济、文化等因素密切相关，它既是一个国家或地区证券市场发展内在要求的体现，更是其政治经济法律制度的延伸。作为证券市场的准入制度，股票发行审核制度体现了国家对证券市场的干预，其最终确认也必然受到该国证券市场发展的影响。由于一个国家的政治、经济以及证券监管理念的不同进而形成了不同的股票发行审核制度。

第一节　保荐人制度

"保荐人"（Sponsor）一词来源于中国香港，是指依照法律规定能够为公司申请上市承担辅导、推荐、督导等职责并为公司上市时及上市后一段时间的信息披露行为向投资者承担担保责任的证券公司。所谓"保荐人制度"是一种适用于企业发行上市过程中的制度，是关于保荐人的资格准则、权利与义务、保荐责任以及监管等一系列规则安排。保荐人制度起源于英国，发展于中国香港，多运用于创业板市场。

一　英国的"终身"保荐人制度

英国对金融市场的监管一向以严格著称。监管机构监管的首要目标是维持市场信心，保护投资者的利益。英国政府在考虑本国市场的运行现状后，明确提出了维护市场信心的监管主旋律，将保护投资者的合法权益列在监管原则的首位。伦敦证券交易所接受企业的上市申请后，主要考虑的方面是发行人能否遵守市场规则，投资者能否自由地买卖交易。为此，在 1995 年 6 月伦敦证券交易所成立的欧洲第一家创业板市场——另项投资市场（Alternative Investment Market，AIM）设立了两个重要的市场角色：保荐人和经纪商。所有寻求 AIM 上市的企业必须首先聘请保荐人和经纪商各一名。保荐人主要就上市规则向发行人提供指导和咨询意见，经纪商的职责是专注于提供和支持企业股票的交易便利。保荐人和经纪商的职责可以由同一家公司兼任。保荐人和经纪商珠联璧合，犹如创业板市场的两根"擎天柱"，为投资者撑起了一片晴朗的天空，促进了创业板市场规范稳健发展。

英国伦敦证券交易所是最早引入保荐人制度的证券交易所。AIM 适用伦敦证券交易所提供的交易和结算系统，日常运作受交易所管理，交易所为其设置了独立的监管部门和上市规则并承担该市场的上市审核和法律监督职能。AIM 根据自身的特征设立了各种制度以确保市场的运转，其中包括颇具特色的"终身"保荐人制度，并且认为该制度是防范和化解市场运行风险的一种有效的解决方案。针对创业板市场普遍存在的高收益与高风险共生的特征，监管机构要求对 AIM 上市企业必须实行终身保荐人制度。其主要特点如下。

（一）持续聘任保荐人是企业在 AIM 上市的先决条件

聘请保荐人是 AIM 上市审核标准的先决条件之一，任何企业概莫能外。所谓"持续聘任保荐人"实质上是企业在任何时候都必须聘请一名符合法定资格的公司作为其保荐人，以保证企业持续地遵守市场规则，增强投资者信心。保荐人的任期以上市企业的存续时间为基础，即企业只要上市一日，保荐人就要伴随其左右一日。如果保荐人因辞职或被解雇而导致缺位，被保荐企业的股票交易将被立即停止，直至新的保荐人到任正式履行职责，才可以继续进行交易。如果在一个月内仍然没有新的保荐人弥补空缺，那么被保荐企业的股票将被从市场中摘牌。此即所谓的"终身"保荐人制度。

（二）特定的保荐人资格标准

在 AIM 中，与其他国家或地区仅限于投资银行或经纪商从事保荐人业务的情形不同，保荐人可以由股票经纪商、银行或其他在公司财务方面有丰富经验的金融专业机构担任。根据 AIM 上市规则的规定，保荐人必须是向交易所提出申请并获认可的有限公司，是保荐人名册中的合法成员，而保荐人要被列入该名册，必须满足特定的资格标准。根据该标准，符合资格的保荐人必须是依据《1986 年金融服务法案》注册的公司，或者是伦敦证券交易所接纳的正式会员，同时，保荐人还须符合具备有关的资格和从业经验这一要求。

（三）保荐人职责在企业上市前后的侧重点不同

保荐人在企业上市前后从事的保荐工作的侧重点有所不同。企业申请上市前，保荐人扮演了"辅导者"和"独立审计师"的角色。在这一阶段，保荐人要对发行人的质地和条件做出实质性审查，首先要评估和判断发行人是否已经符合上市标准的有关要求并以书面形式向交易所予以确认，申请程序才可能继续下去。保荐人同时要保证公司的董事已就其责任和义务获得咨询和指导并符合有关的 AIM 市场规则，并须承诺随时以顾问的身份向公司的董事提供指导意见。为了向伦敦证券交易所负责，保荐人一般要对发行人的情况做出详细的尽职调查。按照《1995 年公开发行证券条例》的要求，招股说明书中需要向投资者做出披露的一些信息有：发行人的资产与负债、财务状况、盈利情况、业务发展前景、证券附加的权利，等等。

企业完成上市以后，保荐人的保荐工作转向指导和督促企业持续地遵守市场规则，按照要求履行信息披露义务。此外，保荐人还可以代表企业，与交易所和投资者之间进行积极的沟通联络。虽然企业上市后保荐人的工作范围扩大了，但有一点是必须明确的，即保荐人的核心职责在于辅导企业的董事遵守市场规则，履行应尽的责任和义务。尤其是在信息披露方面，保荐人对企业的指导和监督将直接关系到 AIM 的市场运行质量和投资者的切身利益。

二 中国香港地区的保荐人制度

香港在主板市场和创业板市场上均实行保荐人制度，不过两者略有不同。在香港联合交易所（以下简称香港联交所）的主板上市规则中，保荐人的主要职责是将符合条件的企业推荐上市，并对申请人申请上市、上市文件等所披露信息的真实、准确、完整以及申请人董事知悉自身应尽的责任义务等负有保证的责任。尽管香港联交所建议保荐人在发行人上市后至少一年内还要继续维持对发行人的服务，但保荐人的责任原则上随着股票上市而终止。香港推出创业板后，保荐人制度的内涵得到了拓展，保荐人的责任被法定延续到发行人上市后的两个完整的会计年度之内。这是香港主板市场与创业板市场保荐人制度最大的区别所在。

要符合担任新申请人或上市发行人的保荐人资格，有关人士必须获得香港联交所的核准，并名列于香港联交所设立和经常公布的保荐人名册内，这是对保荐人资格的基本要求。香港联交所设立了一份符合资格的保荐人名册。要列入保荐人名册，准保荐人必须促使香港联交所确信其具备所需要的经验和专业才能，可以履行保荐人应尽的职责。保荐人必须持续符合有关资格准则。香港联交所一般每年对名册上保荐人的资格进行一次年审。若年审中发现有保荐人不符合有关资格准则，即予摘牌除名。

（一）H 股的保荐人制度

香港最早引入保荐人制度的是 H 股。1993 年 6 月，香港证交所允许内地的企业发行 H 股，并在香港主板市场上市。由于发行 H 股的内地企业的主要经营活动均在内地进行，其经营行为不受香港地区法律的管辖，且发行人对于香港证券法律法规又不太熟悉，为了给 H 股上市企业提供便利和加强对 H 股企业的监管，香港证券交易所对 H 股上市引入类似于伦敦证券交易所的二板市场的上市保荐人制度。该上市保荐人制度一方面要求保荐人对 H 股发行人履行尽职调查义务，另一方面还要对 H 股发行人董事履行尽职督导义务。

（二）创业板市场的保荐人制度

创业板市场建立后，由于其上市公司大都为具有较强增长潜力的中小高科技企业，它们大都处于成长前期，规模小，公司治理结构不完善，为了规避创业板上市风险，香港将保荐人制度规定在了《创业板上市规则》第六 A 章中。其中，第 6A.02 条规定，新申请人必须委任一名保荐人，协助其处理首次上市申请。可见，在香港地区创业板市场的运行中，保荐人所处的地位十分重要，扮演着保驾护航者的角色，保荐人是否勤勉尽责是创业板能否规范、稳健运作的关键因素。

　　一般而言，保荐人要被列入香港创业板保荐人名册而不被除名，必须符合下列各项规定：保荐人必须是有限公司；保荐人必须是证券及期货事务监察委员会公布的注册投资顾问或证券交易商或必须由证监会宣布为获得豁免权的证券交易商；保荐人必须在提出申请日期之前的五年内具有相关的企业财务融资经验；准保荐人必须具备不少于1000万港元的实缴股本和（或）不可供分派的储备；保荐人在过去五年内不曾受到公开谴责。

　　准保荐人一旦获准列入香港联交所的保荐人名册中，必须根据其在申请成为保荐人的申请表格中所做的承诺，严格执行以下一般持续责任：①保荐人必须遵守《创业板上市规则》中所有适用于保荐人的全部规定。②尽合理的努力。保荐人应确保在上市申请过程中呈交予香港联交所的所有资料，在各重大方面均属真实，且无重大遗漏。若保荐人其后知悉所呈资料的真实性、准确性或完整性受到质疑，应及时通知港交所。③积极与港交所创业板上市科及（或）上市委员会进行的任何调查合作。这包括迅速及公开地回应其向保荐人提出的任何问题，迅速提供任何有关文件的正副本，以及出席要求保荐人必须参加的任何会议或聆讯。④《创业板上市规则》第二十五章第25.05条有关内地注册成立的发行人的规定要求，保荐人必须向港交所提交书面意见，说明内地发行人的董事确实明了 H 股与该等股份在其他证券交易所上市股份间的异同及其股份持有人权利与义务的差异和相似之处，内地发行人的董事会如何协调和履行港交所与其他证券交易所规定的责任。

　　《创业板上市规则》第 6A.06—6A.09 条规定了保荐人的公正性及独立性，要求保荐人必须公正无私地履行职责，至少须有一名保荐人独立于新申请人。新申请人委任的每一名保荐人必须在上市申请的任何文件首次呈交港交所当天或之前以《创业板上市规则》附录七表格 K 所载格式，向港交所做出有关《创业板上市规则》第 6A.07 条所载事宜的陈述。若保荐人或新申请人获悉《创业板上市规则》第 6A.08 条所载情况在新申请人聘用保荐人的任期内有任何变动，保荐人及新申请人必须于出现变动后尽快通知港交所。

（三）主板市场保荐人制度

自从在创业板引入保荐人制度后，香港证券交易所一直酝酿在其主板市场和创业板市场实行统一的投资银行业务标准。《主板上市规则》第三章中规定了保荐人的任职条件、职责范围和期限以及对保荐人的效力。2000 年，香港交易所和香港证监会联合发布的《关于保荐人和独立财务顾问监管规则》的咨询文件，建议在香港主板市场和创业板市场实行统一的上市保荐制度。可见，保荐人制度无论是在主板市场还是在二板市场都被寄予厚望。2002 年年初，香港多家证券公司出现的财务丑闻和倒闭事件，对香港资本市场产生了巨大的冲击。香港证券监管机构认为，为继续保持香港国际金融中心地位，就不得不加强对证券中介机构的监督。2004 年 10 月 19 日，经过两次长达18 个月的大规模咨询后，香港证监会与香港联交所公布了《有关对保荐人和独立财务顾问监管的咨询总结报告》，同时配发报告里所载的各项主板和创业板《上市规则》修订，新修订的《上市规则》于2005 年 1 月 1 日起生效。

新修订的主板上市规则中新增加了保荐人及合规顾问的内容，创业板上市规则中增加了释义及诠释、委任保荐人、保荐人向香港交易所做出承诺、新申请人及其董事有协助保荐人的责任、保荐人的公正性及独立性、保荐人有关独立性的陈述、额外保荐人、保荐人的角色、保荐人的声明、终止保荐人的职责、委任合规顾问、合规顾问向香港交易所做出的承诺、合规顾问的公正性、终止合规顾问的职责和其他规则的应用等内容。

总体而言，此次香港证券法保荐人规则的修改主要体现在以下几个方面：第一，将保荐人角色一分为三，包括保荐人、合规顾问和独立财务顾问。由多个机构分别承担保荐人的不同职责和角色，通过对保荐人的角色分解和职责分担，能比较有效地解决保荐人的角色和职责的内在冲突问题，以达到相互制衡、相互促进的作用。第二，强调保荐人和独立财务顾问的独立性。第三，增设了保荐人尽职调查应用指引，可操作性强。第四，增加了对合规顾问的制裁条文。

三 美国 NASDAQ "什锦" 保荐人制度

目前，美国纳斯达克已经发展并正在逐步完善一整套而非单独的保荐人制度安排，用以发挥保荐人在创业板市场所起的作用。一般将其称为"什锦"保荐人制度，这套制度设置包括但不限于：强制性的法人治理结构、同业审查计划和自愿选择基础上的理事专业指导计划、承销商和做市商与分析师的专业服务，以及监管机构实质性的审查制度。这一套制度安排对保荐人的市场功能加以分解，通过相互间的功能互补和密切配合，成功地分散和控制了创业板市场的发行人风险，有效地保护了投资者的合法权益，造就了一个举世瞩目的创业板市场的典范。

"什锦"保荐人制度中最为关键的就是"强制性的法人治理结构"和"理事专业指导计划"。它们内化并替代了保荐人制度的核心功能，对纳斯达克市场的繁荣贡献良多。

（一）强制性的法人治理结构

1997 年 8 月，纳斯达克市场对上市规则进行了修改，对定性和定量两类上市标准的要求都作了强化。在此之前，有关法人治理结构方面的特别规定只适用于全国市场（National Market），现在小型资本市场（Small Capital Market）也必须符合这一要求。这无疑提高了纳斯达克小型资本市场的上市条件，对于改善上市公司的内在质地和营运质量、防范和化解创业板市场的运行风险起到了积极的促进作用。

1999 年 12 月，证券交易委员会批准了有关纳斯达克公司独立董事和审计委员会的上市标准修正办法，其目的在于加强审计委员会的独立性，充分发挥其应有的功能，强化审计委员会、外部董事和管理层应担负的责任与义务。审计委员会的职责是与独立审计师合作，监督与审核公司的账目、财务控制系统和财务报告程序，以及进行内部的审计。新上市规则要求审计委员会至少由三名成员组成，而且只能由独立董事担任。所有董事必须有能力阅读和理解基本的财务报表，包括公司的资产负债表、利润表和现金流量表。至少有一名董事拥有金融或会计行业的从业经验、必要的会计专业人员资格，或其他相当的经验和背景，例如目前或过去出任总经理、财务总监或其他负责财务监管的高级管理人员。新上市规则通过强制规范发行人的法人治理结构，引入足够的独立董事，促使公司在内部产生自律的动力，上市后能够自觉地遵守市场规则，依法规范运作。

（二）理事专业指导计划

"什锦"保荐人制度的另一个亮点，是交易所向所有上市公司提供的"理事专业指导计划"。上市后，公司可以获得纳斯达克一名理事的全面指导，理事一般对发行人所处行业拥有丰富的经验和专业知识，就公司股票的表现解答问题，在总体上指导公司的市场运作事宜。此外，理事可以帮助发行人就加强与投资者的关系来制定各种切实可行的计划，向发行人介绍相关行业的发展情况及法规的变化情况。这项服务类似于保荐人在企业上市后从事的主要保荐业务活动之一，即成为上市公司的市场顾问，处理与交易所和与投资者的交流沟通事宜。

（三）NASDAQ 监管机构对发行人的实质审查

一般情况下，对发行人的上市条件进行实质性审查的职能是由保荐人来承担的，而在纳斯达克市场上则由市场监管者来承担。发行人在向股票交易所在地的州证券委员会申请注册时，要接受市场监管者就上市标准进行的审核。需要说明的是，IPO 受到美国联邦法律和州法律的双重监管，并受到交易所等自律性组织规则的规范。美国证券交易委员会（SEC）的职能主要是审查发行人的信息披露情况，侧重于发行人的经营业绩、财务表现、风险的披露程度和管理层的薪酬情况。自动报价交易商协会（NASDAQ）着重审查承销商与发行人所订立的收费标准、发行条件和发行安排是否公平合理。而各州的证券交易委员会则会对申请在当地交易股票的发行人就公司的内在质地进行审核。

（四）NASDAQ 中介机构提供的服务

在纳斯达克，承销商、做市商和分析师所提供的市场服务实际上执行了保荐人的研究支持职能。发行人在聘请承销商时，一般要考虑承销商是否准备并且有足够的实力参与到企业上市后的事务中去，提供上市后的一系列服务，而这类服务正是其他创业板市场保荐人的职责之所在。承销商以其丰富的行业背景和市场经验，可以协助上市公司掌握融资技巧，选择潜在的收购目标，物色战略合作伙伴。具有雄厚研究实力的承销商可以通过发表各种研究报告，扩大上市公司的知名度和声誉，提高其在投资者心目中的公众形象。正因为如此，发行人在挑选承销商时通常要与对方的研究人员进行接触，了解他们的专业背景、研究风格和实力。做市商也须提供全面的服务，包括发表所代理股票的研究报告，通过零售渠道和机构交易商撮合股票的买卖，就首次公开发行股票或后续融资等活动向发行人提供有益的企业财务顾问意见等。

四 马来西亚 MESDAQ "接力" 保荐人制度

马来西亚创业板市场 MESDAQ 于 1997 年 5 月注册成立，1999 年 4 月正式开始交易。马来西亚有关部门全面研究并借鉴了其他国家创业板市场的监管和运作规则，尤其效仿了美国 NASDAQ、英国 AIM 和加拿大创业板市场的一些特点，设计了完整的市场制度和运作规则，其中包括了一套颇具特色的保荐人制度。

（一）制度概述

"接力"保荐人制度是马来西亚创业板的独特之处。根据发行人在上市申请和上市后两个不同阶段的实际需要，由两个中介机构——上市保荐人与保荐人，分别对发行人进行咨询和辅导。根据其上市规则，聘请保荐人是企业上市的先决条件，所有申请上市的公司在申请阶段和上市后一年中，必须聘请其主承销商作为上市保荐人（Advisers）。上市满一年后，公司应聘请其他符合资格的中介机构继续担任公司的保荐人，后者的最短服务期限是 5 年。这样就完成了上市保荐人向保荐人的"交接棒"。如果在规定的期限内出现保荐人辞职、被解雇等保荐人缺位的情况，公司应在规定的时间内另外聘任其他符合资格的机构担任保荐人一职，否则其股票将被暂停交易，直至从市场中摘牌。

MESDAQ 保荐人须是交易所的正式会员或经过授权的投资银行，并且要通过专门的资格考试。英国、加拿大、中国香港的创业板市场均要求发行人在上市申请前即要确定保荐人人选，上市后一般不会无故更改。而在马来西亚 MESDAQ 市场上，根据发行人在上市申请和上市后两个不同阶段的实际需要，由各擅专长的两个中介机构分别对发行人进行咨询和辅导。保荐人制度的这种接力安排反映了监管部门对保荐人职能的深刻认识和匠心独运。

（二）MESDAQ 保荐人应履行的职责

在 MESDAQ 中，主承销商兼上市保荐人由投资银行担任，其承担的职责包括：①准备并报送所有的上市申请文件。②按规定的书面形式向交易所确认以下事项：就上市规则和其他法规要求的发行人董事须履行的责任和义务的性质，发行人董事已经获得了充分的咨询和辅导；保荐人尽其所知，确认发行人符合上市规则和其他法规所规定的标准。③代表发行人与交易所进行联系，处理有关上市的所有事项。④进行尽职调查。⑤同时担任主承销商，承销发行人的股票。⑥在上市后紧接着的一年中继续作为发行人的保荐人，履行相关的职责，不得辞职。在股票上市后的一年中，主承销商按照规定必须继续担任上市公司的保荐人，履行保荐人的法定职责，没有特殊原因不得"摔棒"。

（三）制度特点

公司上市后长达 6 年的保荐期，不但反映了马来西亚政府对 MESDAQ 这个新市场发育尚不成熟的一种担心，而且体现了监管者对 MESDAQ 市场的发展前景寄予殷殷厚望的呵护之情。MESDAQ 市场这种"接力式"的保荐人制度符合创业板市场的运行规律，是较为科学的制度安排。其主要特点为：①按照监管部门赋予中介机构的职责，保荐人在上市申请阶段和上市后阶段所扮演的角色略有区别。上市申请前，保荐人需要对发行人的资质条件做出实质性审核，也就是要评估和判定申请人是否符合上市标准并适合在创业板市场交易。为此，保荐人一般要对发行人的经营情况、财务状况、管理水平和发展前景进行全面深入的尽职调查。②在公司上市后的一年中继续担任保荐人，保持了保荐业务的连贯性，对发行人来说十分有利。保荐人对于稳定上市之初的一段股价敏感期，乃至整个创业板市场均发挥着重要作用。③公司上市一年后，由擅长于市场营销技巧的交易所会员接棒续任保荐人，有助于更加有效地开展保荐人业务，更好地履行法定的保荐人职责。④由主承销商兼任保荐人，节省了发行人的上市成本，是经济可取的做法。

五 借鉴与启示

通过对上述国家和地区的保荐人制度主要内容的分析，可得到如下启示：第一，保荐人的结构组成主体趋于多个机构担任。如中国香港 2005 年保荐人制度的变革体现了这一特点。第二，保荐人和保荐业务人员的任职资格标准比较严格。对保荐人的任职资格，上述国家和地区均有以下几个方面的要求：①专业能力和专业水平的要求；②行业经验和资历的要求；③职业道德和诚信记录要求；④完备的内控机制。对保荐人和保荐业务人员的任职资格严格要求，有利于遴选出称职的保荐机构和保荐人员，切实履行保荐职责，保护投资者利益。第三，保荐人的任职期限都比较长。保荐人任职期限的长短对于保荐人履行职责、实现制度的价值功能有重大影响。保荐人任期过短容易使保荐人、发行人有短期行为倾向，也不利于保荐人持续督导功能的发挥。因此，以上国家和地区保荐人的任期都比较长。中国香港在 2005 年上市规则修订后，保荐人的角色和职责一分为三，其中承担持续督导功能的独立财务顾问采用终身制，体现了这一制度发展趋势。第四，保荐人的职责为辅导推荐职责和监督审核、担保职责。保荐人一方面要发挥其辅导推荐职责并对发行人调查审核，以选择优质的公司上市融资；另一方面要履行持续督导和担保职责，监督上市公司的信息披露行为和经营行为，防止上市公司的违法违规行为的发生，以保护投资者的利益。此外，保荐人与发行人、其他中介机构的职责界定比较清晰，有利于证券市场各中介机构发挥各自的优势和职责，共同维护证券市场的秩序。

第二节 英国核准制

英国证券市场采用的发行与上市制度是核准制的代表。根据英国

《金融服务法》和《公司法》的相关规定，股票的公开发行必须符合证券法律的相关规定和条件，经有关部门审核通过后方可发行股票。英国《公司法》仅对证券发行的主体资格和条件进行了规定。伦敦证券交易所在英国《公司法》《金融服务法》等有关法律的基础上，制定《伦敦证券交易所上市规则》等有关规则，对证券发行主体资格作进一步的规定。在英国发行证券，还必须符合实质条件，比如，经营活动的要求、公司管理层稳定、董事会成员的技术技能和经验、申请发行证券公司的独立运营能力等。

英国的核准制和一般意义上的核准从制度理念到具体规定都不完全相同，一般核准制重在监管机关对于市场运行的干预，而英国对于证券市场的监管主要由证券交易所、证券商协会等自律性组织实现，这在一定程度上隔离了行政权力对于资本市场的介入，减少了英国政府对证券发行的直接干预。因此，其证券上市仍然可以认为是通过市场来决定的。

一　监管机构

英国议会于 2000 年 6 月 14 日通过了《金融服务及市场法》（*Financial Services and Markets Act*，2000），该法于 2001 年 12 月 1 日正式实施。根据《金融服务及市场法》，英国金融服务管理局（Financial Service Authority，FSA）是在英国官方市场（Official Market）申请上市的法定审批机构，它由证券投资委员会（Securities and Investments Board，SIB）改制而成，是一个独立的非政府组织，营运资金完全来源于行业收费，为承担有限责任的股份公司，董事会由 1 位主席、3 位执行董事、11 位非执行董事组成，所有董事均由财政部任命。FSA 对财政部并通过财政部对议会负责，其主要职责包括：维护英国金融体系的诚信、提高公众对金融体系的认知度、保护投资者权益、减少金融犯罪。此项职能具体由上市监管部门承担，即英国上市管理署（the UK Listing Authority，UKLA）。UKLA 原是伦敦证券交易所的一个部门，负责发行上市审核工作，由于伦敦证券交易所是以营利为目的的公司，为避免利益冲突，于 2000 年 5 月 1 日该部门划转至 FSA。由财政部确定的 UKLA 的监管工作目标是：对已上市的证券投资者提供

恰当水平的保护；推动较多的企业进入证券市场；保持英国证券市场
的完整性和竞争力。针对这些目标，法律赋予 UKLA 的工作职责包
括：审批拟上市的发行申请文件；监管保荐人；审批非上市的申请文
件；必要时稽查发行人的持续义务履行情况；暂停和终止上市。UK-
LA 在 FSA 内是一个较为独立的部门，其主任可直接向财政部长汇报
工作。UKLA 对上市申请文件的审核和批准由 2 名审核人员负责（一
般为 1 名会计师、1 名律师）。

二　由交易所行使证券发审核准权

在英国证券发行的权利来自于证券交易所的审核。在伦敦证券交
易所宣布向金融服务局移交发行上市审核权之前，其依法排他性地享
有审核发行、上市的权力，是英国发行上市审批的唯一常规权力机
构。作为监管机构，它兼有政府机构职能管理和行业自律管理的双重
属性，通过制定发行、上市规则和审查资格来对证券发行进行监管。
例外情况是当证券发行规模比较大，可能影响经济总体运行时，由英
格兰银行行使中央银行职权审核证券发行。对英国来说，没有场外交
易，证券发行就意味着上市，或者说发行与上市是同一个概念，因
此，证券交易所的审查必然涉及法律规定实质条件，只有同时符合信
息披露的形式要件和实质条件，交易所才会核准，使其取得证券发行
的资格。发行人进行发行审核申请时，均要遵循伦敦证券交易所的标
准、程序。

20 世纪末随着英国"金融大爆炸"背景下监管模式的转变，作
为市场中介组织的伦敦证券交易所将公开发行证券审核的权力移交至
作为证券监管机关的金融服务管理局，再由后者将该项权力概括授予
证交所。虽然事实上依然由伦敦证交所行使证券发权，但该项权力
源自行政机关，换言之，作为证券市场的一线监管的证交所，替监管
机关代为履行该项权力。由于证交所接受的授权相当充分完整，市场
自律组织（即证交所）仍在实质上履行发权。但在英国金融监管权
限向行政机关收缩的背景下，包括交易所在内的各市场主体均被纳入
金融监管局的统一体系之中，因此可以认为证券监管机关是根本意义
上的发审主体。

三 实施实质审核

英国对公开发行证券，不仅要求从形式上审查，还要求做实质性的审查，以保证证券的质量。伦敦证交所依据英国《公司法》《金融服务法》以及《伦敦证券交易所上市规则》等，对拟发行证券在经营活动、公司管理、资本运行、会计报表、信息披露等方面进行实质审查。在具体事项上，股份公司股东大会主要负责制定股票发行计划，包括发行目标、发行价格和发行规模等；在通过董事会决议及编制招股说明书后英国上市监管署（UKLA）将先对发行人进行实质审核，审核通过给予发行人正式名单（Official List）的资格；其后，发行人再通过交易所审核上市流程。之后，股份公司再进行后续的发行承销、投资者认购、股票交割及股票登记等流程（见表 3 - 1）。

表 3 - 1 英国证券发行上市流程

参与主体	具体事项
股份公司股东大会	制定股票发行计划、确定发行目标、拟定股票发行种类和发行价格
股份公司董事会	对发行主要事项形成董事会决议
股份公司	编制发行申请文件和招股说明书
股份公司、交易所	向交易所递交申请文件并通过审核
股份公司	冻结股东名簿
股份公司与证券发行承销机构	与证券发行承销机构签订委托募集合同
投资者	认购
股份公司	向原股东公告及股票交割
股份公司董事会	向股票管理部门登记

资料来源：中国证监会、申银万国证券：《借鉴国外证券发行制度》，《资本市场》2015年第 2 期，第 75 页。

具体的审查内容主要包括企业发行上市的程序性、合规性审查、信息披露审查以及拟上市公司的实质性条件审查等。核准制下证券发审机关对于企业的判断深入完整全面，除了需要审核包括运营资本、公司内部管理与外部独立性等方面的硬性条件，还需要对公司的主营业务、所处的行业前景等进行评估。拟上市公司同时需要遵守严格的信息披露制度，要求在招股说明书中提供真实、准确、完整的公司经营信息，供证交所发审机关决策的同时供公众投资者查阅。公司发行证券，须将其招股说明书及其他文件呈交伦敦证券交易所审核，经该所认可后才能在两家以上的伦敦重要报刊上刊登广告。证券发行价格经公司与承销商协商确定后，也须向伦敦证券交易所申请核准其报价，而后才能公开发行。

实质条件主要包括：发行人的营业性质及其证券发行与上市的意义；发行证券所筹资金的投资有无合理的成功机会；发行管理人员的资格能力；发行人资本结构的合理性；发行人所得报酬的合理性；各类股票权利义务及出资是否公平；投资人将承担风险的程度，发展前景、发行数量和发行价格等。具体来看，英国股票公开发行应满足公司条件、经营要求、公司治理、运营资本和发行股份五个方面的基本要求。其中，在发行股份上伦敦证券交易所要求发行的必须是自由可转让的证券，最低市值不低于 70 万英镑，公众持股不低于 25%，预购该证券的承诺和期权比例一般情况下不得高于发行股本总数的 20% 等。

四　强化信息公开披露

英国的核准制与注册制一样注重信息公开，尤其重视对招股说明书的审核。就实践而言，伦敦证券交易所规定，招股说明书必须严格按照英国《公司法》《金融服务法》《伦敦证券交易所上市规则》和欧盟的有关法律要求制作提交。交易所将在审核中关注招股说明书是否向投资者提供了真实、完整、准确、全面的信息，是否存在虚假、误导或不实陈述，以便让投资者在决策中掌握可靠的事实依据。发行人及董事会对信息披露材料的真实性和准确性负责，上市审核者并不能向投资者保证信息披露材料真实无误，也不需对此承担任何法律责任。

五　以自律监管为主

英国的证券发行与上市以两个层次的自律监管为主：第一层次是伦敦证券交易所的监管；第二层次由英国证券交易所协会和证券业理

事会组成。伦敦证券交易所实际上行使着英国证券市场日常监管的职能，制定发行了相关规则。其中，关于公司股票发行的规定就有六个方面：发行公司的营业性质和管理人员的资格能力；发行公司的资本结构；发行人所得的报酬；各类证券的权利义务及出资分布；公开资料的充分性和真实性；经营的行业前景等。这些规定主要体现在《证券上市批准书》中，其中包括"批准要求"和"上市协议"两个规定。"批准要求"规定股票发行人必项向交易所提交一份完整的股票发行文件，内容包括正式挂牌上市申请书、招募章程发行人与交易所的上市协议和发行人关于资金能力的陈述等；"上市协议"由发行人和交易所合签，包括披露规则和行为规则两个方面。这些规则既是交易所批准公司发行上市的依据，也是交易所行为自律的规范。

六　独特的授权资本制度

独特的授权资本制度是英国发行监管的特色之一。英国《公司法》规定，股份公司的最高权力机关是股东大会，公司按照章程规定授权筹集全部资本，公司对核定资本无须全部发行股份。也就是，股份有限公司设立时应在公司章程中记载公司股份总数以及公司设立时发行的股份数量。公司发起人和股份认购人只要认足首期发行的股份，就可以完成公司设立。以后各期股份由股东授权公司董事会随时发行。

第三节　德国"中间型"发行审核制度

与其他欧洲国家不同，在欧共体和大陆法系的共同影响下，历经20 世纪 90 年代以来多次重大改革，德国逐渐形成了一种介于核准制和注册制之间的"中间型"股票发行制度，但本质上仍属于核准制范畴。其最大特点是，将各个层次资本市场的股票发行分类管理，不同层次的资本市场股票发行采取不同的管理体制，形成了既强调立法管理又注重自律管理的双重监管体制，强调证券交易所在股票发行过程中的主体作用，实现了股票发行审核、发行定价与配售的市场化运作。

一 场外"注册制"与场内"核准制"相结合

德国的股票发行审核制度将注册制与核准制相结合，针对不同性质的股票采取不同的发行审核制度。具体而言，德国证券市场区分场内市场和场外市场，两者具有明显的界限。根据是否在证券交易所发行上市，德国的证券公开发行由此分为公开发行并上市证券与公开发行但不申请上市证券两类。与之相对应，针对在场内市场公开发行并上市交易的证券，由于其涉及广泛的公众投资者利益，采取核准制的发审制度以保证证券质量及交易的安全性。根据《交易所法》的规定，由交易所负责审查和管理，交易所对拟发行公司进行实质性审查的同时，无须再由联邦证券交易监管局批准。针对场外市场公开发行但不上市的证券，根据《证券发行说明书法》采取注册制进行审核。由隶属于财政部的证券管理机构——联邦证券交易监管局进行形式审核。由联邦证券交易监管局负责审查其所提交的信息是否符合信息披露的要求，在保证投资者能够有效获取拟发行证券的信息后即批准公开发行。如果出现虚假披露等问题，联邦证券交易监管局即可拒绝发行申请。如果信息披露真实、完备，联邦证券交易监管局无权否决其发行公司便可获得股票发行的权利。两者相结合，即形成了"中间型"的证券发审体制。

二 差异化的审核标准

德国的场内证券交易市场，又分为标准市场、调控市场以及新市场三部分。如前所述，当公司拟发行新股并申请上市，则无须再向作为行政监管机关的联邦证券交易监管局提出申请，而直接向证券交易所提出发行申请。如表 3-2 所示，根据其发行场所的不同，审核机关与标准均有所不同，其中标准市场的要求最为严格，由交易所内部的上市许可局负责核准，调控市场及新市场的上市要求则相对宽松，分别由交易所上市许可委员会和德国交易所股份公司负责审批。而对于交由德国联邦证券交易监管局注册登记的非上市交易证券，其审核标准最为宽松，在不涉及实质性审查的同时规定了审查的程序性限制，一旦发行人经过信息公开程序履行了信息披露义务，即可获得发行证券的权利。

表 3 - 2　　　　　　　　不同发行市场的差异化审核

比较内容 发行市场	发行制度	审核机构	审核标准
标准市场	偏核准制	交易所上市许可局	由至少五人组成的委员会表决，半数以上赞成即审核通过
调控市场	偏核准制	交易所上市许可委员会	人员构成、工作程序与标准市场相同，但信息披露和准入门槛较低
新市场	偏核准制	交易所	必须先通过调控市场的审核，审核通过后也可放弃在该市场上市，而后选择在新市场上市
发行股票但未申请在交易所上市的公司（包括拟在自由市场和 OTC 市场交易的公司）	偏注册制	德国联邦证券交易局	仅需审核发行说明书的内容是否完整

资料来源：根据相关资料整理。

三　证券交易所起核心作用

尽管德国实行的是介于核准制与注册制之间的"中间型"发行制度，但交易所仍然是重要的参与主体。与英国等实行核准制的国家相同，德国证券交易所在证券发行上市中也发挥着核心作用，是股票发行与上市的核心机构，对拟上市公司的质量和价值进行核查。

1995 年以前德国证券发行管理实行的是交易所自我管理，各州政府只是对交易所的设立和发布规则等方面进行管理并不直接介入发行事务。交易所的上市许可委员会和上市许可局对企业的发行上市材料进行审核并最终决定是否准予企业发行上市。1995 年依据《证券交易法》成立联邦证券监管局后，联邦证券监管局也仅对公开发行但未申请上市的公司的发行进行审核，公开发行并上市的公司申请仍由交易所审核决定。

目前德国有八大证券交易所，分别是柏林、布莱梅、汉堡、杜塞尔多夫、法兰克福、汉诺威、慕尼黑和斯图加特交易所，其均在 1896 年的证券交易所法案后正式形成。尽管德国拥有数目繁多的交易所，但所有的证券交易所都紧密联系在一起成为一个整体，各交易所之间价格及时互相传送、交易规则都相同，不过各证券交易所均受各自当地政府的管理。

以法兰克福证券交易所（FWB）为例，FWB 下设四个机构：交易监察部（Trading Surveillance）、管理委员会（Board of Management）、交易所理事会（Exchange Council）和上市委员会（Board of Admission）。其中，上市委员会负责审批官方市场（Official Market）和被监管市场（Regulated Market）。从事证券发行具体审核工作的部门为上市审核部，该部对上市委员会负责。该委员会由 20—24 名成员组成，组成人员名单公开，委员以私人身份工作但承担公法责任，每三年由交易所理事会选举一次。委员作为名誉职位，基本都由业内极有声望的人士出任。该委员会属于公共机构，由公法管辖，具体负责对官方市场和被监管市场的发行上市申请做出决定以及监督发行上市规则的执法情况。

四 注重立法与自律相结合

作为典型的大陆法系国家，注重成文法立法监管是德国金融监管中的主要内容。但受欧洲资本主义自由经济发展的影响，德国也注重自律监管，呈现出一种既强调集中统一的立法管理，又注重自律约束的中间型监管体系。这使在证券发行制度中，德国初期并没有成立对证券市场开展广泛而全面管理的专门机构，也没有成立一个规定市场监管体制、解释市场运行规则的法律实体，直至 1995 年根据《证券交易法》的规定德国才成立了联邦证券交易监管局。

另外，在金融体系结构上德国具有典型的银行主导的金融体系，全能银行是金融市场的运作主体。因此在很长一段时间内，德国将证券发行之类的监管权赋予德国中央银行执行，由其实行特许证管理，并通过银行监督局实施监督。由于银行业在金融体系中处于支配地位，德国的证券交易所在证券监管方面为投资者所提供的保护常常被认为与其发展程度不相匹配。这种状况迫使德国证券借助立法监管形式来强化交易所在资本市场中的地位，强化对投资者利益的保护。

第四节　国际 IPO 注册制

体现政府干预经济的规范与效率的注册制是市场主导型的发达国家或地区成熟资本市场普遍实施的证券发行审核制度。证券监管部门公布股票发行的必要条件，只要达到所公布条件要求的企业即可发行股票。发行人申请发行股票时，必须依法将公开的各种资料完全准确地向证券监管机构申报。证券监管机构的职责是对申报文件的真实性、准确性、完整性和及时性做合规性的形式审查，而将发行公司的质量留给证券中介机构来判断和决定。因此，该发行制度将政府行为控制在其能力边界以内，避免了对股票公开发行的不当干预，并且对发行人、证券中介机构和投资者提出了更高要求。

一　成熟市场股票发行注册制的共同特征

（一）监管机构仍需对股票发行进行审核

监管机构不对发行人进行价值判断，但仍需对股票发行进行审核，只不过审核的核心是信息披露。监管机构要站在投资者的角度，审查信息披露的针对性、全面性、可读性，发行人和中介机构对信息披露的真实性和准确性负责。其中，发行人负主要责任，中介机构如果未能履行勤勉尽责义务的，也要承担连带责任，构成刑事责任的，甚至要追究刑事责任。对于信息披露可能存在的矛盾、遗漏或误导之处，监管机构有权要求发行人进行澄清或者追加披露，甚至要求撤回注册文件或者对注册文件做出不予生效、终止生效的决定。

（二）投资者是价值判断的主体

投资者需要通过发行人公开披露的信息，最终做出投资决策。投资者是决定发行是否能够成功的关键因素。在美国市场，有上万家各类机构投资者，如果投资者对该发行人缺乏投资兴趣，或与发行人的期望相差较大，发行人即便通过了监管机构的注册，也难以发行成功。

（三）股票发行和上市相互独立

发行环节主要由监管机构把关，审核标准较为统一。而在上市环节，特别是在多层次资本市场环境下，交易所可根据自身的定位和需要设置不同的上市门槛，不同规模、资质的企业，也可选择适合自身发展的交易场所申请挂牌。

（四）股票发行过程更加制度化、透明化和可预测

IPO 注册制是一种监管机构对市场更为先进、更为现代化的管理方式。注册制改革本质上也是政府和市场关系的再调整。随着监管机构的简政放权，市场的自我调节和供需的自我平衡机制逐步发挥作用。原本不应由监管机构承担的责任将逐步转向交易所、中介机构、发行人和投资者等各类主体，使政府和市场的边界更加分明。

（五）前端放松需要后端加强

注册制的实施与市场的法律体系、惩戒机制以及投资者保护水平高度相关。从成熟市场经验来看，在实施注册制、放松准入环节限制的同时，需要不断健全配套法律法规，不断加强中后端监管执法和投资者权益的保护力度，构建注册制得以顺利实施的有力保障。

二 美国的注册制

美国是典型的注册制国家。公开发行证券，必须向美国证券交易委员会（SEC）注册，发行人应提供与证券发行有关的一切信息，并保证其真实性。监管机构不对发行人的盈利能力做出判断，也不确保其信息披露的完整性和准确性。信息披露是否真实准确的责任由公司和相关中介机构承担，拟发行证券的价值主要由投资者判断。

（一）美国注册制的特点

1. 双重注册制

根据美国各州立证券法统称——20 世纪初的《蓝天法》、1933 年

的《证券法》及 1934 年的《证券交易法》，美国实行双重注册制
（Dual Registration），除非豁免注册，本土公司在美国境内 IPO，一般
必须在联邦与发行或销售所涉州两个层面同时注册：联邦层面的以披
露为基础的注册制和州层面的以实质审核为基础的注册制。建立之
初，联邦的注册制是州实质监管的补充。双重注册制从多个角度对拟
发行证券的具体信息进行全方位的披露和公开，从而提高投资者全面
掌握企业信息判断证券价值的科学性。

（1）联邦层面 SEC 的审核

围绕着充分信息披露的核心，美国证券交易委员会（SEC）安排
由律师、会计师、行业分析师等专家组成的审核小组对相关信息披露
进行审核。虽然在审核的过程中不涉及实质性判断，仅仅对证券发行
人所披露的信息与程序进行形式审查，但是由于遵循"完全信息披
露"的监管原则，要求发行人必须披露对于企业与证券价值具有"实
质性"的信息以供市场判断。

（2）各州层面的审核

与联邦证交委相对应，美国各州也设立证券监管机关。当拟发行
证券不符合注册豁免的条件时，该项证券则应当在州层面向监管机关
进行注册。州证券监管机关虽仍以注册制为主要原则，但并不完全放
弃实质性审查。各州之间的注册审核方式各有不同，总体上看主要有
以下三种方式：登记注册制（Notification）、协调注册制（Coordina-
tion）以及资质注册制（Qualification）。

①登记注册制。这种注册制与联邦的注册制相似，它要求发行人
向州证券监管当局报送发行计划，经审阅生效后方可发行股票。以这
种方式进行发行审核的通常是业绩较好的大型公司。

②协调注册制。顾名思义，这种注册制度强调联邦与各州之间的
协调。与登记注册制相比，协调注册制的审阅过程比较严格，它要求
发行人呈报更多的资料。在审查过程中，监管当局可根据情况做出取
消注册的决定。这一决定的依据不仅局限于不完备的信息披露，还包
括发现注册材料中有与证券法规要求不符的地方。因此，这种审查是
法规性的实质审查，而非全面的质量性实质审查。如果发行人材料符

合法规要求，即使在财务条件、管理团队素质等方面有一定缺陷仍可通过。

③资质注册制。这种制度与联邦的发行注册制度在本质上有较大区别。联邦的制度仅要求发行人披露足够的、合格的信息，但在审阅中对发行人本身不作审查。而有些州所沿用的资质注册制不仅对信息披露有较严格的规定，而且对发行人本身的资格也进行审查。这种审查不是注重发行人的经营状况和盈利能力，而是它在满足公平、公正和平等的原则方面的表现。为了能够对发行人有较准确的评估，监管部门要求发行人在注册时提供较详细的材料，其中包括诸如公司的财务状况和股本结构等方面的内容。在发行人按规定呈交了注册登记文件之后，如果监管当局没有发出停止注册的指令和延缓生效日的指令，注册登记在 30 天内可以自动生效，如果监管当局不想取消发行人的注册资格，而只是使其暂缓生效，那么它可以将生效日推迟最多不超过 90 天。

2. 豁免注册制度

作为高度自由的资本市场，根据《1933 年证券法》等规定某些特定类型的证券享有豁免注册的权利。注册豁免主要分为两类：当某种证券的发行对象并非针对社会公众，而采取定向募集、私募方式发行，则其可以享受注册豁免。或者，当证券发行规模较小，所涉及的投资者数量较为有限，不会对公众投资者产生广泛影响的证券也同样可以免于注册核准。此外，包括政府债券、银行证券、商业票据等在内的发行人资信良好，投资风险较小的证券也被授予豁免权。

美国大约有 40 个州对证券实行实质审查，一般需要进行州实质审查的登记是那些在 SEC 登记中被豁免的发行。在一段时间内，业界有关实质审核的呼声很大，但是已有几项改革减少了由州蓝天法所带来的不便。其中之一就是由北美证券协会（North American Securities Administrators Association，NASAA）制定的关于实质审查的一些新规则。不仅如此，还有一些对法律的行政解释也造成了对一些实质审核的豁免，而这也限制了实质审核的适用范围。

3. 货架注册制度

货架注册（Shelf Registration）即所谓的 415 规则，1982 年美国对证券发行注册制度进行改革，实行一次性注册，允许公司在《1933 年证券法》第 415 条法规下对其计划在以后两年发行的所有证券进行一次性注册，以提高股票和债券注册程序的效率。该注册制度到 1984 年年初，成为一种永久性的选择权。若一个公司想上市，可让拟承担此项目的投资银行进行竞标，由选定的投资银行对其两年内计划发行的证券向 SEC 注册。当发行者准备筹资时，就可以将以前已经注册过的证券从 SEC 的"货架"上拿下来直接向社会公众发行，它们只需要更新过去的财务指标，并不需要进行更多的披露。货架注册不仅简化了注册程序，而且给予了发行公司更大的灵活性：发行时若没有满意的报价，公司可以拒绝出售证券；或者，企业可以在投资银行的协助下，将证券直接出售给投资者。这样发行人在安排股票或债券发行时，不仅能把握最有利的发行时机，而且还可降低发行成本。

4. IPO 是企业的天赋权利

只要满足了披露要求，任何企业皆可公开发行证券。除了《萨班斯法案》对公司治理有一定要求，法律不对发行设置条件，不对证券的投资价值进行判断。即使发行人经营历史短于三年，历史上有重大违法违规记录，存在重大法律纠纷，面临巨大或有债务，或处于风险高的新行业，长期未能盈利等，只要进行充分披露，就可以发行证券。各种风险在充分披露后，由市场赋予一定的折扣率反映在定价中，由投资人基于自己的投资策略和风险偏好进行选择。

5. 市场决定发行成败

在美国资本市场，发行的成功与否，不取决于政府，而取决于市场，其关键问题是发行人及其商业模式能否获得市场的认可。只要如实披露，SEC 的注册过程就不会构成发行的障碍。如商业模式能为市场接受，即使公司亏损，发行仍有可能取得成功，不会受政府喜好的影响。

6. 发行与上市相独立

在美国，发行与上市是两个相对独立的过程。美国证券交易委员会（SEC）拥有发行审核权，审阅发行注册登记材料，可以决定某种证券发行登记是否可以生效；而证交所拥有上市审核权，对申请上市的公司实行资格审查，然后决定是否准予其上市。SEC 在发行端关注的是信息披露的内容和质量，是法定强制行为；发行中的其他问题比如定价、配售、证券的权利、上市等事项，由市场自行决定。其中，上市是公司和证券交易所之间的自由选择，是民事商业行为。交易所为了吸引上市公司，积极竞争拓宽服务满足不同公司的要求。

7. 监管机构注册审核专业高效

美国注册制的高效运行主要体现在以下几个方面。

（1）严格划分公募私募范围，将监管资源主要聚焦于公募交易

SEC 在发行端除了对注册文件进行审阅，还需要划定私募和公募的界限，确定需要注册交易的范围。对于私募和公募的界定，SEC 有具体细致、操作性强的各种规则指导市场。当出现难以界定的新情形时，市场也可以要求 SEC 以不予处罚函的形式进行界定，避免私募交易事后被认定为公募交易而违法的情形。如何界定私募和公募的界限，是 SEC 支持企业融资的抓手，往往通过调整认定条件来扩大私募范围，让需要支持的融资行为无须注册即可低成本快速进行。比如，SEC 可以通过提高发行额度限制、放宽投资人条件、放松推广方式的限制等手段将原本需要注册的交易视为私募交易从而无须注册。严格区分公募与私募的另一个好处就是，大量的私募交易交由市场自行调节后，SEC 可以将有限的资源放在最需要政府监管的公募交易上，做到合理调配资源，将需要管的事管好，避免了因监管资源不足出现疏漏。

（2）功能监管和专业分工的机构设置

机构设置体现了功能监管和专业分工的特点，有利于提高审阅的质量和效率，完成 SEC 在发行端的任务。从功能监管的角度，SEC 将所有发行和上市公司的披露都归由企业融资部负责，这样，包括 IPO、再融资、债券发行和结构性融资产品、并购以及上市公司信息披露等均由同一部门负责审阅，有利于合理调配审阅资源，统一审阅标准；在企业融资内部，将审阅人员按照披露人行业划分为 12 个办公室，

有利于提高行业审阅的专业水平，增进审阅效率；每个审阅办公室大约有 25—35 个员工，主要由具有执业经验的律师和会计师组成，专业化水平相对较高。

8. 完善的信息披露制度

真实可靠的信息是资本市场赖以高效运行的基础，它既是"注册制"的特征，也是"注册制"的核心。美国证券发行对信息披露的监管，堪称现代资本市场的典范。注册是 SEC 与发行人就信息披露进行对话的过程，所有环节公开透明，并且时间可以预期。

（1）披露规则从投资者角度制定，全面细致，公开透明，指导性强

美国注册制下，披露文件既是一个销售文件，也是一个法律文件。销售文件需要对发行人的亮点进行深度发掘，保证发行成功，而法律文件需要将风险充分披露，以免除法律责任。美国披露规则从投资者角度出发，把握好了这两个需求之间的关系。而在核准制下，披露文件除了是销售文件和法律文件，更是一个审批文件，审批的需要往往大于销售和免责的需要。在这样的体制下，披露规则往往从审批者的角度出发，带有明显的审批特性，而销售和法律特征相对不足。

（2）披露文件是发行活动的中心

SEC 严格监管发行人和承销商在披露文件之外不当发放信息影响市场的"抢跑行为"（Gun Jumping），对于发行过程中招股书之外的信息沟通有严格限制，以避免投资者受到招股书之外信息的不当影响。具体规定为：①在向 SEC 递交注册文件（包括的主要是披露文件）之前，不得向市场提及 IPO；②在递交注册文件公司 IPO 成为公开信息后，发行人可开展市场推广活动，但只能基于披露文件；③只有在注册文件生效后，方可与投资人确认订单，达成销售。对于违反上述限制的发行"抢跑行为"，会受到 SEC 的严格监管。这样的制度安排，一方面使发行人和中介机构将精力放在披露文件的准备上，另一方面确立了披露文件在发行过程中的中心地位。

（3）信息披露详略得当，披露质量高，便于投资者阅读理解

美国证券发行中，披露文件从投资者的角度出发，对披露信息的

内容和多寡进行判断取舍，详略得当，披露质量高，便于投资者阅读理解。其 IPO 招股书具备如下特点：披露内容和投资决策的相关性高，和投资决策无关的信息少。体现重大性原则，有利于投资者重点关注重大信息，方便投资决策。强调风险披露的充分性和准确性。首先要充分，该披露的风险必须披露，且披露的内容要充分，不得有对风险进行化解的描述。重点突出，语言浅白，便于读者阅读和理解。重要内容放在显著位置，便于投资者阅读。比如，封面这个最显著的位置并不留给公司的宣传图片，而是留给和发行相关的重要内容。

9. 充分发挥中介机构"经济警察"的作用

证券发行高度依赖中介机构的作用，中介机构切实履行职责，一方面可有效防范披露欺诈，另一方面可推动市场机制发挥作用。整个发行过程中，中介机构对发行人的情况最为熟悉，最可能发现欺诈情形。而中介机构在有力的控诉制度和行政执法的压力下，整体上注重品牌建设和维护，建立了有效的风险控制制度，基本上能有效履行职责，防范欺诈，成为注册制顺利运行的关键。

（二）美国注册制流程

美国注册制流程主要分为三个阶段：注册书送达前阶段、审核阶段和生效阶段。

1. 注册书送达前阶段

在注册书送达 SEC 之前，投资银行、会计师事务所、律师事务所等中介机构协助发行人制作发行注册说明书，涵盖公司的组织、运营和财务等情况。在这一阶段，中介机构需开展尽职调查，起草招股说明书。《证券法》规定发行者、承销商和自营商不得有任何推销证券的行为。不得组织承销团，不得发表与此次发行有关的新闻或作其他相关市场行为。但是，允许发行人与承销商之间、承销商与承销商之间做技术性的初步谈判，研究发行数量，商议费用分配、发行价格等事项。此外，SEC 在公司正式申报注册文件之前设置了预沟通机制。如果发行人和中介机构认为有必要，可以申请与 SEC 进行预沟通，这在发行人涉及复杂的会计或披露问题时尤为必要。预沟通时间将不计入审核周期，这样可以将部分"疑难杂症"在正式申报之前解决。

2. 审核阶段

长期以来，SEC 执行法律的形式是注册表格式化，规范注册信息披露内容综合化，即主要由规则 S－K 和规则 S－X、GAAP、美国一般公认审计准则（GAAS）规范证券注册人信息披露内容。发行人在 SEC 的电子化数据收集、分析及追踪系统（即 EDGAR 系统）里提交注册申请和注册说明书。发行人注册说明书提交到 SEC 的 EDGAR 系统后，会向社会公众公开。SEC 的公司融资部具体负责审核发行人的注册说明书。

（1）审核机构

公司融资部审查公众公司按规定向 SEC 提交的文件。这些文件包括：新要约证券的注册表；年度和季度报告（10－K 和 10－Q）；在股东年会召开前提交股东签署的委托书；提交股东的年度报告；与收购要约相关的文件（收购要约是购买一家公司大部分股票的一个要约，一般情况下要约价格在当前市场价格之上）；涉及收购合并的注册文件。这些文件披露有关公司财务和营业状况的信息，这些信息有助于投资者做出理性的投资决策。在公司融资部的审查过程中，其工作人员会检查公众公司是否符合信息披露规定，并采取措施提高披露质量。为遵守 SEC 信息披露规定，一个拟发行证券的公司或其证券公开交易，必须披露可能与一个投资者有关购买、抛售或持有该证券的所有相关信息，包括正面信息和负面信息。

公司融资部提供 1933 年《证券法》、1934 年《证券交易法》和1939 年《信托契约法》的 SEC 解释；为履行这些法定义务制定相关规则；与 SEC 首席会计师办公室、会计职业团体相关部门，特别是制定一般公认会计准则（GAAP）的美国财务会计准则委员会（FASB）紧密合作。公司融资部工作人员向证券注册人、拟注册人和社会公众提供指导和咨询，协助他们遵守法律法规。公司融资部有 12 个审查办公室，这些办公室的员工人数约占部门员工总数的80%。根据发行人的标准行业分类码（SIC 代码），注册说明书将被分配至对应的审查办公室。SIC 代码是根据发行人的主营业务而分配给发行人的（SIC 代码列于注册说明书的封面）。12 个审查办公室专门负责特定的行业，分别为：①医疗保健及保险；②消费产品；③信息技术及服务；④自然资源；⑤运输及休闲娱乐；⑥生产及建设；⑦金融服务（一）；⑧不动产及日用品；⑨饮料、服饰及矿业；⑩电力及机械；⑪电信；⑫金融服务（二）。

每个审查办公室均有 25—35 名审查员，审查员主要是律师、会计师以及行业专家。领导人员包括：①助理主任、副主任、主任。在审核人员完成注册说明书审查后，助理主任、主任和分管该审查办公室的副主任最终决定注册说明书的生效时间。②法律主管、首席会计师高级助理。③会计处主管。会计主管对首席会计师高级助理负责，法律主管与首席会计师高级助理共同对助理主任负责。同时，每个审查办公室会受到 SEC 其他部门的协助（例如，首席会计师办公室、披露标准办公室和执行联络办公室）。

（2）审核重点

审核重点包括两部分：一是有可能违反证监会规定和会计准则的重要信息披露；二是未充分披露或含混不清的重要内容。公司融资部并不评价注册人拟实施交易（股票发行等）的优劣，也不会判断任一投资对不同投资者的适用性。

（3）审核流程

第一，接收文件进行全面审查。

审核人员一般由一名 SEC 审查员和一名专职会计人员组成，然后由另一名 SEC 审查员和专职会计人员复查。审查员审查注册说明书中除会计之外的所有方面。专职会计人员审查财务及与会计相关的问题。第二名 SEC 审查员和专职会计人员被称为"复查人员"。审核人员从潜在投资者的角度出发进行审查，阅读申报文件时询问潜在投资者可能提出的问题。在完成进一步审查后，如果审核人员认为申报文件需要改进或加强，则签发意见函。该函由 SEC 签发给公司，内有一份审核人员在进一步审查过程中提出的所有问题和意见的标号列表，按照公司申报文件中信息的顺序列出。

第二，出具反馈意见及公司进行回复。

SEC 审核人员的意见一般有三种：①要求修改或澄清具体披露的

意见。对于证券交易法规定的申报文件，公司于回复函中提供修改或澄清性叙述并同意在今后的申报文件中加入这样的叙述（而不是修改之前提交的文件），审核人员通常会表示满意。②要求补充信息从而使审核人员能够更好理解公司披露的意见。③有关技术或程序事项（例如，将文件作为附件申报）的意见。从公司首次递交材料到 SEC 公司融资部发出第一轮反馈意见函通常需要 30 天的时间。

针对反馈意见，申请公司及中介机构必须对其中所提的问题做出真实、准确、完整的回复并相应修改注册说明书及相应文件。如果遇到复杂、困难的会计问题，沟通与解决可能耗时数月，并导致注册说明书的内容发生重大变更。根据反馈意见关注问题的性质及公司的回复情况，审核人员可能会出具二次或再次反馈意见。

在审核过程中，公司可以就审核人员出具的反馈意见或其对反馈意见回复的观点申请复核，申请可以口头或书面方式提出。公司融资部对申请复核的流程没有正式要求。如果公司申请对非会计问题进行复核，复核程序一般自下而上，公司应先和 SEC 审核员沟通，再与助理主任、分管副主任直至主任沟通。会计问题的复核也是类似自下而上的程序，公司应先和 SEC 会计人员沟通，再与首席会计师高级助理、助理主任、分管副主任直至主任沟通。

第三，完成审核。

公司在落实所有反馈意见后，SEC 宣布注册文件生效，从而可以实施证券发行。公司融资部在完成审核后，会在 EDGAR 电子系统中公告公司相关注册文件的有效性。至此，注册程序结束。

《证券法》中没有对审核的周期进行硬性规定，时间长短因具体情况而异。通常从公司第一次递交注册说明书到公司融资部宣布注册生效，需要三至四个月的时间。在整个审查阶段，公司融资部如果发现注册申报书有重大缺陷，会于注册生效前，发出"拒绝命令"，拒绝申报生效，直到注册申报书做出相应修正为止。在注册文件生效后，如果发现注册内容有重大不实、遗漏或误导之处，公司融资部可随时发出"停止命令"，使注册文件停止生效。

3. 生效阶段

注册生效后，发行人可从事证券发行与订立合同，并向证券交易所申请上市，交易所根据其上市条件决定是否允许其上市。发行人必须按照法律规定的时间提交公开说明书。为增强审核过程的透明度，SEC 第一轮反馈意见在收到注册文件 30 天内发出，发行人会以书面形式回复，SEC 会在 10 天之内提出进一步意见。最终，SEC 宣布注册文件生效，发行人完成发行。

三 日本的注册制

经过第二次世界大战后 70 多年的发展，日本的证券市场目前已经与美国、英国同居世界三大证券市场之列。第二次世界大战后，建立完善的证券市场是日本迅速恢复经济的重要举措。在美国占领当局的批准下，日本建立了现代证券市场，并参照美国的《证券法》和《证券交易法》，于 1947 年制定了《证券交易法》。受美国的影响，日本在证券发行审核制度方面也实行了注册制，并历经几十年的严格管制得以延续至今。

（一）日本注册制的变迁

日本证券立法的变迁正是其注册制建立和完善的进程。1878 年日本颁布了《证券交易所管理条例》，同年建立了日本的第一家证券交易所——东京证券交易所。第二次世界大战后，在美国的监督管理下，日本开始重建证券市场。1947 年 3 月，日本制定了《证券交易法》，实行集中立法型管理，标志着日本现代股票市场的开始。根据 1952 年修改后的《证券交易法》，日本大藏省为证券市场主管机构，其下属的理财局是证券业务主管部门。1964 年成立证券局，承接理财局的证券监管业务。根据当时日本《证券交易法》的规定，股票公开发行需要得到大藏省的批准。1990 年后，受泡沫经济破裂影响，日本经济开始陷入萧条，证券市场的问题也逐渐暴露。1997 年，日本进行了大规模的金融体制改革，被称为日本版"金融大爆炸"（Japanese Version of Financial Big Bang），也称为日本"大爆炸"改革。1998 年 6 月，日本议会制定公布了《完善金融制度改革相关法律的法律》，并于 12 月施行。根据该法律，日本对 24 部相关的法律进行了一揽子修改，对《证券交易法》也作了全面修改。1998 年 6 月 22 日，日本金融监督厅作为日本总理府外局，一个完全脱离大藏省的组织机构正式投入运营，这标志着日本传统的金融监管制度的结束。以往侧重于事前限制，从而形成对金融机构过度保护的监管机制，将转变为注重事后监督，以国际统一会计标准和法律规范交易行为促进竞争的机制，真正建立起透明、公开、公正的金融市场。

然而，证券发行审核制度在对《证券交易法》的全面修改中却保持了顽强的生命力，成为"大爆炸"改革中未受根本性冲击而被保留并沿用至今的稀有重大制度。在金融厅成立后，日本证券发行审核的职能并未由大藏省转移至金融厅，而公开发行股票的注册登记仍由大藏省更名后的财务省负责。根据日本《证券法》的规定，证券发行公司应按财务省的规定，须递交申请书，并载明公司成立目的、商号、资本额及有关出资事项，公司运营、财务状况及其他有关事业内容重要事项，公司的管理层或有关发起人事项以及有关募集或销售证券事项等内容，报送财务大臣。自财务大臣受理申报书之日起 30 日后，若财务大臣未提出异议则申报自动生效。

2001 年 1 月，金融厅作为内阁府的外设局，承接了原大藏省检查、监督和审批备案的全部职能，成为日本金融监管的最高机构，独立行使、全面负责金融业的监管。日本金融厅下设总务企划局、检查局、监督局三个职能部门。监督局下设总务课（监督协调）、银行第一课、银行第二课、保险课和证券课五个课室，其中证券课负责股票公募发行的注册审核工作。

（二）日本注册制的特点

日本注册制移植于美国，许多方面与美国如出一辙。日本新股发行过程与美国极为相似，金融厅（原大藏省）发挥了 SEC 的职能对股票发行进行审核。日本对新股发行的信息披露要求简单于美国，发行方只需要披露发行申请书、发行登记书和补充文件、招股说明书。日本对新股发行的监管包括事前控制和事后监管两个系统，事前控制主要由金融厅、证券交易所、证券业协会授权机构进行审核；事后监管由金融厅下属证券交易监视委员会对于市场交易、信息披露等行为的例行监督制度，共同维护新股发行和交易的合规性和合法性，并对发行人的违法违规行为进行严厉的惩罚。

仿照美国注册制要求，日本主管机关的审核也同样强调公开原则，要求发行人依法依规，全面、真实、准确地提供一切与发行有关的资料。此外，也主要进行形式审查，对投资价值不做判断。自 1997 年美国式累计订单询价机制在日本被正式确认后，几乎所有日本的股票发行均转向采用美国式累计订单询价机制。由于在拍卖机制中机构投资者参与相对较少，拍卖机制中的定价更主要地受市场而不是上市公司内在价值的影响。

（三）证券交易所的实质审核

尽管日本和美国一样采取的是注册制，然而日本的证券交易所对上市仍拥有实质性审核权力。依据《证券交易所法》的规定，日本各证券交易所均制定了详尽的上市规章，其结构和内容大体相同。

东京证券交易所（以下简称东交所）是日本国内最大的证券交易所，设有市场一部、市场二部以及为新兴与高成长企业而设立的类似于我国创业板的特别板块（Mothers）。在东交所初次上市的股票，原则上将首先被指定到市场二部上市，其上市的规则比较简单。但对于符合股份数额大、股权分布好等有关标准的企业，将被指定到市场一部上市。在一部上市的公司股东要超过 2200 人。在一部和二部上市的公司，东交所对其过去的 2—3 年的利润或最近一年的销售额均有要求。

东交所的上市审查干事和工作人员组成的审查小组通过书面审查、质疑听证、实地调查、会谈等方式，对申请企业的上市进行形式和实质审查。前者是核查申请上市企业是否符合交易所指定的最低上市标准，后者是对申请公司的持续经营能力及经营效益、企业管理制度的健全性、信息披露的有关情况以及其他从保护公众投资者角度出发认为必要的事项进行考察，然后交易所内部对于是否接受企业上市做出最终裁决。

具体上市的流程为：发行人提前三个月向东交所提交上市申请书、公司章程、年度报告、经营计划等。交易所还检查发行人是否具备可以进行恰当信息披露的内部体制。在审核前，具有承销资格的证券公司与东交所进行事前商谈，如发现问题可以提前解决。东交所批准上市后内阁总理大臣提交有价证券招股书，15 日之后招股书生效即可公开发行。

四　中国香港的注册制

（一）双重存档制度

香港对证券公开发行的监管实行双重存档制度，即香港联交所将发行人提交的材料副本转交给证监会，则该材料被视为已由发行人向证监会提交。《证券及期货条例》规定上市审核权归香港联交所，不过证监会仍保留否决权。香港证监会和联交所签署备忘录，规定了香港证监会对联交所所规定的上市程序进行监督。通过此项双重备案制度的安排，证监会可以行使法定调查权，对其怀疑在向证监会进行法定备案时故意或轻率地提供了不实或具有误导性信息的人进行调查。香港证监会依据《证券及期货条例》对公司上市进行审查，以信息披露为核心，并具有否决权；香港联交所依据《上市规则》进行审查，以上市条件为核心，判断其是否符合《上市规则》的要求。但《上市规则》也声明两点：第一，规定并非包罗一切可能情况，香港联交所可以就个别申请实施附加的规定。第二，交易所保留接纳或拒绝上市申请的绝对权利，因此，即使申请人符合有关条件，也不能保证适合上市。两组审核人员同时审查。

（二）发行与上市合二为一

我国香港地区股票发行与上市合二为一，企业在香港发行股票必然要在联交所上市。香港证监会与香港联交所签署的《上市事宜谅解备忘录》，规定了双重存档（或双重存盘）制度，所有上市申请人及上市公司均须通过香港联交所向香港证监会提交上市申请及信息披露材料以作存档，也即香港联交所和香港证监会两方面同时审查一家公司的上市申请材料。联交所是上市申请人的主要联络平台，实质审核上市文件，审核的重点在于申请材料是否符合《上市规定》和《公司条例》的规定；香港证监会进行原则性的形式审核，审查重点在于上市申请材料是否符合《证券及期货条例》及相关附属条例的规定，关注招股书的整体披露质量及该证券的上市是否符合公众利益。只有当上市申请取得了联交所批准以及香港证监会发出"不反对有关上市申请"的通知后，该证券才可以上市。香港证监会通过监督联交所是否依法行使审核权间接地履行证券发行上市的监管职能，同时还拥有法定的调查及执法权，以及核准决定的最终否决权。

香港交易所对香港 IPO 的审查可以分为两步。企业在计划发行股票前至少两个月，直接向香港联交所提出申请，由联交所上市科负责具体审核，最后由上市上诉委员会决定是否通过审核。第一步是由香港交易所上市科首先对上市申请做详细审查并提出自己的问题和修改意见（香港证监会的审查也在这一阶段进行）。在申请上市的同时，申请人还必须向证监会递交申请文件副本。但是，证监会可根据条例将此项权力移交给交易所。如果证监会在法定时间内未拒绝上市申请，申请人即可经交易所批准上市。如果上市科推荐该申请，则该申请就可交由上市委员会聆讯决定是否批准该申请。如果上市科拒绝该申请，则可酌情向上市委员会提出上诉。

香港交易所上市科通常会在收到上市申请及相关文件的一个月后给保荐人发出首份意见函（在此之前，香港交易所通常会以自己的名义转发一份香港证监会的意见函）。保荐人收到意见函后会安排发行企业及工作组对意见函做出答复并相应修改上市文件。香港交易所上市科之后的意见函通常在收到答复函及上市文件修改稿的两周内发出。与美国 IPO 相比，香港交易所上市科的意见函通常会列举相当多的问题，有时甚至有将近两百个问题。另外，与美国 IPO 不同，与保荐人制度相对应，很多问题是指向保荐人的问题，要求保荐人对于某些问题阐述自己所做的尽职调查及在此基础上所达成的结论。如此数轮后，香港交易所上市科对上市文件满意后会推荐该申请上市从而将该申请交由上市委员会聆讯。

在接到申请后，联交所上市科经审查后若认为申请人适合上市，则将该申请呈交上市委员会报批，上市委员会将在聆讯日召开上市聆讯会。若聆讯得到无条件通过，则发行企业可以发布公开招股书开始推广及销售股票。若聆讯未获无条件通过而上市委员会对于该申请提出实质问题，则发行企业及保荐人必须回复这些问题并再次安排上市委员会聆讯。若聆讯被拒绝，则可酌情向上市委员会提出上诉。

上市委员会通常由 28 名委员组成，都由上市提名委员会（由香港交易所董事会三名非执行董事、香港证监会主席及两名执行董事所组成）提名，由香港交易所董事会委任。上市委员会的委员包括：①最少 8 名上市提名委员会认为能够代表投资者利益的人士；②上市提名委员会认为比例足够代表上市发行人与市场从业人士（包括律师、会计师、企业融资顾问及交易所参与者或交易所参与者的高级人员）的 19 名人士；③香港交易所行政总裁。上市委员会的委员不得连续任职超过六年。该委员会每年发布年报，其中一项就是对一年来上市审核工作中存在问题的检讨。

（三）优缺点

我国香港地区的注册制模式有不少的优点，它强调发挥证券交易所的作用，体现了证券监管以自律为主的原则，由证交所统一行使发行上市审核权，工作效率较高；另外，证监会也比较超脱，能跳出利益圈之外，可以保证其决策的公正性和独立性。当然，该模式也存在一定的问题，由于证交所本身就是市场中的主体，甚至有时证交所自身也上市，它有自己的利益，证交所集监管者和市场主体几个角色于一身，可能由于利益驱动而滥用监管审核权力。

第五节　比较与借鉴

纵观国际上典型的 IPO 发行审核制度，如表 3 - 3 所示，注册制与核准制经常相互交织，两者也无明显的优劣高低之分。成熟资本市场有美国、日本、中国香港的注册制，也有英国、德国等国的核准制。无论注册制还是核准制，二者均强调对信息披露的审核。对于更加市场化的注册制，往往在某些重要环节仍含有核准制的实质性审查，同时注册制的形成也需要具备一定的前提条件，比如与之匹配的较充分的市场化的利率、汇率体系等，最为关键的是要适应各国（各地）宏观经济发展水平及资本市场发展阶段。

表 3 – 3 典型的 IPO 发行审核制度比较

比较内容 国家与地区	审核制度	典型特征	审核方式	交易所职能	发行与上市 是否独立
美国	注册制	联邦和各州双重注册制	联邦层面形式审核、各州层面实质审核	上市监管权	独立
日本	注册制	内情公开制度	形式审核	实质审核权	独立
中国香港	注册制	证监会与港交所双重存档制	证监会形式审核、港交所实质审核	实质审核权	合一
英国	核准制	上市委员会与伦敦交易所双重核准制	实质审核	兼有政府机构职能管理和自律机构自律管理的双重性，拥有实质审核权	独立
德国	中间型	注册制与核准制相结合	交易所实质审核与联邦证券交易监管局形式审核	作为股票发行与上市的核心机构拥有实质审核权	独立

资料来源：根据相关资料整理。

　　基于我国目前 IPO 市场现状，注册制改革客观上难以一步跨越，需要借鉴上述国家和地区的成功经验，在继续完善现行保荐人制度的基础上，与相关配套制度建设齐头并进，逐步实施。未来我国应进一步减少发行的行政控制、推进市场化改革；实施权力下放，强化交易所的一线监管；坚持信息透明公开，完善信息披露，为注册制实施创造条件。

一　进一步完善保荐人制度

核准制下，为达到公司经营业绩利润、持续盈利能力等发行标准，部分保荐人或保荐机构成为欺诈发行等违规行为的帮凶，常常无法独立、诚信履行职责。而注册制下，发行审核环节转变为证券注册，公权力监管侧重于信息披露的真实准确与否，协助信息披露成为保荐人的最核心义务。其保荐角色由要求发行人保证盈利性等上市条件和标准转变为完成尽职调查，确保发行人信息披露完整、真实、有效，为投资者决策提供参考。这是保荐人职能的收窄，也是保荐人应然角色的回归。

当前我国《证券法》和《上市公司信息披露管理办法》对于保荐人等中介机构，未赋予交易所相应的监管职权。随着注册制改革对交易所上市审核权力的不断强化，有必要在《证券法》修订时明确交易所对保荐人等中介机构的行业自律性监管职权，发挥交易所对信息披露的一线监管职能。此外，作为注册制下监督保荐人的重要途径之一，还应将保荐人收费纳入监管及法定公开范围。可借鉴香港地区经验，力推保荐收费公开、透明。保荐费不应取决于发行成功与否、发行规模大小，也不应与包销、定价等其他服务收费相混淆。对于保荐人与发行人间对赌式收费条款更应予以公布，接受监督，以督促其尽职尽责，更好地履行其"经济警察"职能。

二　推进市场化改革

从国际经验来看，注册制与核准制只是股票发行审核的外在形式，并不影响股票发行的效率，关键是以信息披露为核心，推进市场化的定价机制，弱化行政干预，加强事中和事后监管，切实保护投资者的利益。

自 2006 年以来，我国进行了多次新股发行体制改革，从审批制到通道特色的核准制，再到保荐特色的核准制，但整体上我国新股发行行政管制的本质没有发生根本变化，市场内在约束机制尚未有效形成。虽然《证券法》规定中国证监会应当自受理股票公开发行申请文件之日起三个月内依照法定条件和法定程序做出予以核准或者不予核准的决定，但受制于新股发行被二级市场股票指数"绑架"的特殊情况，中国证监会不定期暂停股票发行审核，导致整个发行审核时间被人为拉长，且期限不可预测，使众多境内优质企业纷纷瞄准境外市场谋求海外上市。国内宝贵的战略资源大量外流，导致国内投资者无法分享中国经济快速成长所带来的改革成果。伴随着注册制推进，证监会应进一步简政放权，减少行政管制，应尽量通过市场化手段维持股票市场的供求平衡，将是否发行和认购股票、何时发行等选择权更多地由发行人、证券中介机构和投资者来决定，坚定地推进股票公开发行审核的市场化进程。

三　充分发挥交易所的监管职能

由表 3 - 3 可知，无论是实行核准制的英国，还是采用中间制的德国，抑或注册制的中国香港，证券交易所作为市场重要的组织者是发挥自律监管和提高市场有效性的关键环节。由于我国证监会和交易所定位不当，交易所的上市审查职能成为"走过场"，形同虚设。因此，在发行制度改革中也应建立发行和上市分开制度，推进审核主体下移，将上市审查权下放给交易所，发挥交易所的一线监管职能。同时，给予中国证券业协会在市场上更多的话语权，充分发挥其对证券经营机构自律管理的作用。

四　强化信息披露

无论实行何种审核方式，信息披露质量始终是决定股票发行制度能否成功的一个重要因素，信息披露制度的完善可提升市场活力及监管效率。尽管近年来我国在股票公开发行审核制度信息公开的力度有所加大，但仍然存在一些信息公开不足的问题。例如，《首次公开发行股票并上市管理办法》第六十二条规定："保荐人出具的发行保荐书、证券服务机构出具的有关文件应当作为招股说明书的备查文件在中国证监会指定的网站上披露。"然而，在目前的实际操作中，除注册会计师出具的三年一期审计报告和律师关于本次股票发行的法律意见书等文件被要求与发行人的招股说明书一起在中国证监会指定的网站上披露之外，证券服务机构出具的其他相关文件，如资产评估报告、验资报告等均未披露，从而造成很多材料实际上只提供给中国证监会和股票发行审核委员会审核，而并未以公开信息披露的形式提供给投资者，进而缺乏投资者的有效监督。发行人有可能利用此漏洞弄虚作假，欺骗审核机关而获得股票公开发行资格。因此，在股票公开发行审核的行政立法与监管中应进一步强化审核标准、审核内容、审核结果三公开原则。其中，审核标准公开强调审核标准的透明度，避免产生新的"内部标准"；审核内容公开强调所有相关信息应该向投资者进行充分披露，保障投资者的权益；审核结果公开强调不仅要公开结果而且还应包括产生这一结果的原因和判断依据等，使发行审核委员会的工作更多地置于阳光之下。

五　差异化的审核标准

德国针对标准市场、调控市场和非上市公司实行差别化的公开发行审核标准。在信息披露要求方面，在调控市场上市的公司只需提交公司报告书，无须编制招股说明书。而且，公司报告书的披露内容也比招股说明书简化很多。此种差异化的制度设计一方面保证了各层次市场上市公司的质量；另一方面也有利于改善中小企业融资。目前，我国针对不同市场股票公开发行标准的差异化程度不高，容易引致不同市场之间板块定位的雷同，过高的上市门槛还会导致国民经济中许多有活力的新兴企业流失，转而寻求海外股票市场发行上市。鉴于此，我国股票公开发行的审核标准应针对不同类型的公司设立多层次的指标体系，以便于各种类型的公司均可进入股票市场筹资，同时给投资者提供多元化的投资机会。建议在创业板市场对经营业绩或盈利记录设置明显有别于主板市场的较低的标准甚至不作要求，但与此同时应强化上市公司的信息披露，制定严格的发起人等相关人员持股禁售条款，防止大股东借上市套现进而损害一般投资者利益。

第四章　IPO 注册制实施的市场环境优化：
多层次资本市场建设

作为一项十分复杂的系统性工程，多层次资本市场建设是推进注册制改革的一条主线和抓手，二者是相互递进的关系。只有基于市场化、法治化的根本方向，多层次资本市场建设取得重要突破性进展后，疏通新股发行"堰塞湖"，分流 A 股 IPO 融资压力，削弱资本市场对主板的依赖性，减弱主板市场的系统性风险，优化主板的企业结构和行业结构，降低注册制等重大制度创新政策推出的风险成本和机会成本，注册制改革才能水到渠成、瓜熟蒂落。

第一节　基于注册制的多层次资本
市场建设内容

在股票发行注册制改革的大背景下，多层次资本市场的建设是相关改革的重要制度铺垫。《国民经济和社会发展第十三个五年规划纲要》针对"健全金融市场体系"指出，要积极培育公开透明、健康发展的资本市场，提高直接融资比重，降低杠杆率；创造条件实施股票发行注册制，发展多层次股权融资市场，深化创业板、新三板改革，规范发展区域性股权市场，建立健全转板机制和退出机制。

一　注册制改革与多层次资本市场建设的关系

多层次资本市场建设与注册制改革应协同推进。作为注册制改革的基础设施，多层次资本市场建设可为其创造极为有利的环境条件。

（一）为注册制改革积累经验

股票发行注册制改革在我国缺少经验，需要通过实践探索加以积累。因此，在我国现行条件下，新股发行审核制度从核准制向注册制实行一步到位是不现实的，改革宜分阶段进行，逐步推动我国新股发行审核制度由核准制向注册制过渡。从目前不同层次资本市场的发行与上市机制来看，新三板可以成为注册制改革的试验田。

目前，在制度上，新三板的上行与下行规则较为完备，同时其风险警示与退市机制也最为严格。新三板的机制设计，一方面通过严格的信息披露机制过滤掉不达标企业，另一方面为优秀企业进一步提升资本市场层次提供便利。从场外市场到创业板市场、主板市场，入市标准逐步严格，企业素质也呈阶梯式上升，这实际上提供了一个市场筛选机制。一方面，在下一级市场上挂牌交易的企业经过培育，将会有优秀企业脱颖而出，从而进入上一级市场交易；另一方面，对于长期经营不善、已不符合某一层次挂牌标准的企业，则通过退出机制，退到下一级市场交易。这样一种优胜劣汰机制，既有利于保证挂牌公司的质量与其所在市场层次相对应，又能促进上市公司努力改善经营管理水平，提高上市公司质量。

（二）为注册制改革储备合格的发行人和中介机构

企业通过在新三板、区域性股权市场等其他层次市场挂牌并履行信息披露义务，提高规范运作水平，为企业及其中介机构满足注册制下对于信息披露齐备性、一致性和可理解性的要求奠定了基础。与主板相比，这些市场更要大幅提高应披露交易和关联交易的披露标准；实施信息实时披露制度，提高信息披露的效率和及时性。对信息披露有重大问题的有关责任人由中国证券业协会、证监会或公安部门给予严厉的资格、行政或刑事处罚。对大股东侵犯小股东利益的行为给予足够的打击，充分保护中小投资人的利益。因此，监管当局的责任重点就在于信息披露。而且，只要遵守有关规则，券商、投资者和企业之间的交易就完全是平等民事主体之间的行为，风险、收益自担，这也使得监管当局能够将精力集中于信息披露上。

新三板坚持以信息披露为核心的审查理念，推动市场各类主体归位尽责。这与注册制改革的理念和方式有很多相似之处，可作为借鉴。目前对于投资者人数 200 人以下的企业在新三板上市采用的方法就类似于注册制，股权公司被审核后到中国证监会备案。由于处于不同生命周期的中小企业具有不同的风险和信息透明度，为了确保信息的公开，应该实行保荐人按统一标准进行保荐的注册制，保荐人不得是主办券商。是否合乎挂牌标准由主办券商按标准和相关操作规程确定，挂牌公司质量的好坏由保荐人负责。信息披露的质量由挂牌公司负责，主办券商和保荐人进行监督。挂牌公司无须通过漫长而烦琐的挂牌核准过程，只要合乎标准和相关各方愿意承担法律责任即可。挂牌公司和主办券商双向选择，投资者也可以选择在哪个主办券商的市场上投资，促使参与市场各方提高诚信度、珍视信誉度，在诚信和规则的基础上主办券商展开良性竞争。这样，挂牌公司可以大大降低公司挂牌成本，投资者也可以有丰富、多样化的选择。对市场本身来说，可以扩张市场深度，从而有效抑制投机。

（三）为监管方式转变赢得时间

注册制改革不是简单的下放审核权力，而是监管方式的根本转变。对于信息披露的审核把关要求会更加严格，对于欺诈发行等违法违规行为的查处和打击会更加有力，对于投资者合法权益的保护措施会更加有效，这需要一系列配套法律制度安排加以保障。这些技术准备的研究论证和达成共识均需要一个过程，恰好可对接于多层次资本市场建设推进之中。

二 多层次资本市场建设推进

多层次资本市场体系是指针对质量、规模、风险程度不同的企业，为满足多样化市场主体的资本要求而建立起来的分层次的市场体系。多层次资本市场是对现代资本市场复杂形态的一种表述，是资本市场有机联系的各要素总和，具有丰富的内涵。多层次资本市场的各个层次并不是简单平行、彼此隔离的，而是既相互区分又相互交错并不断演进的结构。资本市场的多层次特性还体现在投资者结构、中介机构和监管体系的多层次，交易定价、交割清算方式的多样性，它们与多层次市场共同构成一个有机平衡的金融生态系统。

如图 4 - 1 所示，我国最初设立沪、深交易所时，只有为大中型企业服务的主板市场，2003 年提出建立多层次资本市场，2004 年增设中小板，2009 年进一步增设创业板，2012 年成立全国中小企业股份转让系统，2008 年天津股权交易所成立之后全国陆续成立了以重庆股份转让中心、上海股权托管交易中心、齐鲁股权托管交易中心、深圳前海股权交易中心等为代表的区域性股权交易市场（俗称四板市场），初步形成了由主板（含中小板）、创业板、新三板和区域性股权交易市场构成的多层次资本市场体系，有力地支持了经济社会发展，为建立现代企业制度、构建现代金融体系、推动多种所有制经济共同发展做出了重要贡献。然而，我国资本市场发展整体上仍处于初级阶段，市场功能发挥不够充分，服务实体经济的能力还有待进一步提升。

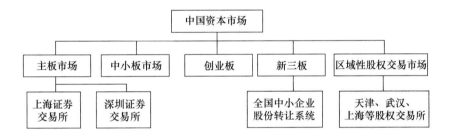

图 4 - 1　中国多层次资本市场体系

（一）当前多层次资本市场体系存在的突出问题

1. 融资、资源配置功能发挥有限

资本市场在调结构、助创新、引导资源配置等方面发挥作用不够明显。A 股融资额的大部分通过增发、配股等方式投向已上市的存量企业，新上市企业仅获得很少量的融资，部分高成长的、国家鼓励的新兴领域企业被挡在资本市场之外，一些创新型公司不得不寻求到海外发行上市。同时，资本市场资源配置作用未有效发挥，2016 年上半年总计发行新股 68 只，总计募集资金 328.84 亿元，新股中签率最高的是中国核建，中签率仅为 0.2798%。从资金需求方面看，在证监会排队的企业达到 877 家，其中已过会 122 家，703 家处于待审状态，等待时间较长。投资、融资双方需求旺盛，但难以通过资本市场实现有效的资源配置。尽管国家政策提倡大力拓展小微企业直接融资渠道，提出发展多层次资本市场是解决小微企业直接融资比例过低、渠道过窄的必由之路，但因上市门槛高、核准周期长，使得目前中小企业从资本市场融资比从银行贷款更难、更贵。

2. 资本市场呈现"倒三角"形态，缺乏健康发展的基础

多层次资本市场体系中主板（含中小板）主要为大型成熟企业服务，创业板主要为高成长型的中小企业和高科技企业服务，新三板主要为创新型、创业型、成长型的中小微企业服务，区域性股权市场主要为特定区域内企业提供服务。这些板块理论上应呈现"正三角"形态分布的市场结构，越往下融资企业越多，融资需求越旺盛。截至2016 年 10 月 31 日，新三板挂牌公司 9324 家，做市/协议分别为1646 家/7678 家，基础层/创新层分别为 8371 家/953 家，当日成交额83153.52 万元。虽然公司数量远远超过主板、创业板，企业挂牌热情高涨，但相应的成交金额并没有相应增长，与主板相比数值差距较大，基本呈现"倒三角"形态（见图 4 - 2）。

其主要特征为：

其一，创业板融资比例偏低。截至 2016 年 10 月 31 日，创业板上市企业 546 家，占 A 股上市企业数（2945）的 18.28%。2013 年创业板融资额只占 A 股的 2% 左右，2016 年这一数据增长到 13%，但占比依然偏低。

其二，新三板呈现地域化特征，且市场容量较小。截至 2016 年10 月 31 日 9324 家新三板挂牌企业，主要集中于北京、江苏、上海和广东等东部沿海发达省市，中西部挂牌企业数量过少，地域特征较为明显。

其三，区域性股权市场融资少，市场认可度低，发展不平衡。截至 2016 年 8 月 25 日，中国 39 家区域性股权交易市场上共有挂牌股份公司 54412 家（含展示企业），与其他板块相比，区域性股权交易市场本质上将为更大范围、更多数量的广大中小企业服务。对 8 月 25

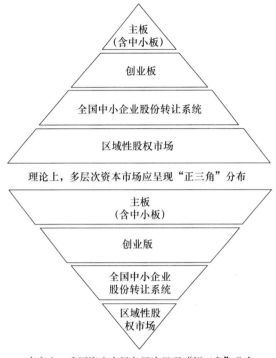

理论上，多层次资本市场应呈现"正三角"分布

事实上，我国资本市场各层次呈现"倒三角"分布

图 4 - 2　多层次资本市场体系结构

日各地区域性股权交易市场的官网数据进行统计，融资总额达到 500 亿元的仅 3 家，在 100 亿元到 500 亿元这一区间的也只有 7 家。由于区域间市场发展极不平衡，大部分市场作用发挥十分有限。

3. 资本市场产品结构"重债轻股"，资金难以向资本转化

2002 年，社会融资规模中债券融资与股票融资的比值为 0.58，即股票融资多于债券融资；而到 2014 年，这一比值变化为 5.59（最高的 2012 年为 8.97），债券融资规模已经远远超越股票融资。除了债券市场规模迅速扩大外，在股票市场中也存在股权融资占比较低的情况，上交所 2013—2014 年融资中，在包含优先股的情况下，股权融资占比为 55%。在区域性股权市场层面，股权融资仅占到 15%。"重债轻股"的不合理发展模式，使得资金难以转化为资本，难以有效降

低企业负债率。

此外，部分债券融资存在演变为间接融资的趋向。我国目前90%以上的债券（主要是短期融资券、中期票据）在中国银行间市场交易商协会注册，面向交易商协会会员发行。由于交易商协会会员大都是商业银行及部分非银行金融机构，因此债券的购买者实际主要是金融机构而不是普通公众和一般企业，债券融资已逐渐趋同于银行贷款的间接融资属性。

4. 投资者群体分布不均衡，资本市场投机氛围重

健康的多层次资本市场需要合理分布的投资者群体。在我国，投资者目前主要集中在由主板和创业板组成的股票交易所市场，对其他层次的资本市场关注度较少。且股票市场投机氛围重，欺诈发行、内幕交易、操纵市场等违法犯罪行为多发，严重挫伤了投资者投资资本市场的积极性。

（1）主板投资者多，新三板投资者少

与高涨的场内市场投资热情相比，新三板、区域性股权市场的合格投资者人数过少。在区域性股权市场，投资者少、交易冷清的现象尤为明显，一些市场合格投资者不足百名，全年实际交易很少。

（2）个人投资者多，机构投资者少

与成熟市场以机构投资者为主相比，我国主板（含中小板）和创业板构成的场内市场个人投资者过多，规模小型化、投资散户化特征明显。

（3）投机者多，投资者少

当前资本市场中炒作气氛浓厚，市场中炒新、炒题材等情况不断出现，难以通过交易实现资本市场的价格发现功能。

（二）多层次资本市场建设推进的重点

为了推动经济转型升级和可持续发展，充分发挥市场配置资源的决定性作用，创新宏观调控机制，提高直接融资比重，防范和化解经济金融风险，需要进一步健全多层次资本市场体系。

1. 加快发展多层次股权市场过程

一方面，要突出交易所主板市场的蓝筹股市场定位，深入发展中

小企业板，推进创业板改革，加大对已跨越创业阶段、具有一定规模的战略新兴产业企业的支持力度；另一方面，要实施新三板内部分层机制，使非结构化混沌交易变成结构化有序交易，从交易成本、投资人结构、企业结构等方面形成市场自发的分层行为，逐步推出差异化监管政策。扩大新三板的机构投资者队伍，提高新三板市场的交易活跃度和流动性。同时，着眼于建立多层次资本市场的有机联系，研究推出全国股转系统挂牌公司向创业板转板试点，探索建立与区域性股权市场的合作对接机制；不同层次市场间应建立健全转板机制，改革完善并严格执行退市制度，推动形成有机联系的股权市场体系。

2. 发展并规范地方区域性股权市场

在清理整顿的基础上，将地方区域性股权市场纳入多层次资本市场体系。发展券商柜台市场，逐步建立券商间联网或联盟，开展多种柜台交易和业务。坚持区域性股权市场的私募市场定位，以提高为中小微企业直接融资服务能力为中心，开展运营模式和服务方式创新。

在当前经济新常态、降低企业杠杆的大背景下，国家正在推动股权融资向下延伸。在新三板揭牌三年以来，中小微企业股权融资得到一定的发展。但伴随着降低实体企业杠杆，仍需要更广泛地解决中小微企业融资难问题，在这种情况下，逐步发挥区域性股权市场这一多层次资本市场"塔基"的作用更加重要。区域性股权市场的发展，可以有效地使资源向企业转型升级、产业集群发展自然倾斜，可以促进地方经济增长，增强地区经济活力。同时，区域性股权市场对促进就业也具有推动作用。

区域性股权市场是低门槛、服务于大众的平台，是推进大众创新创业、打造众创空间的良好载体。作为多层次资本市场基础，发挥了创新企业孵化器的作用。区域性股权市场作为私募证券市场，最重要的功能就是发挥融资作用，私募股权融资、私募债融资和股权质押融资三大融资方式如果运用得当，企业可不选用高利息的民间资金或者高利贷，可以获得更低成本的资金，有效降低企业杠杆比率。

3. 稳步扩大期货及衍生品市场

随着我国经济市场化程度加深和体量增大，企业对大宗商品价格的波动愈加敏感，投资者也越来越需要运用期货及其他金融衍生品管理和规避风险。应进一步完善商品期货和金融衍生品市场，健全价格形成机制，帮助企业发现价格和管理风险；稳步发展权益类、利率类、汇率类金融期货品种，完善场外衍生品市场体系，适应金融机构风险管理、居民理财和区域经济发展等多元化需求。

4. 促进私募市场规范发展

与公募市场相比，私募市场发行主体更加多元化，发行流程相对简单高效，发行对象通常限于风险识别和财务能力较强的合格投资者，交易品种更为丰富，交易机制更加灵活，可以提供更加多样化和个性化的投资服务。应鼓励发展私募股权投资基金和风险投资基金，为不同发展阶段的创新创业型中小企业提供股权融资，支持创新，促进并购，增加就业，并实行适度监管、行业自律，建立健全投资者适当性制度，规范募集和宣传推介行为，严厉打击非法集资活动。

第二节　多层次资本市场建设中的投资者保护

多层次资本市场的健康发展要求交易产品风险特性与投资者风险承受能力相匹配。随着市场层次和金融产品的不断丰富以及新技术的大量运用，资本市场风险的表现形式日益多样化，风险传导路径日益复杂，不同产品、不同市场、不同国家和地区的金融风险可能相互传导、联动并放大。因此，在多层次资本市场建设中，必须加强中小投资者风险教育，创新服务中小投资者的组织体系和服务方式。应建立健全投资者适当性制度，优化投资回报机制，保障投资者知情权、参与权、选择权和监督权，推动建立多元化纠纷解决机制，严厉惩处违法违规行为等。

一　投资者应熟知不同市场层次 IPO 条件

在资本市场上，不同的投资者与融资者都有不同的规模大小与主体特征，存在着对资本市场金融服务的不同需求。投资者与融资者对投融资金融服务的多样化需求决定了资本市场的多层次特征。如图

4－3 所示，由于不同层次市场的融资主体不同，其准入门槛及风险特征也有别。

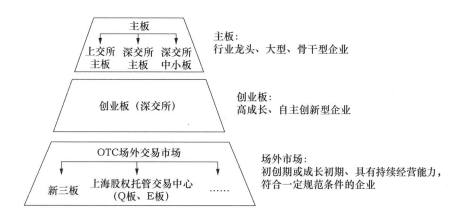

图 4－3　多层次资本市场发行主体

（一）主板市场 IPO 条件

根据《上海证券交易所股票上市规则》（上证发〔2013〕26 号）（第 5.1.1 条）和《深圳证券交易所股票上市规则（2012 年修订）》（第 5.1.1 条），发行人首次公开发行股票后申请其股票在沪深两市上市，应当符合下列条件：①股票经中国证监会核准已公开发行；②公司股本总额不少于人民币 5000 万元；③公开发行的股份占公司股份总数的 25% 以上；公司股本总额超过人民币 4 亿元的，公开发行股份的比例为 10% 以上；④公司最近 3 年无重大违法行为，财务会计报告无虚假记载；⑤沪深两个交易所要求的其他条件。

一般而言，IPO 在 8000 万元以上的选择上交所；5000 万元以下的登陆深交所。5000 万—8000 万的除了 IPO 门槛最基础的条件，还需要考虑到诸如地域分布、融资能力、二级市场行情、承销商实力等因素。

（二）深圳中小板 IPO 条件

1. 中小企业板上市的基本条件

中小企业板上市的基本条件与主板市场完全一致。中小企业板块是深交所主板市场的一个组成部分，按照"两个不变"和"四个独立"的要求，该板块在主板市场法律法规和发行上市标准的框架内，实行包括"运行独立、监察独立、代码独立、指数独立"的相对独立管理。中小企业板块主要安排主板市场拟发行上市企业中具有较好成长性和较高科技含量的、流通股本规模相对较小的公司，持续经营时间应当在3年以上，有限责任公司按原账面净资产值折股整体变更为股份有限公司的，持续经营时间可以从有限责任公司成立之日起计算。发行人最近3年内主营业务和董事、高级管理人员没有发生重大变化，实际控制人没有发生变更。

2. 独立性条件

发行人应当具有完整的业务体系和直接面对市场独立经营的能力，发行人的资产完整，人员独立，财务独立，机构独立，业务独立。发行人的业务应当独立于控股股东、实际控制人及其控制的其他企业，与控股股东、实际控制人及其控制的其他企业间不得有同业竞争或者有失公平的关联交易。

3. 规范运行条件

发行人已经依法建立健全股东大会、董事会、监理会、独立董事、董事会秘书制度，机关机构和人员能够依法履行职责。发行人的董事、监事和高级管理人员已经了解与股票发行上市有关的法律法规，知悉上市公司董事、监事和高级管理人员的法定义务和责任。发行人的董事、监事和高级管理人员符合法律、行政法规和规章的任职资格。

4. 财务会计条件

发行人资产质量良好，资产负债结构合理，盈利能力较强，现金流量正常。具体各项财务指标应达到以下要求：最近3个会计年度净利润均为正数且累计超过人民币3000万元；最近3个会计年度经营活动产生的现金流量净额累计超过人民币5000万元；或者最近3个会计年度营业收入累计超过人民币3亿元；发行前股本总额不少于人民币3000万元；最近一期末无形资产（扣除土地使用权、水面养殖权和采矿权等后）占净资产的比例不高于20%；最近一期末不存在未弥补亏损。发行人依法纳税，各项税收优惠符合相关法律法规的规定，经营成果对税收优惠不存在严重依赖。

（三）深圳创业板 IPO 条件

创业板作为多层次资本市场体系的重要组成部分，主要目的是促进自主创新企业及其他成长型创业企业的发展，是落实自主创新国家战略及支持处于成长期的创业企业的重要平台。具体地讲，创业板上市公司应是具备一定的盈利基础，拥有一定的资产规模，且需存续一定期限，具有较高成长性的企业。首次公开发行股票并在创业板上市主要应符合如下条件：

1. 发行人应当具备一定的盈利能力

为适应不同类型企业的融资需要，创业板对发行人设置了两项定量业绩指标，以便发行申请人选择：第一项指标要求发行人最近两年连续盈利，最近两年净利润累计不少于 1000 万元，且持续增长；第二项指标要求最近一年盈利，且净利润不少于 500 万元，最近一年营业收入不少于 5000 万元，最近两年营业收入增长率均不低于 30%。

2. 发行人应当具有一定规模和存续时间

根据《证券法》第五十条关于申请股票上市的公司股本总额应不少于 3000 万元的规定，《管理办法》要求发行人具备一定的资产规模，具体规定最近一期末净资产不少于 2000 万元，发行后股本不少于 3000 万元。规定发行人具备一定的净资产和股本规模，有利于控制市场风险。《管理办法》规定发行人应具有一定的持续经营记录，具体要求发行人应当是依法设立且持续经营三年以上的股份有限公司，有限责任公司按原账面净资产值折股整体变更为股份有限公司的，持续经营时间可以从有限责任公司成立之日起计算。

3. 发行人应当主营业务突出

创业企业规模小，且处于成长发展阶段，如果业务范围分散，缺乏核心业务，既不利于有效控制风险，也不利于形成核心竞争力。因此，《管理办法》要求发行人集中有限的资源主要经营一种业务，并强调符合国家产业政策和环境保护政策。同时，要求募集资金只能用于发展主营业务。

4. 对发行人公司治理提出从严要求

根据创业板公司特点，在公司治理方面参照主板上市公司从严要求，要求董事会下设审计委员会，强化独立董事职责，并明确控股股东责任。

（四）创业板与主板、中小板上市条件比较

如表4-1所示，随着资本市场层次的降低，对拟发行人的盈利要求逐步降低，但对非财务条件如主营业务、公司治理等方面要求更加严格。

表 4-1　　　　　　　创业板与主板、中小板上市条件比较

市场 / 上市要求	创业板	主板、中小板
经营时间	持续经营三年以上	持续经营三年以上
财务要求	最近两年连续盈利，最近两年净利润累计超过 1000 万元，且持续增长	最近三个会计年度净利润均为正数且累计超过 3000 万元
	最近一年盈利，且净利润不少于 500 万元，最近一年营业收入不少于 5000 万元，最近两年营业收入增长率均不低于 30%	最近三个会计年度经营活动产生的现金流量净额累计超过 5000 万元，或最近三个会计年度营业收入累计超过 3 亿元
	最近一期末不存在未弥补亏损	最近一期末不存在未弥补亏损
	最近一期末净资产不少于 2000 万元	最近一期末无形资产占净资产的比例不高于 20%
		发行前股本总额不少于 3000 万元
股本要求	发行后的股本总额不少于 3000 万元	发行后的股本总额不少于 5000 万元
业务经营	应当主要经营一种业务	完整的业务体系，直接面向市场独立经营的能力
公司管理	最近两年主营业务、董事和高级管理人员没有重大变动，实际控制人没有变更	最近三年主营业务、董事和高级管理人员没有重大变动，实际控制人没有变更

续表

市场 上市要求	创业板	主板、中小板
公司管理	具有完善的公司治理结构，依法建立健全股东大会、董事会、监事会以及独立董事、董事会秘书、审计委员会制度，相关机构和人员能够依法履行职责	董事会下设战略、审计、薪酬委员会，各委员会至少指定一名独立董事会成员担任委员 至少1/3的董事会成员为独立董事

资料来源：根据相关资料整理。

（五）新三板企业挂牌条件

《全国中小企业股份转让系统业务规则（试行）》规定，股份有限公司申请挂牌在全国股份转让系统挂牌，不受股东所有制的限制，不限于高新技术企业，应当符合以下条件：第一，依法设立且存续满两年；第二，业务明确，具有持续经营能力；第三，公司治理机制健全，合法规范经营；第四，股权明晰，股票发行和转让行为合法合规；第五，主办券商推荐并持续督导；第六，全国股份转让系统公司要求的其他条件。

《全国中小企业股份转让系统股票挂牌条件适用基本标准指引（试行）》将上述六项挂牌条件进行细化，形成基本标准如下：

第一，依法设立且存续满两年。依法设立，是指公司依据《公司法》等法律、法规及规章的规定向公司登记机关申请登记，并已取得《企业法人营业执照》；公司设立的主体、程序合法合规；国有企业需提供相应的国有资产监督管理机构或国务院、地方政府授权的其他部门、机构关于国有股权设置的批复文件；外商投资企业须提供商务主管部门出具的设立批复文件；《公司法》修改（2006年1月1日）前设立的股份公司，须取得国务院授权部门或者省级人民政府的批准文件。

第二，具有持续经营能力。公司可同时经营一种或多种业务，每种业务应具有相应的关键资源要素，该要素组成应具有投入、处理和产出能力，能够与商业合同、收入或成本费用等相匹配。公司业务在报告期内应有持续的营运记录，不应仅存在偶发性交易或事项。营运记录包括现金流量、营业收入、交易客户、研发费用支出等。公司应按照《企业会计准则》的规定编制并披露报告期内的财务报表，公司不存在《中国注册会计师审计准则第 1324 号——持续经营》中列举的影响其持续经营能力的相关事项，并由具有证券期货相关业务资格的会计师事务所出具标准无保留意见的审计报告。

第三，治理制度健全。公司依法建立"三会一层"，并按照《公司法》《非上市公众公司监督管理办法》及《非上市公众公司监管指引第 3 号——章程必备条款》等规定建立公司治理制度；公司"三会一层"应按照公司治理制度进行规范运作；公司董事会应对报告期内公司治理机制执行情况进行讨论、评估。控股股东、实际控制人合法合规，最近 24 个月内不存在涉及以下情形的重大违法违规行为：控股股东、实际控制人受刑事处罚；受到与公司规范经营相关的行政处罚，且情节严重；情节严重的界定参照前述规定；涉嫌犯罪被司法机关立案侦查，尚未有明确结论意见；现任董事、监事和高级管理人员应具备和遵守《公司法》规定的任职资格和义务，不应存在最近 24 个月内受到中国证监会行政处罚或者被采取证券市场禁入措施的情形。

第四，股票发行和转让行为合法合规。公司股票发行和转让行为合法合规，不存在下列情形：最近 36 个月内未经法定机关核准，擅自公开或者变相公开发行过证券；违法行为虽然发生在 36 个月前，目前仍处于持续状态，但《非上市公众公司监督管理办法》实施前形成的股东超 200 人的股份有限公司经中国证监会确认的除外；公司股票限售安排应符合《公司法》和《全国中小企业股份转让系统业务规则（试行）》的有关规定；在区域股权市场及其他交易市场进行权益转让的公司，申请股票在全国股份转让系统挂牌前的发行和转让等行为应合法合规；公司的控股子公司或纳入合并报表的其他企业的发行和转让行为需符合本指引的规定。

不难看出，上述条件充分考虑了新三板拟挂牌企业的实际情况，对股本总额及盈利能力未作具体限制，经营时间也由三年降低为两年。但对持续经营能力、治理机制的健全、股票发行和转让行为合法合规性提出了明确的要求，这一审核标准近似于注册制的形式审核，其实施经验可作为主板、中小板、创业板推出注册制时的借鉴。

二　了解不同板块的市场特征

任何一个资本市场均蕴含着不同程度的系统风险和非系统风险，但相比较而言，因主板市场上市公司多为大型成熟企业，蓝筹股居多，业绩股价较为稳定，市场风险较低。中小板是上市条件达不到主板要求的较为成熟的中小企业板，流通股本1亿以下的创业板块，是创业板的一种过渡。一般而言，小盘股的波动性和风险系数均高于大盘指数，因此，中小板风险高于主板市场。但由于上市条件较创业板严格，上市公司已进入成长期，故风险又低于创业板。那些每股资本公积金和每股未分配利润超过1元且年报业绩有望增长40%以上的中小板股票最具有高送转潜力，尤其是三高（高净资产、高公积金、高未分配利润）新（次新）股具有较多的市场机会。由于创业板市场上市公司规模较小，多处于创业及成长期，发展相对不成熟，较主板和中小板面临着更高的上市公司的成长性风险、制度性风险以及新兴加转轨市场特征下的理念风险。与之相匹配，中小板、创业板市场的投资者应主要是寻求高额投资回报、能够承担得起高风险、熟悉投资知识和投资技巧的各类证券投资基金、创业投资基金、共同基金等机构投资者以及有经验的个人投资者。

（一）中小板块的特点

其一，处于成长期。中小板企业大多处于企业生命周期的成长期，与处于成熟期的企业相比，成长期的企业具有高成长、高收益的特点。

其二，具有区域优势。中小板企业大多位于浙江、广东、江苏等东南沿海等经济发达的省份，沿海区域的经济发展为中小企业的发展提供了巨大的空间。

其三，自主创新能力强。中小板企业多数是一些在各自细分行业处于龙头地位的小公司，拥有自主专利技术的接近90%，部分公司被列为国家火炬计划重点高新技术企业和国家科技部认定的全国重点高新技术企业，具有较强的自主创新能力。在创新驱动国家战略实施背景下，科技含量较高的中小板企业将迎来良好的市场发展环境。

其四，中小企业板块的进入门槛较高，上市条件较为严格，接近于现有主板市场，上市公司质量较高。

其五，中小企业板块的运作采取非独立的附属市场模式，也称一所两板平行制，即中小企业板块附属于深交所，中小企业板块作为深交所的补充，与深交所组合在一起共同运作，拥有共同的组织管理系统和交易系统，甚至采用相同的监管标准，所不同的主要是上市标准的差别。

其六，中小企业板块上市公司特别规定：①与主板市场开盘封闭式集合竞价不同，中小企业板块股票的开盘采用更加公开和透明的开放式集合竞价。每次揭示的虚拟开盘价会随着新委托的进入而不断更新，这样投资者可以了解当前参与集合竞价的委托情况，增加了开盘集合竞价的透明度。②年度报告说明会制度的建立显示拉近了中小企业板上市公司与投资者的关系。根据规定，中小企业板块上市公司应当在每年年度报告披露后举行年度报告说明会，向投资者介绍公司的发展战略、生产经营、新产品和新技术开发、财务状况和经营业绩、投资项目等各方面的情况。中小企业板块上市公司还被要求在定期报告中新增披露截至报告期末前十名流通股股东的持股情况和公司开展投资者关系管理的具体情况。也就是说，与主板相比，投资者能更及时地了解到股东持股分布状况的变化，为投资提供参考。

（二）创业板市场的风险

1. 流动性风险

所谓流动性风险，是指股票在变现时股价波动的幅度。创业板公司规模比较小，发行的股数少，且公司经营不稳定。从理论上讲，股本较小的企业，价格波动一般较大，经营好股价上涨较快，经营不好股价快速下跌。创业板股票面临股价大幅波动的风险，变现难度也较大，如果想要及时兑现，则需要价格让利的幅度更大。这就容易导致投资者交易成本明显提升，进而影响到整体的投资收益。

2. 经营风险

创业板上市公司处于成长早期的创业企业，盈利模式、市场开拓都处于初级阶段，不是很稳定，在经营上容易出现起落。公司现有的盈利能力相对不高，抵抗市场风险和行业风险的能力相对较弱。新技术的先进性与可靠性、新模式的适用面与成熟度、新行业的市场容量与成长空间等都往往具有较大不确定性，经营失败的可能性较高，退市的风险较大。

3. 估值风险

创业板市场推出的是一批相对陌生的中小企业。这些企业，往往靠专利或者专业技术起家，无形资产比重高、成长性好、经营不确定性大。面对一批这样的企业，传统市场中的每股收益（EPS）、净资产收益率（ROE）、市盈率（PE）等估值指标在创业板市场可能会出现"水土不服"现象。如果投资者简单地将主板市场的投资策略、分析方法复制到创业板市场中，投资风险会被放大。此外，创业板市场还会涌现一些行业划分更细更专业的企业，投资者要想较为全面地了解这些企业，必须具备一定的专业背景，如果仅从财务数据发掘，可能无法做出理性的分析。

4. 技术风险

一些技术含量比较高的企业能够利用创业板市场发行上市，但是高新技术转变成产品，要经过市场的检验，还要有一定的市场份额，这个转变过程是很困难的。有可能技术很好但是因为其他各方面的原因而使产品销路不畅或者是不赚钱，从而使技术转化为市场的风险加大。而且要对这些技术进行评估，也需要有专业的背景。

5. 道德风险

除了主板市场中的信息不对称所带来的诚信风险外，由于创业板上市公司多是家族企业，并且所处行业特殊，技术含量比较高，使投资者理解上市公司所披露的信息有相当的难度，难以把握企业未来发展前景。在不了解或者把握不清上市公司的情况下就盲目投资，则会面临较大的风险。

6. 盲目炒作风险

创业板市场设立初期，上市公司数量少、规模小，加之沪深主板市场一贯的"炒新"行为，难免出现短暂的过度"繁荣"，盲目追高蕴藏着极大的风险。如果投资者试图以小博大，将这种投机心态带入创业板，将会承受巨大的投资风险和心理压力。此外，中小投资者资金水平有限，不能以投资组合来规避单个企业的非系统性风险。过度投机往往也会给创业板市场整体带来影响，美国纳斯达克的网络泡沫就是先例。所以，过度投机炒作不仅对于投资者来说容易引发较大的投资风险，对创业板市场长久发展也不利。

7. 退市风险

如不幸遭遇退市，投资者手持股票的流动性和价值都将急剧降低甚至归零，这也是创业板最大的风险。在主板市场"壳资源"也是一个炒作的焦点，有研究表明，我国 A 股市场上"壳资源"的价值在2000 万元以上。我国创业板市场为了避免同样的情况，采用严格的退市标准。除了主板规定的退市标准适用外，创业板新增若干退市标准包括：上市公司财务报告被会计师事务所出具否定意见或无法表示意见的审计报告而在规定时间未能消除的；上市公司净资产为负而未在规定时间内消除的；上市公司股票连续 120 个交易日累计成交量低于100 万股，限期内不能改善的。一旦触发以上任何一项退市标准，上市公司都将面临退出创业板的命运。在退市方式上，创业板公司退市后不再像主板退市后进入代办股份转让系统，采用直接快速退市程序。其标准也简单直接：未在法定期限内披露年报和中期报告；净资产为负；财务会计报告被出具否定或拒绝表示意见。

三 适当参与不同市场板块的制度创新

(一) 证券市场信用交易——融资融券制度

2006 年 7 月 2 日，中国证监会发布《证券公司融资融券业务试点管理办法》和《证券公司融资融券业务试点内部控制指引》，自 2006年 8 月 1 日起实施，备受关注的融资融券业务正式启动。此后，交易所制定了《融资融券交易试点实施细则》，中国证券登记结算公司制定了《融资融券试点登记结算业务指引》，这表明中国证券信用交易制度正式实施。融资融券业务的推出直接增加了资本市场交易的活跃程度，为证券市场开拓新的资金来源，进而促进证券市场交易的活跃性及市场行情的持续性，并在很大程度上减轻投资机构因短期资金链脱节而形成的市场抛压，有利于整个市场的良性发展。

1. 放大资金的同时也放大了风险

融资融券业务在放大资金使用的同时，也放大了风险。融资业务提高了资金的使用效率，融券业务则提高了股票的使用效率，两者都有放大风险的可能。投资者在将股票作为担保品进行融资时，既需要承担原有的股票变化带来的风险，又得承担新投资股票带来的风险，还得支付相应的利息。另外，融资融券交易的复杂程度较高，如果投资者判断正确，可获得较大的利润，如判断失误或操作不当，则投资者的亏损可能比在现金交易方式下更为严重。对融资者而言，如果股价深跌，投资者所投入的资金便可能会全部化为乌有。大盘上涨的时候，加杠杆的融资盘，借钱炒股自然收益颇丰；但在下跌时，风险自然也就放大若干倍。融资融券交易具有杠杆交易特点，投资者在从事融资融券交易时，如同普通交易一样，要面临判断失误、遭受亏损的风险。融资融券交易在投资者自有投资规模上提供了一定比例的交易杠杆，亏损将进一步放大。同时，监管部门和证券公司在融资融券交易出现异常或市场出现系统性风险时，都将对融资融券交易采取监管措施，以维护市场平稳运行，甚至可能暂停融资融券交易。这些监管措施将对从事融资融券交易的投资者产生影响，投资者应留意监管措施可能造成的潜在损失，密切关注市场状况、提前预防。比如，投资者在从事融资融券交易期间，如果中国人民银行规定的同期金融机构贷款基准利率调高，证券公司将相应调高融资利率或融券费率，投资者将面临融资融券成本增加的风险。

2. 有利于提供明确的投机人气指标

融资融券交易带来的买空卖空信息为市场提供了最新动向的风向标。信用交易中产生的融资余额（每天融资买进股票额与偿还融资额间的差额）和融券余额（每天融券卖出股票额与偿还融券间的差额）提供了一个测度投机程度及方向的重要指标：融资余额大，股市将上涨；融券余额大，股票将下跌。融资融券额越大，这种变动趋势的可信度越大。当融资余额持续上升而大市又上涨时，表示市场对后市持续看好；当融资余额上升而大市持续下跌时，表示融资者面临强制平仓追缴保证金，造成后市看跌；而当大市上升而融券余量持续增加，表示市场对后市看淡。同样，资券比（融资余额与融券余量的比率）也可用于行情判断，例如资券比越高，代表后市被市场普遍看好。在融资及融券交易量到达瓶颈的情况下，市场将呈现窄幅震荡走势，等等。

3. 对监管层的影响

（1）逆转监管的"倒逼机制"

长期以来，中国证券市场上的投资者，特别是某些利益集团，选择了逼迫政府出利好来推动股市上涨的行为。正常市场中投资者之间的相互博弈演变成投资者与监管部门之间的博弈，政府监管部门在某种意义上被"挟持"，面临丧失政策独立性的危险。而有了做空机制，监管部门就可以跳出政策博弈的泥沼，让空方去对抗"居心叵测"的多方，而自己可以去专心地制定并实施更加有利于证券市场长期发展的政策措施。

（2）实现对证券市场的间接调控

证券信用交易为证券管理机构提供了针对过度投机行为而进行市场间接调控的有效工具：一是对融资融券交易证券的资格认定、市场信用额度的管理和单只股票的信用额度的管理；二是对维持保证金比例的适时调整；三是通过加强信用交易余额信息的披露实现市场的自我调整；四是融资融券比例。管理部门可以利用这种比例关系的调控来调节证券市场的供需平衡，促进证券交易的顺利进行和价格稳定。监管层可根据股市运转状况，在股价过高时逐步紧缩融资，放松融券；而在股价过低时逐步紧缩融券，放松融资。通过对融资融券比例这项指标的控制和运用，根据股市牛熊状况，进行反向操作，从而促进股市的正常运转。总之，融资融券为监管部门提供了一个市场化的调控手段，投资者也将从监管部门对融资融券的管理中获知有效信息。

（二）证券市场做空机制——股指期货交易

股指期货将改变中国证券市场长期以来产品结构过于简单、"单边市"、市场效率不高的格局。股指期货杠杆放大效应给风险承受能力较强的投资者带来新的投资渠道。在此之前，市场上的指数类产品仅有 ETF 指数基金，而且交易方向只能做多。股指期货推出后，投资者可以在做空和做多两个方向参与市场的投资，大大增加了投资者的投资机会。市场中与股票相关的证券产品如基金、权证、集合理财产品、转债等在缺乏对冲机制情况下，其价格往往会与实际价值有较大差距。股指期货推出后，与实际价值存在较大差异的证券产品将存在相当多的套利机会。

做空机制的引入使投资者在规避风险时不必一定在现货市场集中大量卖出，而是可以通过设置现货和期货的套头操作来降低投资风险，因而可减轻市场的短期抛压。此外，股指期货比现货市场能更快地反映各种信息，投资者在股票超买超卖时，可首先在股指期货市场建立反向头寸，起到了削峰填谷的作用，有效规避股市大幅波动的风险，有助于证券市场的稳定发展。

根据沪深 300 指数期货合约价值设计规则，个人投资者在 3500 左右点位、交易保证金高达 40% 的条件下，投资一份股指期货合约至少需要 42 万元。若要进行套期保值，所需资金量更大。因此，中小散户将受限于资金面而无法参与股指期货。相反，股指期货推出为大资金提供了套利和对冲操作工具，以防范系统性风险及完善产品功能，吸引机构投资者积极参与证券市场。

（三）资本市场双向开放——沪港通、深港通

在双向开放过程中，"引进来"和"走出去"同时推进，既能学习国际经验，又能倒逼国内市场规范发展。沪港通，深港通以及内地与香港基金互认，都将发挥这种触动作用，促进市场改革创新。一方面，引入境外机构投资者，能带来成熟的投资风格和投资理念；另一方面，可以拓宽境内投资者的投资渠道，使内地资本市场与国际市场接轨。

1. 沪港通

沪港通是指上海证券交易所和香港联交所允许两地投资者通过当地证券公司（或经纪商）买卖规定范围内的对方交易所上市的股票，是沪港股票市场交易互联互通机制。沪港通包括沪股通和港股通两部分：沪股通，是指投资者委托香港经纪商，经由香港联交所设立的证券交易服务公司，向上海证券交易所进行申报（买卖盘传递），买卖规定范围内的上海证券交易所上市的股票；港股通，是指投资者委托内地证券公司，经由上海证券交易所设立的证券交易服务公司，向香港联交所进行申报（买卖盘传递），买卖规定范围内的香港联交所上市的股票。

上海证券交易所官网数据显示，截至 2015 年年底，港股通买入成交金额共计 3609.91 亿元人民币，卖出成交金额共计 2593.70 亿元人民币。而香港交易所市场资料 2015 年数据显示，截至 2015 年年底，沪股通买入成交金额共计 8628.37 亿港元，卖出成交金额共计 7757.37 亿港元。由此可见，沪港通推出加快了香港及内地市场资金的双向流动，扩大了两地市场的双向开放。沪港通实施强化了两地股市的联动效应，为国际游资带来了套利空间，同时也会放大金融风险的多米诺骨牌效应。因此，监管层应建立金融防火墙，加强两地资金流向的动态监测，及时阻断国际游资的恶意做空和投机炒作，维护金融市场稳定。投资者也应与时俱进，在自身资金实力允许的前提下谨慎参与。

（1）正确看待 AH 股溢价问题

沪港通实施后，两地投资理念和投资渠道的打通理论上会进一步缩小 AH 股溢价，但短期内仍然不能解决彻底以股票市盈率进行对比的 A＋H 股的估值差异。一般而言，A 股中的小盘股和互联网公司股票大多估值较高，而大盘蓝筹股的市场价值经常被低估。因此，投资者在进行投资组合构建时，应合理对比两地股价差异，正确判断 A＋H 股的套利空间，以期在沪港通便利中获得更为理想的投资收益。

（2）增强自身投资判断能力

沪港通不仅打开了境外投资者投资我国内地资本市场的大门，而且也提高了对内地投资者投资分析能力的要求，是对国内投资者投资能力的严峻考验。因此在机遇与挑战并存的沪港通模式下，内地投资者应正确看待因两地交易机制安排、监管方法及市场投资者构成差异等因素导致的投资风险。作为专业投资队伍，境外投资者在技术和信息研究方面占据绝对优势。在激烈的市场博弈中，因获取信息渠道少、对信息分析能力差，大量的境内散户投资者极易受机构大户操纵和受外部市场悲观情绪影响而盲目跟风。因此，内地投资者急需转变投资理念，由热衷于题材炒作回归到凭基本面信息进行价值判断。在进行投资组合筛选时，应通过合规渠道获取上市公司经营业绩资料以及历年分红情况，尽可能对公司未来发展进行合理判断，并借助科学分析制定合理投资策略，才能真正实现投资自信，避免成为羊群效应的参与者，最终获取可控风险下的投资收益。

2. 深港通

如果说 2014 年开通的沪港通是国内资本市场对外开放的重要一步，那么，随后推出的深港通更进一步地完善了国内证券市场的国际化，增加了外资投资内地市场的渠道和标的。虽然沪港通推出的时间还不算长，但其运行中的成功经验具有较强的借鉴意义。沪港通对于两地投资者的吸引力大大超过预期，成功实现了成熟的香港资本市场与相对封闭的内地市场高效关联，在保证资本流量较大的前提下仍然能够平稳运行，并且经受住了 2015 年股灾的考验。因此，沪港通模式的法律法规及实际运营中的磨合经验可充分借鉴，以进一步完善深港通的相关政策与风险防范。此外，由于深圳在地理位置上与香港的经济交往更为频繁，信息交流更为便利，深港通能够在沪港通资本投资领域互联互通基础上，实现更深层次的深港两地跨境融资功能的双向开放。

（1）二者实施细则差异

由表 4-2 可以看出，从实施方案细则上看，深港通与沪港通的主要区别体现在标的股票的规定上。沪股通的投资标的为上证 180 指数、上证 380 指数成分股以及在上交所上市的 A+H 股股票。而深股通的投资标的为市值 60 亿元人民币及以上的深证成分指数和深证中小创指数成分股以及在深交所上市的 A + H 股公司股票。沪股通试点标的涵盖了沪市 A 股约一半的股票，市值占到沪市 A 股总市值的 86%。其中，国有企业数量占比约为 44%，民营企业数量仅为 35%；而深市 A 股中民营企业的数量占比达到了 69%，所以深股通方向的投资标的范围更广。较之沪股通清一色的大盘蓝筹股，深股通的投资标的中成长股占了一席之地，并充分展现了深圳证券交易所新兴行业集中、成长特征鲜明的市场特色，外资参与 A 股市场投资的选择也更加多元化。

表 4 – 2   深港通与沪港通实施细则比较

项目名称	深港通	沪港通
投资者门槛	深股通：无	沪股通：无
	港股通：机构投资者或满足 50 万元人民币准入条件的个人投资者	港股通：机构投资者或满足 50 万元人民币准入条件的个人投资者
标的股票	深股通：市值 60 亿元人民币及以上的深证成分指数和深证中小创新指数的成分股以及在深交所上市的 A + H 股公司股票	沪股通：上证 180 指数及上证 380 指数成分股及在上交所上市的 A + H 股，其中以人民币以外货币报价的和被实施风险警示板的沪股暂不纳入
标的股票	港股通：恒生综合大型股指数的成分股、恒生综合中型股指数的成分股、市值 50 亿港元及以上的恒生综合小型股指数的成分股、联交所上市的 A + H 股公司股票	港股通：恒生综合大型股指数、恒生综合中型股指数成分股及同时在上交所和联交所上市的 A + H 股
额度规模	深股通：每日额度 130 亿元人民币，无总限额	沪股通：每日额度 130 亿元
	港股通：每日额度 105 亿元人民币，无总限额	港股通：每日额度 105 亿元
交易制度安排	深股通：T + 1；港股通：T + 0	沪股通：T + 1；港股通：T + 0

资料来源：根据相关资料整理。

如表4-3所示，沪股通与深股通投资标的的具体对比：深股多新兴产业，而沪股多老牌产业。深圳交易所股票数量占据了整个A股上市公司的60%，包括深圳主板、中小板以及创业板，与上证股票相比，深交所股票平均市值更小，交易及活跃度水平更高；自2009年之后深证股票估值水平大幅超越上证，目前深证股票平均市盈率接近上证的两倍；2015年以来上证380的换手率普遍低于深证成指和中小创新指数，尤其是中小创新指数在活跃度上显著领先。通过对比沪股通和深股通标的股票的差异，不难看出深股通标的中小盘比例明显提升，以深港通方案获批当天收盘价格计算，满足深股通北向标的股中一半以上的股票市值集中在60亿—200亿元人民币。

表4-3　　　　　　　　沪股通与深股通投资标的对比

	沪股通	深股通
标的的公司数量	568	881
平均市值（亿元）	475.50	185.19
市盈率中位数	33.26	55.48
股息率	1.17	0.56
行业分布	工业：26.8%；可选消费：15.5%；金融13.6%；材料：13%	信息技术：24.5%；工业：19.2%；可选消费：16.1%；材料：14.2%

资料来源：根据相关资料整理。

（2）警惕沪港通、深港通投资中的潜在风险

①两地交易制度差异带来的风险。

沪港通、深港通运行中涉及的交易所的运行规则大不相同。两地市场交易制度的差异主要体现在香港市场是T+0交收且无涨跌幅度限制，而内地市场是T+1且有10%的涨跌幅限制。对投资者而言，一般都只知道自己所在市场的规则，对其他市场的规则一般都不太熟悉。所以，在做投资判断和交易合规方面难免会有偏差，存在着一定的风险。此外，两地资本市场对影响股市价格波动至关重要的信息披

露要求不尽相同，如何保证上市公司信息披露的公平性和真实性是关键所在。如果两市信息披露不同步、信息不对称，对投资者就不公平。就税收制度而言，内地和香港也有很大差异，两地投资者所享受的股票投资收益也不均等。因此，投资者需要认真仔细地学习不同的交易规则，才能对预期利润或亏损及交易风险进行合理评估。

②两地监管体制差异带来的风险。

内地资本市场和香港资本市场的监管体制也不同。按照交易地保护原则，香港投资者购买内地市场股票，不会受香港证监会的监管和保护；内地投资者购买香港市场股票，也不会得到中国证监会的监督和保护。所以，沪港通、深港通将考验两地监管部门，尤其是内地监管部门的监管水平。预期跨境投资交易规模逐步扩大，还会出现许多新的监管问题，跨境监管的难度也会增加。目前内地市场和香港市场都有自己的一个监管框架，将来面临如何开展跨境监管和执法合作的问题。一方面，沪港通、深港通对两地证券市场有统一监管的需求；另一方面，两地的法律体制和文化意识都存在差异，两地之间的统一监管并非易事。另外，内地和香港之间还未签署司法协助协定，跨境监管和执法的难度比较大。双方需要在监管标准上进行统一，监管信息也需要共享。相对而言，香港的证券市场监管更加完善一些，制度规则也更成熟一些。两地股票市场互联互通、加强监管合作后，会倒逼内地监管体制的改革，促使内地的监管创新，改善监管方法，提高监管水平。

四 关注新三板分层、不同板块转板机制

（一）新三板分层制度

新三板准入端的包容度高，挂牌公司不仅在发展阶段、业务规模、盈利能力等方面存在较大差异，而且在行业特征、企业管理、发展潜力等方面也有很大差别。只有在市场内部进行适当分层，才能降低信息搜集成本，提高投资分析效率，增强风险控制能力，引导投融资精准对接，使投融资功能得到进一步完善。同时，通过内部分层，可以在交易制度、发行制度、信息披露要求等制度供给方面，进行差异化的安排，更好地为中小微企业提供融资、交易、并购、发债等方

面的金融服务，以促进新三板市场持续、健康发展。

所谓新三板分层制度，是指在新三板挂牌的数量众多的企业当中，按照一定的分层标准，将其划分为若干个层次，对挂牌公司实现分类服务、分层监管，满足中小微企业不同发展阶段差异化需求。美国纳斯达克市场也是先后经历了三次分层，建立了"纳斯达克全球精选市场"，才孕育出苹果、微软、谷歌这些明星企业。在借鉴其成功经验基础上，全国中小企业股份转让系统公司27日发布实施《全国中小企业股份转让系统挂牌公司分层管理办法（试行）》（以下简称《分层办法》），决定自2016年6月27日起，新三板市场将正式对挂牌公司实施分层管理，暂时分为基础和创新两个层次。

1. 已挂牌企业的分层标准

正式发布的《分层办法》给出了三套并行标准，以筛选出市场关注的不同类型公司进入创新层。这三套标准分别为：第一，近两年连续盈利，且年平均净利润不少于2000万元；近两年加权平均净资产收益率不低于10%；第二，近两年营业收入连续增长，且年均复合增长率不低于50%，近两年营业收入平均不低于4000万元，股本不少于2000万股；第三，最近有成交的60个做市转让日的平均市值不少于6亿元，最近一年年末股东权益不少于5000万元，做市商家数不少于6家，合格投资者不少于50人。

2. 拟挂牌企业申请直接进入创新层的标准

除已挂牌企业外，《分层办法》还特别针对拟挂牌企业申请直接进入创新层提出了具体标准。考虑申请挂牌公司尚未经过挂牌后的规范化运作和持续监管，尚未公开交易和分散股权，也没有做市交易市值，因此，《分层办法》对准入标准做了适当调整：一是将"申请挂牌即采用做市转让方式"作为申请挂牌公司进入创新层的共同标准；二是标准一增加了"申请挂牌同时发行股票，且融资额不低于1000万元"的要求；三是标准三中要求市值按照挂牌同时发行股票的价格计算，发行对象中应当包括不少于6家做市商，且融资额不低于1000万元。

3. 维持标准

为保证市场分层的动态管理，《分层办法》就创新层挂牌公司设置了三套并行的维持标准，并暂定为每年调整一次。创新层挂牌公司若不能满足三套维持标准之一，将被调整到基础层。创新层的三套维持标准包括：第一，近两年连续盈利，且年平均净利润不少于1200万元；近两年加权平均净资产收益率平均不低于6%。第二，近两年营业收入连续增长，且年均复合增长率不低于30%；最近两年营业收入平均不低于4000万元；股本不少于2000万股。第三，最近有成交的60个做市转让日的平均市值不少于3.6亿元，最近一年年末股东权益不少于5000万元，做市商家数不少于6家。

4. 对市场的影响

承载着企业孵化器使命的新三板，如果能为企业在不同阶段提供针对性的服务，则可留存优质企业。

第一，新三板覆盖面广，包括盈利能力较强的成熟企业、处于成长期的微利企业和初创期的亏损企业。分层管理更有助于对应挂牌公司多元化的融资选择，未来在推出公司债、可转债、优先股等一系列新型融资工具时，可在不同层次的内部市场分别予以考虑。

第二，新三板扩容迅速，挂牌公司的小规模、高科技、初创期、细分行业等特征，令投资者面对海量挂牌公司，在信息收集、标的遴选、研究决策等方面的难度日益加大。而分层归类有助于降低信息不对称性，能让不同投资者甄选合适的投资标的，提升市场流动性，规避投资风险。从盈利能力、成长性和市场认可三个维度划设创新层，对进入创新层的企业提出更高的信息披露及规范性要求，将对挂牌公司形成引导效应，为投资人遴选标的及投研决策提供更充分的信息和更大便利。截至2016年9月30日，在9122家新三板企业中，创新层占比10.45%。而在953家进入创新层企业中，共有649家转让方式为做市转让，占创新层比例68.1%。

第三，新三板公司纳入创新层既是机会，也有代价，但总体而言机会更大。企业进入创新层后，首先可以享受较高的估值水平与流动性溢价；其次创新层公司将会优先作为融资制度、交易制度的制度创新试点；最后企业可获得较高的市场关注度，对于企业经营发展和后续融资等方面都会带来较大帮助。但与此同时，创新层公司也将被要求更为严格的各项监管及强制性的信息披露，无疑会增加企业的压力和成本。

第四，对整个新三板市场而言，内部分层作为多层次资本市场体系的进一步细化，内部各层次的互通流转为未来实施转板机制提供有益探索。此外，分层管理更大的意义在于为后续的公募入场、做市商扩容（允许非券商机构参与做市）、降低投资者准入门槛、引入竞价交易等一系列制度创新奠定基础。

（二）不同板块转板机制

多层次资本市场的可持续发展，离不开分别决定了市场发展的经济基础及活跃程度的充沛的交易资源和差异化的交易制度这两大要素。交易资源与交易制度又是互相关联的，关联点就是转板机制。各层次市场间通过转板完成交易资源的不断输送，最终通过差异化的交易来实现资源的有效配置。

多层次的资本市场出发点是为了满足不同发展阶段的企业的融资需求。不同层次的市场板块无论是上市要求、交易方式还是投资者群体都存在差异，转板机制通过转板条件、转板程序等方面的设计为不同层次的资本市场的差异化交易制度提供了一个衔接。具体而言，已挂牌上市的企业在持续发展过程中，若原本所在的市场板块已不再满足企业发展的需求，就需要引入转板机制，为这类企业提供进入其他市场板块的可能。因此，建立资本市场转板机制是改变目前我国市场结构倒置、完善多层次资本市场体系的重要机制。转板机制的构建一方面能够实现不同板块之间的互联互通，进而有利于不同板块之间形成差异化特征；另一方面能够激发市场活力，鼓励更多企业在门槛较低的场外市场先行挂牌，进而形成与成熟市场相似的、以强大的场外市场为基础的金字塔形的市场体系。这些都是完善我国多层次市场体系的客观要求，有利于提高资本市场资源配置效率、激发基础板块活跃度、助力企业成长及产业布局调整。

1. 成熟市场转板机制的经验借鉴

在转板板块方面，海外的转板活跃于基层板块间，贯穿于全市场，甚至可以实现跨交易所转板。基层板块的转板依托于场外市场的大规模和多层次；全市场的转板出现在全球多数市场，这些地区的主板市场规模相对较大、影响力也较强；跨交易所的转板多发生在不同交易所在规模、上市条件等方面形成层次性差异的地区。

在转板条件方面，成熟市场主要包含财务类、证券类和交易类三方面的条件。其中，财务类条件用来进行转板企业的实质性审核，证券类条件用来衡量证券的投资价值，而交易类条件是完善转板条件的重要内容。总体而言，升板条件以财务类条件为主，降板条件以证券类条件或交易类条件为主。

在转板程序方面，各市场基本遵循升板自愿、降板强制的原则，即低层次市场的公司达到高层次市场的标准时，可自愿申请转板；当上市公司不能满足对应市场持续上市的条件时，则强制降板至低层次的市场。

2. 新三板转板机制推进

一直以来，"转板"都是新三板上关注度最高、讨论最热烈的话题之一，特别是在 2015 年新三板经历了一波高潮之后交易日趋冷淡背景下，不少投资者与企业均对转板抱以极大的期望与热情。如表 4 - 4 所示，管理层也在不同场合先后多次提及新三板转板制度。尽管市场对转板给予了很高期望，但从目前市场环境和注册制推进情况以及监管安排思路来看，直接转板制度的真正落地实际上存在诸多障碍。

从目前的操作情况来看，现阶段新三板企业转板还是不得不按照停牌重新排队申请 IPO 的流程进行。在证监会控制 IPO 发行节奏的背景下，新三板企业能够通过 IPO 转板的比例还不会很高。据统计，截至 2016 年 11 月，共有 12 家公司实现了转板，其中粤传媒（002181）是老三板股票，其余 11 家为新三板股票。转板后有两家公司（久其软件 002279、粤传媒）在中小板上市，剩余 10 家在创业板上市。

表 4 - 4　　　　　　　　　　　　　新三板转板机制推进

时间	文件或会议	推进措施
2012 年秋季	国务院《金融业发展和改革"十二五"规划》	完善不同层次市场间的转板机制和市场退出机制
2013 年 12 月	国务院《关于全国中小企业股份转让系统有关问题的决定》	全国股份转让系统挂牌公司，达到股票上市条件的，可直接向证券交易所申请上市交易
2014 年 5 月	证监会学习贯彻"国九条"会议	研究在创业板建立单独层次，支持尚未盈利的互联网和高新技术企业在新三板挂牌一年后到创业板上市
2014 年 8 月	证监会为学习国务院常务会议精神召开视频会议	完善创业板制度，支持尚未盈利的互联网、高新技术企业在新三板挂牌一年后到创业板上市
2014 年 10 月	证监会出台深圳资本市场改革创新 15 条	推动在深交所创业板设立专门层次，允许符合一定条件的尚未盈利的互联网和科技创新企业在新三板挂牌 12 个月后到创业板发行上市
2015 年 1 月	深交所组织学习 2015 年全国证券期货监管工作会议精神	全面推进创业板改革，丰富创业板层次，推动新三板与创业板的转板试点
2015 年 6 月	国务院印发《关于大力推进大众创业万众创新若干政策措施的意见》	加快推进全国中小企业股份转让系统向创业板转板试点
2015 年 11 月	证监会发布《中国证监会关于进一步推进全国中小企业股份转让系统发展的若干意见》	研究推出全国股转系统挂牌公司向创业板转板试点，建立全国股转系统与区域性股权市场的合作对接机制
2015 年 12 月	国务院总理主持召开的国务院常务会议	增加全国中小企业股份转让系统挂牌公司数量，研究推出向创业板转板试点，规范发展区域性股权市场
2016 年 3 月	中华人民共和国国民经济和社会发展第十三个五年规划纲要	发展多层次股权融资市场，深化创业板、新三板改革，建立健全转板机制和退出机制

续表

时间	文件或会议	推进措施
2016 年 4 月	证监会例行通气会	全国股转系统挂牌公司转板制度正在研究中
2016 年 10 月 10 日	国务院发布《关于积极稳妥降低企业杠杆率的意见》	研究全国中小企业股转系统挂牌公司转板创业板制度

资料来源：根据相关资料整理。

自 2016 年新三板分层正式实施后，创新层公司需履行更多信息披露义务，并且一些财务标准上的要求接近 IPO，相比之下，新三板的流动性与企业估值均低于主板，因此，部分创新层优质企业拟通过 IPO 转板。由于证监会规定，公司若有国有股东控股，则上市时一部分股份将划转到社保基金，因此对具有国有股投资者的新三板挂牌企业而言，在转板前夕股东有见好就收、高价退出的动力，并非所有机构投资者均喜欢转板。

3. 未来转板制度设计

多层次资本市场转板制度是根据不同层次资本市场功能定位及挂牌标准，使企业在资本市场间转移的一系列制度规定，主要包括转板的监管以及转板的条件。依据企业转板方向可以将转板分为升级转板、平级转板以及降级转板。目前我国场外资本市场对升级转板制度需求较为迫切，场外资本市场挂牌企业符合场内资本市场上市条件却难以通过转板通道在沪深证券交易所上市，大大增加了企业上市的时间成本及财务成本。同时由于场内资本市场缺乏升级转板机制，低层次板块企业符合高层次板块上市条件时，也不存在企业直接转板至高层次板块上市的制度条件。而主板、中小板以及创业板尽管存在退市制度，但是资本市场仍然缺乏较完善的降级转板制度供给。

（1）相关制度

我国资本市场成立以来，监管机构不断完善资本市场相关制度，这为资本市场引入转板制度提供了一定制度基础。第一，转板制度与信息披露制度。在转板上市过程中，拟转板企业材料无须证监会进行实质性审核，主要由各证券交易所对拟转板企业进行审核。但是由于证券交易所缺乏像证监会与政府其他各部门间的信息渠道或强制手段，因此为保证转板企业信息的真实性，需要更加完善的信息披露制度。第二，转板制度与证券发行上市制度。目前我国证券发行上市实行的是核准制，而转板上市属于介绍上市的一种，并不需要经过证监会的实质性审核，只需要证券交易所判定是否符合上市条件即可。因此在新股发行上市核准制的情况下，企业通过 IPO 方式实现在场内资本市场上市，与通过转板上市方式相比，二者尽管均可实现上市的目标，但是转板上市方式程序更简单，两种方式存在一定套利空间。

（2）转板原则

升级及平级转板应坚持自愿性，而降级转板除了存在强制降级情况，还存在自愿降级情况。在某一层次板块上市或挂牌的企业，随着其经营规模扩大以及业绩改善等，当其符合高层次板块或同一层次其他板块挂牌条件时，由企业自身根据转板的收益及成本权衡决定是否转板。对于降级转板来说，如果挂牌企业自身经营条件恶化，不符合所在板块的持续挂牌条件时，应由所在证券交易所依据相关规定强制降级至低层次板块；但是如果在高层次板块挂牌的企业，基于自身的权衡考虑，自愿降至低层次板块挂牌的，降级转板制度也应做出相关规定。在升级、平级以及降级转板过程中，企业有自主选择升级、平级以及降级转板的权限，而对于交易所来说，当企业不符合持续挂牌条件时，具有强制企业降级转板的权限。

（3）转板条件

由美国等成熟资本市场转板机制经验看，转板条件主要包含财务类条件、证券类条件和交易类条件，其中升板条件以财务类条件为主，降板条件以证券类条件或交易类条件为主。其中财务类条件主要包括净利润、营业收入等指标，证券类条件主要包括股本、股价、市值等，而交易类条件主要包括做市商要求、保荐人要求等。投资者与融资者的异质性决定了资本市场应是多层次的市场结构，而不同层次资本市场的差异性也决定转板条件存在区别。转板条件制定的基本思路是在现有各层次资本市场上市或挂牌条件以及退市或终止挂牌条件的基础上进行调整。为保持一致性，未来 IPO 方式上市或者正常挂牌条件以及退市或终止挂牌条件也应做出相应调整，以保证制度之间不存在套利空间。

第五章 IPO 注册制的配套改革之一：
信息披露制度

2015 年，证券市场似乎是在各种关于注册制改革的猜想和热议中跌宕起伏。从核准制到注册制转型的顺利落实，需要一系列配套制度的跟进配合，而这些配套制度改革完善所围绕的核心或起点，便是证券市场之灵魂——信息披露制度。

第一节 注册制下信息披露的要求

所谓的信息披露制度，是指上市公司通过在公共金融市场公开发行本公司有价证券时及时向全体投资人公开发布的与本公司有价证券有关的一切信息，并保证其真实、完整、准确和及时。其产生的理论就是"有效市场假说"。在"有效市场假说"的理论当中，默认为所有的证券市场参与者皆为理性经济人，即其会时刻关注市场上的企业信息，并根据企业信息反映的财务状况进行证券买卖；当企业信息发生变化时，其证券价格也会随之变动。由此产生的经济效果是，一家企业的财务向好，就会吸引投资者买入该公司证券，推动该公司证券价格上涨，反之则导致该公司证券价格下跌。

由此可见，只有当所有的投资者及时完整准确地得到企业信息，才可以尽可能理性地做出分析和判断。但是当市场不能及时反映企业信息甚至出现重大信息遗漏或者错误时，"有效市场假说"的理论就会遭到挑战，严重损害投资者的利益。可是从实务上来看，发行人不可能向所有投资者公布企业所有的财务、经营情况和所有的资金使用明细，所以再理性的投资人所能掌握的企业信息也不能和证券的发行人所掌握的信息相比较，在这种情况下就会存在内幕交易等一系列行为。因此，严格完善的信息披露制度是维护投资者利益和保证市场平稳运行的重要支撑。

新股发行注册制的核心内涵就是以发行人信息披露为中心，中介机构对发行人信息披露的真实性、准确性、完整性进行把关，监管部门对发行人和中介机构的申请文件进行合规性审核，不判断企业盈利能力，在充分信息披露的基础上，由投资者自行判断企业价值和风险，自主做出投资决策。所以，在 IPO 注册制下信息披露的文件是集真实性、完整性、及时性等为一体的，而信息披露的真实性又是其他信息披露要求的基础。纵观各国证券市场的发展，信息披露基本要求可归纳为两个主要方面：一是信息披露的实质性要求；二是信息披露的规范性要求。

一　实质性要求

实质性要求指信息披露内容或披露主体本身应遵循的相关要求，披露的信息要有足够的事实依据、有充分的法律依据及相关证据。主要包括以下六个方面。

（一）有效性

证券市场的有效性可分为证券市场信息的有效性和证券市场资源配置的有效性。证券市场资源配置的有效性是指资源配置是否达到帕累托效率。证券市场信息的有效性是指信息披露是否有效及市场是否完全反映了已经披露的证券信息。证券市场资源配置的有效性与证券市场的信息有效性是证券市场有效性的两个不同的方面，但是它们之间的关联度很大。信息的有效性使有效披露的信息充分在股票价格中得到反映，而充分披露和充分反映信息的股票价格有利于资源配置的有效性的实现。因此，信息的有效性是资源配置有效性的前提和保证。达到证券市场信息的有效性需要严格的条件，证券信息从上市公司发出必须经过信息披露、信息传递、信息解读以及信息反馈四个阶段，最后有效反映在证券价格上。因此，对证券市场信息的有效性进行考察，其又可以区分为上市公司信息披露的有效性（包括第一个阶段）和信息传导机制的有效性（包括后几个阶段）。前者表明上市公司在信息披露中要真实、完整和及时，不能违反信息披露的相关法律法规，这是信息传导机制有效性的前提和最基本的保障。后者就是日常所说的给定的信息能否充分、真实、及时地反映在股票价格的波动上。上市公司信息披露的有效性不仅是证券信息传导机制有效性的前提，而且是实现证券市场资源配置有效性的前提和基础，也只有有效的上市公司信息披露才能保证整个证券市场有效性的实现。信息披露有效性就是要求上市公司在信息披露时要遵循内容的真实性、完整性、及时性三个原则。

（二）真实性

1. 真实性的内涵

信息披露的真实性是证券市场的核心问题，其重要性几乎使其成了信息披露制度的前提假设。信息披露的真实性存在两个问题：一是真实性是可变的，比如一些预测性信息披露，当随着时间推移，前提条件发生变化时，之前的"真实"的预测性结论会与当前的客观结论不符，即产生了失真现象；二是真实性是滞后的可验证的概念，即只有根据后期不断产生的信息得出当时的客观事实并与那时的披露信息相比较，才能得知上市公司信息披露是否真实。按照上述性质并结合监管部门对于上市公司信息披露真实性原则的要求，信息披露的真实性指上市公司如实地反映披露时刻的客观经济事实，没有任何虚假成分；无论是采取书面表达，还是口头陈述，明示或暗示等任何表达方式，或通过任何渠道，披露信息是以当时的客观事实或具有客观事实基础的判断或意见为基础的，未扭曲或粉饰客观经济事实。

信息披露的真实性是一种法律上的真实性，其应具有三个特性：一是客观性，是指上市公司所公开信息的内容必须具有客观性，其所反映的事实必须是上市公司经营活动中发生的，而不是为了影响股票市场价格而虚假编造的；二是一致性，是指上市公司所公开的信息必须符合客观实际，即公开信息的内容与其所反映的事实之间具有一致性；三是规范性，是指上市公司所公开的信息必须符合《证券法》所规定的对不同性质信息真实性的不同判断标准。

2. 信息披露真实性的判断

信息披露的真实性适用于所有的公开信息，因此根据披露信息的性质不同，判断真实与否的方法也不同。根据性质，披露信息可以分为以下三种：

（1）描述性信息

描述性信息指反映上市公司经营活动中的既存事实的信息。真实性的判断方法是以客观事实为依据的。其中，"计划事实"的真实性应以计划实施的充分性判断，不应以计划实现的充分性判断。如果未充分实施计划，上市公司必须对此做出合理的说明。如果其不能给出合理的解释，则可以认定其计划为虚假计划。

（2）评价性信息

评价性信息反映的是已公开信息中的事实与其他事实之间的联系性，是对既存的事实的性质、结果或影响的分析和价值判断。评价性信息往往是在公开上市公司经营状况的同时，又加入了信息发布者自己的判断。其真实是一种逻辑真实，应在确定描述性信息所反映的既存事实具有真实性的基础上，对评价依据的真实性和评价方法的合理性进行判断。

（3）预测性信息

预测性信息，指关于上市公司将来的经营状况（主要是盈利情况）的预测，反映了上市公司经营状况中的既存事实与将来事实之间的联系性。因为上市公司的经营活动具有持续性，其经营状况处于不断变动的过程中，不仅包括经营现状，也包括经营潜力和经营风险，所以证券价格的确定含有预测的因素。上市公司公开的信息中可以包括盈利预测，虽然这种预测一般并不可靠，而且常被用来作为误导市场的工具，但为了便于投资者作投资判断，现行证券法规和有关监督机构的规范性文件往往允许上市公司公开盈利预测，并给予规制以防止其弊端。对于预测信息是否真实的判断标准的建立，拟借鉴美国的"安全港规则"和"忠实表达警示文字原则"，即只要预测性财务信息是基于诚信原则编制，并且编制时所采用的各种基本假设、基本原则、预测目的和范围、编制方法、基本步骤均属合理性，并对预测信息中可能存在的虚假记载作了必要警示，且一旦客观条件变化导致原先据以做出预测的合理假设、基础发生变化或不存在而使预测信息变得不真实时，已及时披露并且出具更正信息，那么即使预测信息没有达到预定目标，也不属于信息失真。因此，对预测性信息的真实性的判定必须综合审视以下六方面内容：第一，预测性信息应是在对一般经营条件、经营环境、市场情况、披露义务人的生产经营条件和财务状况等进行合理假设的基础上，按照发行人正常的发展速度做出的；第二，预测发布的目的具有正常性，即必须是为了有助于投资者做出正确的决策；第三，假设必须具备合理性，即作为假设条件的事实具有相当的真实性，并且与预测结果具有逻辑上的关联性和计量上的对应性；第四，上市公司及其他相关人士必须真实地相信和有合理的理由相信这种预测陈述，且上市公司在披露时并不知晓任何未披露的可能对该项预测准确性产生重大损害的事实；第五，警示性陈述必须显著地传递实质性信息，即在显著的位置用明晰的语言揭示可能现实地导致实际结果与预测信息严重不符的因素；第六，上市公司已及时更正先前披露的不实预测性信息。

（三）完整性

信息披露的完整性即要求所有可能影响投资者决策的信息都应得到披露；在披露某一具体信息时，必须对该信息的所有方面进行周密、完整、全面、充分地揭示；不仅要披露正面的信息，更要披露对公司股价不利的负面信息，两者不能偏废。

信息披露的完整性需要从质和量两个方面来看。首先，在信息爆炸的今天，披露的完整信息必须是重大信息，即对证券市场价格有影响或对投资决策存在价值的信息。大量的、重复的、对投资价值影响不大的甚至毫无意义的信息只会增加披露成本。其次，重大信息的披露数量不能过少，没有足够的信息会使投资者因依据不足而忧心忡忡，难以投资。最后，完整性原则是证券市场信息披露的重要判断标准。企业的信息只有充分披露，投资者在证券投资时才能做出良好的、理性的判断，因为投资者的判断是基于公司公开披露全部信息的综合反映，这就要求上市公司在公开披露时应该把公司完整的形象呈现在投资者面前。如果上市公司在披露时有所隐瞒，导致投资者无法获得有关投资决策的全面信息，那么即使已经公开的各个信息具有个别的真实性，也会在已公开信息总体上造成整体的虚假性。换句话说，由于违背了完整性的披露原则，没有完整披露某些信息而使披露的部分信息也就具有了虚假和误导成分，其严重性与直接不实陈述是一样的。如果遗漏掉的信息对投资者做出正确投资决策具有重大影响时更是如此。

随着经济的发展，上市公司的经济活动也越来越活跃复杂，以财务信息为主导内容的信息披露已经无法满足企业的利益相关者。他们对信息披露的需求趋于多元化，更多涉及企业的人力资源、核心竞争力、背景信息及发展趋势等非财务信息。就投资者而言，也要求企业披露有关社会责任、环境保护、资源回收及可持续发展等方面的非财务信息。非财务信息披露的重要地位充分体现了信息披露的完整性。

（四）及时性

及时性原则要求上市公司应以最快速度披露其信息，公司应该保证其所公开披露的信息的最新状态，不能给社会公众以陈旧的和过时的信息。

首先，任何信息均具有时效性，而千百万人赖以盈利或止损的证券信息当然更应如此。信息披露的及时性对市场上各类投资者有着重要的意义。证券信息一经生成，就应及时披露，减少信息的滞留时间，提高信息的效用。信息披露及时使市场行情根据信息及时做出调整，提高证券市场效率。投资者也可以根据最新信息以及行情变化做出理性投资选择，并且可以通过缩短信息生成与披露之间的时间差来减少内幕交易的可能性，从而降低监管难度。

其次，信息的时效性决定信息的生命力在于流动，它流动的速度越快，在实践中获得的价值就越高。任何准确完整的信息当失去了时效性后，便失去了其披露的意义与价值。一个投资者在证券市场中能否具有较强的应变能力，能否对不断变化的客观环境迅速做出反应和决策，其关键在于能否及时、准确地掌握信息。

最后，及时性信息披露要求上市公司在持续经营过程中，要严格按照法律、法规和公司章程的规定披露信息。持续信息披露是提高信息披露及时性的保证，能为投资者对上市公司的投资价值进行客观评价和动态判断提供依据，同时也可以保持披露信息与上市公司的相关性，使投资者实时了解公司的经营状况，从而更好地做出投资决策。

从直观上讲，上市公司信息披露的及时性至少有两方面好处：一是降低利用信息披露的时滞进行内幕交易（或私下交易）的可能性，达到交易的公平；二是有助于投资者对公司进行理性估价，在一定程度上消除证券定价的过分偏差和累积的风险，提高证券市场信息传导机制的有效性，并最终提高证券市场资源配置有效性和整个证券市场的有效性。从主张及时披露原则的监管当局看来，持续得到公司的坏消息总比最后才得到一个积累性的震撼消息会更有利于保护投资者的利益，在美国发生的安然公司丑闻事件和世通公司事件，以及在我国发生的银广夏事件、中科创业事件等都再次强化了这一理念。如果公司管理层能够及时披露上市公司内部发生的信息，从而揭示公司风险，投资者至少能够得到一些前期警示，不至于造成一个公司股价的大幅波动给整个市场带来较大的震荡后果。

（五）对称性

对称性原则也即公平性原则，其要求上市公司向所有的投资者及相关人士平等地提供全部披露信息，使其可以在同一时间同一渠道获取相同的所有披露信息。对称性原则的意义在于维护全体投资者的知情权，保护证券市场的公平性。

证券市场上，不同投资者之间往往存在着严重的信息不对称。比如，大的机构投资者或者证券分析人员可能较中小投资者更早地获取未公开信息，或者较早地认清所披露信息的虚假性等。在信息不对称的干扰下，市场行为和市场功能往往被扭曲，有时甚至会出现股票价格的剧烈波动。因此，上市公司在披露信息时应采取措施，尽量提高信息的对称性，切实维护全体投资者的知情权。

（六）敏感性

敏感性原则要求上市公司除了按照强制性规定披露信息，还应主动、及时地披露所有可能对股东和其他利益相关者决策产生实质性影响的信息。敏感性原则将上市公司充分暴露在阳光地带，维护证券市场的公开、公正与公平。股票价格对上市公司的各种事件和变化均表现出了相当程度的敏感性。因此，在有关法规、制度对信息披露不可能做出详尽无遗规定的条件下，上市公司还应在强制性要求之外，主动、及时地披露重大信息，以提高信息披露的透明度和完整性。

二 规范性要求

规范性要求是指与信息披露的形式、披露渠道及披露信息的性质有关的要求。规范性要求公司按照证监会规定的要求和格式进行信息内容的披露，主要包括以下四方面内容。

（一）格式化与差异化要求

格式化要求上市公司的披露信息必须按照统一的内容和格式标准公布。相关的法律、法规对披露信息的内容与格式均做出了严格的规定，上市公司有遵循其要求披露的法定义务。但是，信息披露的格式化要求不代表每一家公司、每一种行业的公司均按照一种格式进行信息披露，此即强调差异化信息披露的重要性。

差异化信息披露是指在信息披露的基本要求之下，应当允许不同的上市公司在披露内容和披露方式上存在一定的差异性，以适用灵活多变的市场交易。信息披露的公平性不仅仅体现在披露对象上，在披露内容上的差异化也是实现证券市场"三公"原则的有效途径。对于选择性信息披露现象应当严格禁止，与选择性信息披露区别披露对象不同的是，差异化信息披露是对所有投资者进行的。上市公司在行业、规模、发展阶段不同，为了从真正意义上保护投资者利益，实现实质公平，应当允许信息披露差异化，这样既有利于降低上市公司的披露成本，也有利于提高监管组织的效率。

完整的信息披露不是指冗长的披露，对于过量披露的信息，股东并没有能力理解和运用，因而也不会获得额外收益。因此，没有必要披露或重复披露不相关的信息。例如，招股书的导论一般对公司重大事项的提示，可明确要求披露公司独一无二的风险因素，对于一些行业通用的风险则没有必要进行重复，过多披露风险类信息反而让投资者抓不住重点。信息披露时应减少对宏观、行业层面的信息披露，增加公司专有信息的披露。

在注册制下应针对不同的证券发行量身定制不同内容、格式的申请注册表，区分外国政府及其政治机构与一般发行人，使信息披露符合不同发行人的实际情况，满足市场的需求，实现合理监管；在不同等级的市场，主要是对招股说明书所要披露的内容进行区分，创业板市场一般要求披露的内容比主板市场披露的多，在披露要求方面也更加严格一些；在同一披露市场，由于"重大信息"的标准的主观性加上自愿性信息披露的非强制性，上市公司披露的内容也有所差异。监管机构可以组织建立与电子化实时披露系统相匹配的信息披露评级体系，对上市公司的信息披露质量做出评价，便于上市公司及时调整。对于投资者需要而上市公司未披露信息或未重点披露信息，在监管机构的督促下，及时进行披露，而对于评价较高的上市公司也可允许其减少其披露的次数以节约披露成本。

（二）易得性要求

易得性要求上市公司披露信息的渠道必须容易为投资者获取。目前，常见的信息披露渠道有三种，分别是新闻媒介（比如网络、报纸、电视等）；证交所、证券公司等备置上市公告书等文件的场所，以及证券发行者直接将信息材料交给投资者。但是，后两种信息披露渠道由于受众具有一定的局限性，加上目前互联网信息传播的速度逐渐加快，第一种信息披露渠道逐渐成为主流。建立信息披露的大数据平台，这样可以在加强信息传播的同时提高信息的储存能力，减少纸质材料的审批流程，建立规范性网上申报机制，提高信息的利用率。

现代通信技术和网络在各领域的广泛利用使证券信息的披露不同于传统披露方式。所谓信息披露的电子化就是政府证券监管机构利用计算机网络技术建立专用的法定的证券信息存储和检索的数据库系统，以实现证券信息登记与披露格式、标准、用语等方面的统一，彻底解决我国当前网上证券信息披露散而乱的现状。对于网络证券信息传递，美国 SEC 于 1996 年建立了电子数据收集与检索系统，所有的法定信息均采用电子化形式合法传递。该系统对法定披露的信息进行自动收集、核实、索引、接收和转发，对需要及时披露的信息加快接收、传播并加以分析，有效保障了投资者的知情权。近年来我国深交所建立了"信息披露直通车"和"互动易"系统。上交所也建立了上市公司信息披露电子化系统，并于 2013 年 7 月开始运营。这些信息披露方式的发展创新，增加了信息披露的及时性。此外，证监会也需要开发统一的电子数据收集、分析及检索系统，由上市公司的行业数据库和交易数据库构成，以便根据上市企业持续信息披露的数据、季报、中报和年报中披露的数据，不断更新数据库中的信息记录，从而为证券监管组织的执法提供即时的信息判断，增加信息披露的可得性与持续性。

（三）有用性要求

信息披露的有用性要求可从四个方面加以理解。

首先，披露信息必须是易理解的。因为投资者的情况不同，所以信息披露从陈述方式到使用术语均应浅显易懂，避免用语过于专业化，从而阻碍一般投资者的理解。因此，建立以投资者为导向的多层次披露体系迫在眉睫。需要注意的是，在注册制下企业信息会进行大量的披露，但是太过详尽的信息披露对于普通投资者来说只是读不懂的术语和数字。美国学者 W. H. Beaver 早在 1985 年就指出："公众投资者没有能力去运用如此多的过量信息，这些报告对他们来说没有净利益。"但是，若以"白话"方式呈现似乎又与实际不符。所以在注册制下，信息披露应当建立不同层次的报告体系，比如同时提供全文版和简化版两种版本，做到简化报告文本，浓缩报告摘要和使用简明语言。在证券市场发达的美国，投资者也相对比较成熟，SEC 仍然严格要求信息披露简明化。1998 年 SEC 制定的《简明英语规则》在证券市场得到了广泛应用。该规则对信息披露的用语做出了细致的规定，清楚、简洁、易懂是招股说明书用语的基本要求，杜绝歧义的发生。另外，SEC 也常常在对招股书的反馈意见中就模棱两可及过于专业的信息发问，要求拟上市公司和上市公司进行解释，或者以举例的方式概括外延。而我国证监会很少关注投资者对披露文件的信息接收程度，造成招股说明书空话连篇，或是太过专业普通群众根本无法理解。因此，有必要制定具体的规则引导上市公司进行简明化信息披露。当然，由于信息接受群体太过广泛，对信息的理解存在多样性和多变性，在信息披露用语的准确性要求上，应当以一般人的理解判断能力作为评价标准。

其次，披露信息必须对投资决策有价值，而非大量的垃圾信息。2013 年证监会《关于进一步推进新股发行体制改革的意见》第五条第二项指出："进一步提高信息披露质量，以投资者的决策需要为导向，改进信息披露内容和格式，突出披露重点，强化对发行人主要业务及业务模式、外部市场环境、经营业绩、主要风险因素等对投资者投资决策有重大影响的信息披露要求，使用浅白语言，提高披露信息的可读性，方便广大中小投资者阅读和监督。""改进信息披露的格式""突出披露的重点""使用浅白语言，提高披露信息的可读性"，这些都是为了实现简明化信息披露，即提高信息披露的准确性、相关性、可读性。注册制下上市公司直接面对投资者进行信息披露，如果披露的文件冗长，将严重影响投资者的理性决策，降低信息披露的有效性。

再次，披露信息必须具有可比性，不同企业或同一企业在不同时期披露信息的模式和方法必须保持一致，这样才方便投资者进行比较判断从而做出决策。

最后，信息披露必须考虑披露成本与收益之间的平衡，在保护投资者利益的同时，尽量降低披露成本。

（四）自愿性要求

对信息披露监管的严格程度曾经引发了学界对强制性信息披露与自愿性信息披露的争论。历史实践证明两种监管方式各有优势，并逐渐发展出一条稳妥的发展模式，即强制性信息披露与自愿性信息披露相结合，监管者明确规定强制性信息披露的范围，其他部分披露与否由市场主体自行决定。在证券发行注册制改革的背景下，上市公司披露成本和监管成本也是一个成熟的资本市场必须考虑的问题。自愿性信息披露有助于降低重复劳动，减少企业负担。因此，有必要强化对自愿性信息披露的引导，激励上市公司进行规范的自愿性信息披露。

关于自愿性信息披露，有学者直接将自愿性信息披露定义为上市公司在法律强制规定的范围外公开进行的信息披露。这可能导致上市公司披露大量无关的信息以模糊强制要求披露的内容，增加了投资者获取关键信息的难度，降低了信息披露制度的功能。

虽然自愿性信息披露内容确定的前提是强制性信息披露的范围，但法律应当根据相关性原则和成本效益原则，通过细化相应的法律规定，建立严格的内部审计制度，对自愿性信息披露进行引导。上市公司的自愿性信息披露主要包括与利益相关者息息相关的一些信息，其内容可以划分为战略性信息、预测性信息、财务分析信息和社会责任方面的信息。在财务分析信息披露方面，立法应当制定更加详细的编制指南，明确其信息披露的范围和内容，证监会可组织熟悉信息披露规则和实践的专家，采用易于操作的列举方式，编写一些优秀的范本供上市公司参考，同时也可作为监管机构监管的标准；在社会责任信息披露方面，应当大力引导主动披露，推广社会责任指数，成立相关基金为社会责任指数高的上市公司提供资金支持，鼓励它们继续关注和不断提高社会责任指数，为其他上市公司树立典范；在预测性信息披露方面，我国可借鉴美国的"安全港"制度以提高自愿性信息披露的积极性，只要披露者遵循了诚实守信原则，在预测时是基于合理的假设而编制的信息，即使没有实现预定目标也不用承担法律责任。

第二节　注册制下信息披露的内容

体现了政府干预经济的规范与效率的注册制是市场主导型的发达国家或地区成熟资本市场普遍实施的证券发行审核制度。尽管不同国家和地区注册制的具体规定不尽相同，但其成功实施均得益于保护证券投资者利益最为有效的手段之一——精心设计的严格规范的信息披露制度。美国作为成熟完善证券市场的代表，其上市公司信息披露制度具有较强的借鉴意义。

一　美国上市公司信息披露的变迁

（一）以财务信息为主的信息披露阶段

信息披露制度作为完整的法律制度的确立发生在美国。1852 年，美国马萨诸塞州对公用事业发行证券加以限制。1902 年，美国国会建议所有的公众持有公司应当强制公布包括年度财务报表的重要资讯。1911 年，第一部州级证券立法在德克萨斯州通过，此后两年间有 22 个州相继制定了类似的证券监管法。这些早期的州级证券立法被称为"蓝天法"。上述法律为反欺诈和规范证券发行做出了贡献，但由于各州立法的不完全和执法的不严密，证券市场中的不良行为未得到根本遏制。1929—1933 年的经济大危机后，美国政府意识到各州的"蓝天法"证券立法无法实现证券市场的良好监管，必须实行联邦证券立法，成立全美统一的监管体系，增加政府对证券市场的管制力度，才能保证证券市场良好运行和功能发挥。在各州的基础上，美国国会于 1933 年通过了《证券法》，1934 年通过了《证券交易法》，并成立了美国证券交易委员会（SEC）。《证券法》和《证券交易法》对信息披露作了明确的立法规定，前者对信息的初次披露进行规定，后者对持续信息披露进行规定，而根据《证券交易法》成立的 SEC 的主旨是保护投资者利益，主要职责之一就是保证公众公司的证券的相关信息得到充分和完整的披露。这两部法律的颁布实施和 SEC 的成立，标志着证券市场信息披露法律制度的初步形成。

（二）非财务信息为补充的信息披露阶段

1964 年，美国国会通过《全国环境政策法》。该法规定所有联邦政府在制定政策、规章和法规时均需衡量环境上的价值，这直接推动了 SEC 支持非财务信息披露的决策，促使 SEC 把环境保护因素等非经济性的软性信息纳入发行人的披露范围。1978 年，SEC 制定颁布了《揭示预测经营业绩的指南》和《保护盈利预测安全港规则》，虽然不强制但鼓励盈利预测的披露。自此，信息披露制度突破了原有禁止披露软性信息的框架，进入支持软性信息披露的阶段，软性信息透明成为证券发行公司的强制性披露要求。随后 SEC 制定了须披露的非经济性软性信息的 S－K 条例。1989 年 SEC 发布了管理层讨论与分析义务解释，该解释要求发行公司必须披露目前已经知晓的发展趋势、事件和可以合理预见将对公司未来产生重大影响的不确定因素，并允许公司披露预测的未来发展趋势或事项以及目前已经知晓的发展趋势、事项或不确定因素的未来影响。1995 年有关法案进一步采用了修正的安全港规则，规定了预测性信息披露的免责制度，以减轻预测性信息披露者的潜在诉讼风险，进一步体现了对预测性软性信息披露的支持。至此，软性信息披露制度的出台，使信息披露制度趋于完善。

（三）信息披露不断完善的阶段

对上市公司而言，无论是经济信息还是非经济信息，只要有可能影响投资者决策的信息，都应予以披露。信息披露制度发展到支持软性信息披露阶段，从严密性来看，已趋于完善，但是越严密、越严格的信息披露制度，其信息披露成本越高。政府监管当局推动信息披露制度变迁的出发点是投资者利益导向，但忽略了发行人的信息成本。1980 年，在经过充分的论证后，SEC 颁布了 10 - K 表格，采纳修正后的年度报告，并制定规则 S - X，涵盖各财务报表的格式和内容，形成信息披露的综合披露（Integrated Disclosure）模式。1982 年 SEC 进一步通过了规则 415，建立了"框架注册"制度，改变了过去不论时间间隔长短，发行证券必须申报注册的做法，确定披露文件可供两年内证券发行使用，这有利于发行人根据资金需求情况和承销商根据市场状况灵活选择最佳发行时间。

"综合披露"和"框架注册"制度的出台，减少了发行人的信息披露成本。同时，SEC 也在 S - 16 格式中对部分公司的初始披露减少了披露要求，并鼓励发行者对那些并非 SEC 强制披露而他们认为适当的信息做出自愿披露。这意味着信息披露制度理念由投资者利益导向转向注重投资者利益并兼顾发行人利益的导向。美国证券法所确立的综合信息披露制度体系以 S - 1、S - 2、S - 3 登记表格构建证券注册登记制度，并将以往分散的披露要求加以统一整理而形成适用于非财务信息的披露标准，通过制定规则 415 建立了持续性证券发售的框架注册制度，通过制定规则 176 明确了使用综合披露制度时的民事责任问题。综合披露制度的建立，直到现在仍为 SEC 所采用。

二　美国上市公司信息披露基本内容

根据上市公司证券发行与交易的不同阶段，信息披露基本可以分为初次信息披露与持续性信息披露；根据信息披露的内容划分，信息披露又可以分为硬性信息披露、软性信息披露两个方面。

（一）初次信息披露

初次发行信息披露制度是旨在向社会公众募集或者发行有价证券而进行的信息披露制度。美国证券发行的注册制即完全的信息披露主义，其含义是发行公司应该完全公开与投资判断有关的信息，完全信息披露主义思想的经典阐述体现于美国大法官 Louis D. Brandeis 在1967 年的《他人的金钱》一书中，他认为："公开制度作为现代社会与产业弊病的矫正政策而被推崇，阳光是最好的防腐剂，电灯是最有效的警察。"完全信息披露制度的理论假设是：在一个自由竞争、有效的、信息充分的证券市场条件下，只要信息完全、真实、及时地公开，如果市场机制与法律制度能有效地运行，证券市场自身会促使投资者做出投资选择。证券管理者的职责是保证信息的完全真实公开与禁止信息滥用，并通过执法纠正市场的不完善，任何过多的干预与管制都不会带来更积极的效果。注册制规定几乎所有的信息都要准确、充分、及时地披露，并对披露信息的文件格式都有规定。注册制一般规定在注册资料送达监管部门前，不得从事任何市场推介和承销活动，在等待监管部门进行形式审查阶段，发行人与承销商可进行宣传并作口头要约，与潜在投资者接触，但不得进入实际销售过程。因为按注册制进入证券市场的门槛较低，一旦违反信息披露的规定，其处罚将较为严格。

在美国，初次信息披露主要由《1933 年证券法》对其进行规定，公司公开发行证券前必须向证券交易委员会提交登记文件，包括招股说明书和部分在招股说明书中没有涉及的信息。招股说明书的内容包括招股说明书摘要、风险因素分析、展望式说明、资金使用、股利政策、资本化情况、股份稀释、财务数据摘要、管理层关于财务状况和经营成果的分析和讨论、业务开展、监管、管理层信息、主要股东信息、关联交易、股本描述、税收信息、承销信息、发行费用、法律事务、适用本招股说明书的惯例、财务报表等。除招股说明书之外，登记文件一般还需要说明资金的使用情况、管理人员的持股情况、报酬及其他收益等。

（二）持续性信息披露

持续性信息披露包括定期报告和临时报告。定期报告又分年度报告、季度报告、期中报告三种。

1. 年度报告

年度报告由四个主要部分组成：公司一般情况介绍，包括发展目标和经营管理情况等，财务状况，董事、高管人员的薪酬及持股情况，附件、财务报告及审计报告。

2. 季度报告

季度报告主要由两部分组成，其中第二部分并不强制要求向公众披露。第一部分包括：①财务报表（损益表、资产负债表、现金流量表）；②数据分析（特别是针对重大变化的）；③资本情况及其变化；④股东权益及其变化。第二部分包括：①与公司有关的诉讼案；②股本结构变化；③所注册登记的证券的变动；④流通股或债务的增加或减少；⑤提交股东大会审议的事项；⑥本季度 8－K 表概要及有关情况；⑦其他实质性的重要事件。

3. 期中报告

根据 SEC 或其他监管机构的要求提供，主要包括经营和财务相关状况。

4. 临时报告

通常情况下，上市公司必须快速通过媒体向公众披露其有理由认为会影响其证券价值或投资者决策的任何重要消息，还必须在通过媒体向公众披露之前将此重要信息通知交易所。对于如何判断信息是否有可能影响上市公司证券价值或影响投资者决策，交易所市场规则中给出了一些判断标准，包括但不限于管理层的重大变化、获得或失去重要订单、重要的新产品或新发现、兼并和收购或合资事项、分红或股利等。

首次公开上市信息披露属于证券发行市场的信息披露，定期报告及临时报告属于证券交易市场的信息披露。对于信息披露制度来说，首次公开上市信息披露是核心，因为只有公司通过上市核准才有后面的持续性信息披露。首次公开上市信息披露是持续披露的基础。

（三）硬性信息披露

硬性信息（Hard Information），是指对客观的可证实的历史性事件的表述。通常情况下我们认为会计信息为硬性信息，包括年度报告和季度报告。根据美国 1934 年《证券交易法》的规定，所有证券发行人必须提交和公布经审计的公司最近两个营业年度的资产负债表和最近三个营业年度的损益表，并表明每一营业年度财务变化状况。适用于季度报告的 10 - q 各细则要求发行公司按季度披露有关经营情况，提供最近会计季度及上一会计季度同期的资产负债表、损益表等财务资料，无须审计。

（四）软性信息披露

预测性信息习惯上称为"软信息"（Soft Information）。预测性信息披露一般包括对未来盈利之类的财务性事项的预测、公司管理层对未来计划或目标的描述等，其特征是本质上带有一定的主观分析或判断。它主要包括以下五个方面的内容：①包含着对收入、收益（或损失）、每股盈余（或损失）、资本性支出、股利、资本结构或其他财务事项预测的陈述；②公司管理者对未来经营的计划与目标的阐述，包括有关发行人产品或服务的计划与目标；③对未来经营业绩的陈述，包括管理者对财务状况及经营结果的分析与讨论中的任何陈述；④任何对上述事项所依据的假设前提及其相关事项的陈述；⑤任何证券管理机构可能要求对上述事项预测与估计的陈述。美国对该类信息的披露有自由披露与持续性披露两种不同的监管方式。在美国，SEC 最早是禁止披露预测性信息的，因为这种信息在本质上是不可信赖的，而且这种信息会导致无经验的投资者在做出投资决策时产生信赖心理。但由于市场对于预测性信息重视程度越来越高，出于对中小投资者权益保护的考虑，1978 年，SEC 发布了准则以鼓励预测性信息的披露。条例规定的软性信息内容包括但不限于：①公司董事及高级管理人员的自我交易行为。②发行人董事及高级管理人员的业务经验和声誉。③发行人及其董事和高级管理人员的诉讼事项及已经判处的行为；SEC 并于 1979 年采纳了安全港制度。预测性信息制度发展到今天不但受到鼓励，而且还被认为有助于保障投资者利益。

三 注册制下首次公开发行信息披露的内容

作为上市公司信息公开内容、方式、时间、程序等事项法律规范，根据不同标准，可将信息披露分为发行披露和持续披露、自愿披露与强制披露、财务信息与非财务信息披露、历史信息披露与预测信息披露等。注册制中的信息披露首先是对拟上市公司注册说明书及有关招股公告等信息进行披露。

（一）注册说明书

注册说明书内容的规定分为两部分，第一部分是招股说明书中必须包含的信息，第二部分是招股说明书中不需要包含的信息，但是这部分信息仍然需要在注册说明书中进行披露。

在注册说明书第一部分中，招股说明书中应当包含的信息，主要包括以下内容：①注册说明书的前段以及招股说明书的封面、招股说明书的内封和封底所应包含的内容。②信息摘要、风险因素，如果发行的是债券的话还要求披露利率。③利润使用，此部分发行人需要披露在证券发行之后所得的净利润的用途，以及每个用途所占的比例。④发行价格的确定，以及证券公开发行之后股票价格的稀释情况。⑤如果有一部分证券是出售给公司股东的，则需要披露这些股东的姓名及其与公司之间的实质性关系。⑥证券分销计划。如果是通过承销商销售的话，则需要披露承销商的相关信息以及每个承销商承销证券的比例。如果是通过其他方式销售的话，则需要披露相关的信息以及所占比例。⑦专家费用。披露为证券发行出具文书或意见的专家、会计的报酬。⑧证券相关信息，包括证券的种类以及相关重要信息。⑨注册人相关信息。此处需要披露注册人的主营业务、财产情况、正在进行中的诉讼、市场信息、证券持有人、股息红利、补偿计划、财务信息、管理层对于公司运营和财务状况的评估、会计财务披露方面的变动、市场风险、董事及管理层组成、所有人和管理层的持股情况、关联交易等信息，并且如果注册人选择合并披露的话，在这些信息有实质性变化时，还需要根据规定进行披露。

在注册说明书第二部分中，招股说明书中不需要披露，但是注册说明书中应当包含的信息包括保险和分配方面的其他花销、董事和管理层的赔偿责任、最近销售的未注册证券的情况、承销合同等内容。

（二）招股说明书

发行人的招股说明书中应当包含两大基本内容：①与发行相关的情况，包括承销和分销安排、承销和销售成本、发行价格决定性因素以及收益使用计划；②发行人基本情况，包括发行人的近期历史、控制人及子公司、管理层及其薪酬、重大合同、资产结构、已发行证券以及发行人财务状况和运营情况。具体包括以下几个方面。

1. 招股说明书摘要

首先，招股说明书摘要属于法定信息披露文件，应当与招股说明书一并报请证券监管机构审批。一般证券监督管理机构会以法律的形式规定招股说明书摘要的具体内容。其次，招股说明书摘要属于预读性文件，由于招股说明书内容繁杂详尽但不便于投资者阅读和了解，为增强招股文件的可理解性，尽可能广泛、迅速地向社会公众投资者提供和传达有关股票发行的简要情况，应以有限数量的文字做出招股说明书摘要，简要地提供招股说明书的主要内容。一般情况下，招股说明书摘要应简明扼要概括招股说明书中大部分的重要事项。此外，招股说明书摘要属于非发售文件，根据现行规定，招股说明书概要标题下必须记载下列文字："本招股说明书概要的目的仅为尽可能广泛、迅速地向公众提供有关本次发行的简要情况。招股说明书全文为本次发售股票的正式法律文件。投资者在做出认购本股的决定之前，应首先仔细阅读招股说明书全文，并以全文作为投资决定的依据。"招股说明书摘要虽然包含了大量的重要信息，但是投资者不能仅仅依靠招股说明书摘要进行投资价值判断。不同国家对招股说明书摘要的内容规定略有不同，但是基本包括公司基本介绍、发行证券的基本情况、风险因素、财务信息等。

2. 风险因素

招股说明书是企业股票首次公开发行进行信息传递的载体，是强制性信息披露的关键法律文件。其中，风险因素作为招股书中比较核心的内容，是投资者重点关注的信息之一。在注册制下招股说明书的风险因素应包括以下几个特征。

（1）风险揭示广泛、全面

招股书在披露风险因素时应该涉及宏观政策、行业风险、业务风险、经营模式、发行风险等方面，在"风险因素"一项内容下应当提供使发行具有投机性或风险的最重要的因素。此处的表述应当简明且具有逻辑性。不要披露一些可以适用于任何发行人或任何证券发行的风险因素，所以应根据行业特点有侧重地进行风险披露。例如，一些容易受国家宏观政策影响的房地产行业等，应主要披露国家政策可能带来的经营风险。而一些互联网行业技术创新为企业发展的主要推动力，因此在风险披露时应主要披露一些无形资产、专利技术、企业文化等。总的来说，在保证风险披露完整的情况下，突出行业特点，有针对性地进行风险披露。

（2）重要风险深度剖析，追溯源头

对一些影响投资者价值判断的重要信息要尽可能详细地披露每条风险产生的具体原因，有的风险不是一个原因造成的，要逐条列出，详细解释每个风险，加强其风险披露的细致程度。

（3）披露中立客观

首先，风险因素不谈措施，避免淡化警示效果。上市公司在信息披露时只是应该把所有可能对投资者造成利益损失的风险因素列举出来，而且不应该对风险产生造成的后果进行处理，不能在风险披露时，提出相应的解决措施，让投资者产生风险可以化解的错觉，影响投资者的判断。其次，应该充分揭示风险因素，体现信息披露的平衡性问题，即不论消息好坏，均应向投资者予以披露而不得选择性过滤。不能将一些影响因素比较小的风险详细披露，对一些产生重大影响的风险一带而过。

（4）风险披露格式要固定

也就是说，在每一个风险因素前加上一个可以充分概括风险的标题。让投资者可以更直观地看到存在的风险有哪些，达到风险警示的作用。

（5）不掩盖公司风险的负面影响

在招股书中使用一些"重大伤害""严重影响""负面影响""持续威胁"等具有警示性的词语向投资人提示风险。不能针对所有的风险都使用相同的语言，要通过词语的差别来体现风险的重要程度。

3. 财务信息披露

财务会计信息一般是指公司通过公开的方式向投资者、债权人及其他信息使用者披露公司财务状况、经营成果等诸多对决策有用的企业财务信息。公司财务会计信息是公司的经营业绩、财务变动、资本结构、盈利能力、投资风险等情况的综合反映，它不仅仅反映了公司财务核算和财务管理的水平，作为上市公司的财务会计信息，更重要的是为广大投资者提供了投资决策的信息依据。

由于严重的信息不对称，投资者的投资组合、投资时机等投资决策的做出，必须要通过阅读和分析公司所披露的财务状况、经营业绩、经营方向、风险防范及现金流量变动等财务会计信息，从中获悉公司以往及本期的盈利水平和风险状况，并结合公司管理水平、市场利率变动、行业发展周期、国内外政治经济状况等诸多客观影响因素加以考虑，从而对未来的盈利水平和风险状况进行合理预期，并据此评估公司股价，进而判断某种投资品种，最终做出正确的投资决策。

在股票市场上，经营前景广阔、竞争实力雄厚、经济效益颇佳的公司，具有相对筹资优势，同时投资者也更加青睐这种公司，而经营前景暗淡、竞争实力薄弱、经济效益较差的公司，投资者往往不会直接考虑。这样招股说明书中财务信息的披露有助于促使社会资金流向合理，资源配置得以优化。注册制下大量的企业涌入资本市场进行融资，这时投资者就可以通过财务信息判断该企业是否具有投资价值。

在注册制下招股说明书是连接投资者与融资者的有效桥梁，投资者通过招股说明书了解企业的财务状况、经营业绩。因此，注册制下招股说明书的另一个重要部分就是企业的历史财务信息，包括对财务报表、会计师事务所的审计意见、财务风险的提示、募集资金的投向、主要的财务分析、股利分配政策、股本、债务、固定资产、经营业绩、重大事项等。同时，招股说明书对财务信息的披露也可以分为强制性信息披露和自愿性信息披露，其中以强制性会计信息披露为主。强制性会计信息披露，要求上市公司根据会计和审计准则的要求生成会计信息，并依据相关法规规定的会计信息披露的内容和格式进行披露。所以，强制性会计信息披露是投资者甄别"好企业"与"坏企业"的重要手段。

4. 非财务信息披露

美国财务会计委员会（Financial Accounting Standard Board, FASB）在《企业财务报表项目的确认和计量》将非财务信息定义为，能反映公司经营活动的但因不满足可计量性、可定义性、可靠性及相关性而被排斥在财务报表之外的信息。非财务信息是那些无法用货币量化的，或者虽然可以量化但一般不在财务报表中列示的，虽与企业的财务状况没有直接联系，但与公司生产经营活动密切相关的信息。该信息能对信息使用者决策产生不同程度的影响，如公司背景信息、公司发展战略、公司周围环境、管理层信息、未来前景预测、风险及应对措施、环境保护、产品质量客户满意度、社会责任、公司治理、人力资源等。这些信息大都与企业未来经营活动有关，具有前瞻性，其涉及的内容和范围比财务信息要多、要广。

随着社会经济的不断发展，人类社会对环境的影响力越来越大，全球的环境污染和生态资源破坏也越来越严重，仅仅以财务信息来反映企业的利润最大化，会使企业只注重短期利益而忽视长期价值创造。非财务信息不仅包括环境以及社会责任这些内容，还包括会影响企业长期价值创造的因素，如企业面临的风险、未来战略定位以及其他反映非财务资本（人力资本、智力资本、社会与关系资本等）的相关非财务信息。这些非财务信息的披露能够使企业关注其未来经营的可持续性以实现企业的长期价值创造。

在招股说明书中加强对非财务信息的披露有利于投资者需求的实现。投资者投资股票看重的是企业未来的成长性与价值创造，在未来的行业竞争中，其盈利的增长依靠的不仅是过去的盈利模式，更重要的是企业的研发团队、公司治理等非财务信息。但是目前，非财务信息普遍存在于上市公司年度报告中财务会计报告之外的环境报告、社会责任报告及可持续发展报告中。在企业首次公开发行的招股说明书中对非财务信息披露不重视。所以，要加强完善非财务信息的披露。非财务信息的披露能进一步完善监督机制，降低信息不对称程度，增加投资者信赖、降低投资者风险以及降低交易成本，从而维护利益相关者的权益。

5. 预测性信息披露

在招股说明书中预测性信息一般在管理层讨论与分析这一章出现，没有特殊说明的情况下预测性信息一般是指公司管理层所做出的盈利预测，主要是指预测主体（一般是企业的高管）基于合理的假设，以过去的经营业绩与当前的经营状况为基础，依据公司的经营环境和发展计划，采用科学的预测方法对预测期间公司的经营成果做出的预计和测算。

（1）盈利预测信息的特点

①有用性。

盈利预测信息的有用性指的是其能使投资者、债权人等信息使用者有效利用信息做出正确的决策。主要体现在以下几个方面：一是能够有效地降低存在于上市公司管理层与外部信息使用者之间的信息不对称问题，相对地降低了生成信息、传播信息、分析信息、解释信息所耗费的资源，在一定程度上减少私人寻找信息的成本，有效提高证券市场的效率；二是可以在一定程度上消除内幕信息，防止内幕交易，减少处于优势地位的投资者获取内幕信息损害其他投资者权益的行为；三是能够弥补会计信息的效用和用户决策两者之间的差距。

②不确定性。

由于盈利预测是预测主体在一系列基本假设和编制基础的条件下对上市公司预测期间的经营成果所做出的估计，是对上市公司未来信息的一种预测，它具有不确定性的特点。因为存在许多主观或者客观的不确定因素会影响上市公司的经营成果进而影响盈利预测假设和预测基准的合理性，所以上市公司披露的盈利预测信息必然存在着不确定性。

盈利预测信息的不确定性表现在以下两方面：一是当上市公司的经营环境、发展计划等发生重大变化导致编制盈利预测的基础不适应时，最终实际结果与盈利预测数会有差异；二是上市公司管理层编制盈利预测的能力受到众多因素的制约，也会使盈利预测与实际情况不能完全一致。

③主观性。

盈利预测是一种非常典型的主观性预测，它是指预测主体（如证券发行人）的管理层在对预测期间的经营成果所做最佳估计假设的基础上编制的预测性财务信息。而主观性是在受到一定客观因素制约的条件下对认识对象的主观能动反映。预测性财务信息指的是预测主体依据对未来可能发生的事项或采取的行动的假设而编制的财务信息，它可能包括资产负债表、利润表、权益变动表、现金流量表和报表附注等一整套财务报表或财务报表的一项或多项要素。由预测性财务信息的内容可以看出，预测性财务信息包括了盈利预测信息。因为上市公司披露的盈利预测信息是对其未来的经营活动做出的预测，其所涉及的事项还没有发生，且在编制盈利预测信息的过程中还需要预测主体做出许多的假设和判断，因此盈利预测信息不可避免地具有高度主观性的特征。

上市公司管理层实际编制盈利预测信息，并非都在合理的假设和编制基础的前提下，使用科学的预测方法来编制的，管理层出于各种考虑对盈利预测信息进行主观随意修改的现象也屡屡发生。正是这种盈利预测信息的主观随意性使上市公司披露的盈利预测信息的质量偏低，也使盈利预测信息的有用性难以发挥。

④前瞻性。

盈利预测信息是对上市公司未来期间的经营成果的预测，具有前瞻性的特点。传统的财务报表所披露的会计信息主要是历史财务信息，反映企业过去的经营成果和财务状况，而盈利预测信息主要是指上市公司对未来期间的经营成果的预计和测算，包括上市公司未来期间的营业收入、净利润、每股盈利、市盈率等前瞻性信息，法律一般会对盈利预测信息的编制有具体规定。盈利预测信息不是对曾经发生或现在正在发生的事件进行的总结，而是对上市公司未来盈利情况的一种估计，它显示了上市公司管理层对未来期间经营成果的合理估计。

（2）预测性信息披露原则

IPO注册制下招股说明书对预测性信息应采用"强制性信息披露＋自愿性信息披露"的方式。强制性披露是由国家的法律法规明确规定上市公司必须披露盈利预测信息，是一种强制性规定。从盈利预测信息需求方的角度来看，强制性披露有利于保护中小投资者的利益和保障投资者对资本市场的信心。为了应对因为信息不对称、外部性等原因而导致的市场失灵和因为具有公共物品性质而导致的盈利预测信息供给不足等问题，强制性披露盈利预测信息的支持者认为市场监管者必须对盈利预测信息披露进行严格的监管，强制性要求上市公司提供这些信息，确保投资者能够及时得到与决策相关的信息，降低市场中存在的信息不对称，增强财务预测信息的相关性，满足财务预测信息的可比性，完善资本市场。自愿性披露是指为了保持良好的公司形象，维护与投资者之间的良好关系，避免未知的诉讼风险等，上市公司主动披露除强制性披露之外的盈利预测信息。从盈利预测信息供给方的角度来看，自愿性披露必须保证预测性信息的质量，维护信息使用者的权益。而投资者偏向投资于高质量、高信誉的企业，因此高质量的上市公司更有动力自愿披露更多的盈利预测信息，显示公司具有较好的盈利能力、稳定的现金流和良好的发展前景，以便吸引投资者，提高公司的股价。

注册制下招股说明书除包含以上提到的风险因素、财务信息、非财务信息、预测性信息以外，还包括发行人的基本情况、公司历史沿革等对于投资者进行价值判断影响较小的披露内容。该部分可以精简披露。

四　借鉴美国经验优化我国IPO信息披露制度

中国证券市场经过了20多年的发展，新股发行制度也历经了审批制到核准制的演变，如表5－1所示，由四层次规范体系构成的较为系统的信息披露制度也已建立，较为详尽地规定了证券发行信息披

露的具体内容，如招股说明书的制作与披露方式，违反信息披露义务
应承担的刑事、行政与民事责任等。然而，与注册制成功实施对充分
信息披露的要求尚存在较大差距，如披露规则的监管需求导向明显、
披露信息碎片化等，有待进一步优化和规范。

表 5–1   我国现行 IPO 核准制下信息披露制度体系

基本法律	《证券法》《公司法》及《刑法》有关规定
行政法规	国务院《股票发行与交易管理暂行条例》等
部门规章	证监会《公开发行股票公司信息披露实施细则》《公开发行证券公司信息披露的内容和格式准则》等
自律规则	沪深交易所《上市规则》、行业协会自律规则

资料来源：根据相关资料整理。

（一）以"投资者"需求为导向，贯彻充分披露规则

披露规则制定应由核准制下"审批者"监管导向转向注册制下
"投资者"需求导向，相应地，招股说明书也应由核准制下"审批文
件"转变为注册制下"销售和法律文件"。一方面，为了成功实现
IPO，招股说明书作为销售文件，需对本次发行吸引投资者踊跃申购
的亮点深度挖掘，推介营销；另一方面，作为法律文件，为了免除法
律责任，发行人必须真实充分披露本次发行所蕴含的全部风险。而作
为审批文件的招股说明书则更多地关注审核评分的格式化内容，以便
顺利过关。从投资者角度出发制作的招股说明书应强调披露质量的真
实性和客观性、披露内容的整体性和差异性、披露信息的相关性和重
大性、披露风险的充分性和准确性、披露行文的浅白性和可读性。

（二）确立"招股说明书"IPO 信息披露核心文件地位

在美日注册制中，招股说明书的优劣直接决定着 IPO 的成败，因
此招股说明书成为公司发行上市信息披露的核心文件。为了排除市场
不当信息，使发行人和中介机构集中精力制作披露文件，监管机构聚
焦形式审核重点，SEC 严厉禁止在招股说明书等注册文件生效前接受
订单发售证券的"抢跑"（Gun Jumping）行为，刊登红鲱鱼说明书、

墓碑广告等推介活动也必须基于招股说明书进行。

（三）提高招股说明书的披露质量

1. 严厉打击虚假披露

现有的招股说明书披露内容的总体框架与注册制的要求差距较小，最大的不足体现在披露质量低下，虚假披露时有发生（见表5-2）。因此，当务之急是提高招股说明书的真实性和客观性，严厉打击虚假披露。

表 5-2　　　　　　　　　　近年来 IPO 披露违规典型案例

案例简介 造假公司	股票代码	板块	审核	上市	发行价	融资额	违规手段	处罚结果
万福生科	300268	创业板	2011年7月19日	2011年9月27日	25元/股	4.25亿元	虚构客户、收入	相关责任人罚款等
胜景山河	002525	中小板	2010年10月27日	2010年12月17日	34.20元/股	5.81亿元	重大遗漏	撤销IPO核准决定
绿大地	002200	中小板	2007年11月27日	2007年12月21日	16.49元/股	3.46亿元	虚构合同、虚增收入近3亿元	相关责任人被判缓刑、公司重组
新大地		创业板	2012年5月18日				关联交易	终止上市罚款警告

资料来源：根据相关资料整理。

2. 强化披露信息的整体性、针对性

现有披露中不同模块间的逻辑主线不够清晰，不能前后连贯、完整全面地反映公司经营面貌。因此，应效仿 Facebook 招股说明书，以经营战略为主线，将财务业绩、核心资源、风险因素、投资项目等贯穿其中，勾勒拟发行公司的前景。此外，披露内容应避免空泛，减少宏观和中观行业层面的信息，而增加个性化的公司特有信息。有些内容如募集资金使用等的披露须更具针对性，更应杜绝报喜不报忧的选择性披露倾向。

3. 体现信息的相关性与重大性

简化或取消与投资决策相关性较小的如公司的历史沿革等审核信息和合规要求，详尽披露风险揭示、财务信息、公司治理、投资者保护等内容。尤其要强化风险揭示的充分性和准确性，对本次 IPO 可能蕴含的风险必须充分准确披露，且不得有对风险进行化解的描述。美国注册制突出特点之一就是投行及上市公司为了减轻发行后责任，IPO 信息披露时尽可能多地强调风险因素。如 Facebook 和 Google 的招股说明书中风险因素分别达 51 个和 60 个，每一风险因素仅描述一项具体风险。

4. 提升披露信息的可读性

招股说明书应重点突出，语言浅白，不过度依赖释义，尽量避免使用艰深晦涩的专业术语或公文用语，以便于普通投资者阅读理解。如 Facebook 招股说明书中对关键绩效指标给出了定义和计算方法，通过图片提高披露内容的直观可视性，借助图表、清单简化对复杂材料的文字说明等做法值得借鉴。

第三节　投资者阅读信息披露文件的技巧

信息不对称理论强调社会中信息的分配是不平均的，该理论认为在经济活动中，交易双方对于同一经济事件掌握的信息并不完全相同，即部分经济行为主体拥有另一部分经济行为主体所不拥有的信息；由此造成经济活动参与者的交易关系和契约安排并非在完全信息条件下，而是在不完全、不对称信息状态下进行的。信息不对称的产生主要有两个原因：一是人们认识能力有所差异，拥有的私人信息及资源是有限的；二是人们获取信息需要成本，且不同的参与者获取信息的能力也各不相同。在证券市场中，信息不对称理论更是成为信息披露制度的理论基础。

在证券市场中，信息不对称现象更为突出。上市公司的筹资者与投资者之间的信息肯定是不对称的。与投资者相比，筹资者掌握了大量的公司内幕信息，而投资者则不了解这些信息，只能依靠对该证券历史价格及其他相关财务信息的分析来做出投资决策。另外，投资者个体之间的信息也是不对称的，由于投资者所处的地理位置不同、所接触的传播渠道不同，投资者所接收的信息也就不同。而且，由于投资者个人所掌握的专业知识不同，即便是相同的信息在不同的投资者那里也会有迥异的理解。

因此，信息披露制度的建立基于投资者与融资者双方的信息不对称，融资者即企业的经营管理者往往对企业的经营业绩、财务状况了如指掌，而投资者基本对企业一无所知。于是，作为信息披露核心文件的招股说明书便成为连接二者的桥梁，是投资者了解企业的重要渠道。此外，招股说明书记载了全部发行人的信息资料，是申报材料中唯一一份由发行人、保荐机构、承销商、律师、会计师、评估师、董事、监事、高级管理人员共同承诺真实、准确、完整、及时的文件。证监会规定向社会公开募集股份的发起人必须公告招股说明书。招股说明书是指专门表达募集股份的意思并载明有关信息的书面文件。发起人向社会公开募集股份，必须公告招股说明书，以便社会公众知道发起人募集股份的意图并了解相关信息，从而达到吸引社会公众认购股份的目的。同时，将招股说明书公之于众，也才能使社会公众了解公司的真实情况，从而保护广大投资者的利益，防止发起人或者公司以不正当手段进行募股。目前，许多投资者特别是新入市的投资者，还没有养成通过正规渠道阅读上市公司信息披露公告以及以此来判断上市公司股票投资价值的习惯。以下总结了对核心文件招股说明书的阅读技巧。运用这些技巧阅读招股说明书，投资者可以在最短时间内获取大量的有价值信息，为投资决策提供信息支持。

一　摘要内容全面阅读

招股说明书一般包括全文和摘要两个部分。在报刊披露的仅是招股说明书摘要，篇幅是正文的十分之一，但却可通过摘要迅速了解发行人及本次发行的重要信息。如果投资者没有大量的时间去全文阅读招股说明书时就可以考虑阅读招股说明书摘要。招股说明书摘要基本上包含了全文的大部分内容，虽然字数较招股说明书的全文少得多，但是质量却很高。招股说明书摘要大概包括本次发行概况、发行人基本情况、风险因素、募集资金使用等方面。在发行概况中投资者应该重点关注股票种类、发行价格、发行数量、锁定期等；发行人基本情况中了解发行人的主营业务范围、经营模式等；在风险因素中对可能存在的风险有一个大概的了解；在资金使用情况下，着重了解资金用途，企业未来的发展方向。通过阅读招股说明书摘要可以对该企业的所处行业、主营业务、发展规划、风险因素有一个大概了解，在阅读招股书全文时可以有一个整体的判断。

二 关键章节重点阅读

公司上市的招股说明书中有几个重点需要投资者阅读的章节，包括财务状况、风险因素、募集资金用途等。

（一）财务状况

发行人的财务会计信息是影响投资判断最重要的信息之一，无论是全文还是摘要，都按要求作了全面披露。招股说明书正文披露的是经提炼的更有助于投资者分析公司财务状况、盈利能力、资产负债结构、所有者权益、公司流动性以及未来盈利前景的财务会计信息，在专业机构所做出的报告和意见的基础上、在披露方式上，同时充分考虑了非财务专业的普通投资者能够理解发行人财务信息的需要。所以，投资者应重点关注正文对财务信息的披露。①投资者应首先阅读会计报表编制的基准及注册会计师的意见。在考虑专业会计师意见的基础上，阅读三张简要会计报表，迅速了解公司的主要财务数据。②阅读发行人对经营业绩、资产、负债与少数股东权益、所有者权益、现金流量等主要财务事项的具体描述，主要关注专业机构对财务数据进行的结构分析、相对数分析及因素分析，使自己更加了解公司的经营状况及增长趋势、资产结构及质量、负债结构及主要的债务负担、所有者权益的现状及构成、现金流量的结构及流动性水平。投资者可以根据这些资料综合把握发行人的业绩增长及其合理性、资产质量、偿债能力、流动性状况等投资决策的因素。③阅读公司的财务指标，尤其侧重最近三年来的变动趋势，从而得出大致的结论。在此基础上参考发行人披露的盈利预测，充分了解发行人最近的盈利前景。

④在预测性财务信息的基础上，结合管理层讨论与分析意见了解公司管理层对经营成果和盈利能力及前景的分析意见、公司资产质量及资产负债结构的分析、公司的现金流量及偿债能力的分析，以及公司主要财务的优势与困难。

（二）风险因素

招股说明书将发行人本次发行的风险因素作为首要篇章加以披露，也就意味着风险因素对投资者的重要性，所以投资者应重点关注。有关该股票的业务经营、市场、国家或地区政府和经济等各项因素对公司可能构成的风险均一一刊载在风险因素这一章，投资者在阅读时可以先阅读招股说明书摘要对风险因素的简要披露，使投资者对发行人的主要风险一目了然。尤其是营运记录较短的公司，更应详阅其风险。此外，招股说明书会在扉页提示投资者关注三项特别风险，说明发行人因该特别风险在过去遭受的损失，以及将来产生损失的可能性，投资者不应忽略。在阅读该章时，公司有否涉及法律诉讼等也应特别关注。

风险因素这一章披露的内容，基本上是根据重要性原则或按可能对投资者影响程度的大小进行排序的，所以投资者在阅读时，要按顺序阅读不能有选择性的阅读。可以根据行业特点有所侧重，比如房地产等容易受国家宏观政策的影响，在阅读时充分考虑国家的宏观政策。最后对发行人已采取或将要采取风险规避措施要理性看待，因为发行人有可能通过披露风险规避措施来降低风险的影响，投资者应予以准确把握。

（三）募集资金用途

招股说明书披露的投资规模及具体投向、投资项目的效益估算等信息，向投资者进一步展示了公司发展目标、成长性和未来，为投资者对发行人发展战略的认识奠定了一定的现实基础。该部分内容是关于公司估值水平、发展计划和未来利润走向的描述，通过对其进行阅读，可以了解今后公司遇到商业契机时如何进行判断和测算。

1. 关注公司投资项目的级别

一般而言，项目前立项审批级别越高，越有可能受到较高的政策扶持，其发展前景通常也较好。对于发展前景较好的项目，收益率会比其他项目高，风险也会在可控的范围之内。如果公司的投资项目是较高级别的，那么未来公司的收益情况会更好，对于投资者来说投资回报期会更短，并且资金的安全系数会更高。关于投资项目的级别还可以看出该项目的投资规模，一般来说投资规模较大的项目其级别也会相对更高一点，政府对该项目的关注或是扶持就可能会更多。对于大型投资项目，公司会进行更谨慎的风险评估，设计出更安全的可行性报告，这样对于投资资金而言无疑是增加了资金的安全系数。但是，一些大型的投资项目往往建设期和投资回收期较长，虽然投资收益率可能会更高。因此，投资者除了分析投资项目的级别，还要关注项目的投资方向，在投资回报率与回收期之间作权衡。

2. 关注投资项目的性质

要区分投资项目是基本建设项目还是技术改造项目。基本建设项目又分为新建项目、扩建项目、改建项目、迁建项目和重建项目。如果是新建项目，则要注意该项目是否与公司原先业务相关联，如果关联度较高并且可以承接公司原先业务从而形成有机的业务链，那么该项目的成效会较明显。若是与原先业务不相关，则要考虑该项目建设期与投资回报期的长短，如果建设期较长则要考虑到项目的经营风险以及是否在建设期内还需追加投资，这对于资金的回收以及资金的回报率都有一定的影响。技术改造项目指企业利用折旧基金、国家财政预算拨款、企业自有资金、国内外技术改造贷款资金等，对现有企业的设施及辅助性装置进行改造工作的投资项目。技术改造项目可以理解为现有企业以技术进步为基础进行的扩大再生产，这种项目通常建设期短、见效快，投资资金的回收期相比较短，并且可以在短期内观察到项目的经营效益。

3. 要看项目的投资回报率和建设期、回收期的长短

这一点关系到公司的发展前景。我们知道资本市场是为实体经济服务的，投资者持股最终资金要流回实体经济，用于项目建设，扩大再生产，以回报投资者。如果一个项目的投资回报率太低，不足以弥补通货膨胀，这时投资者就会考虑这项投资到底值不值得。此外，如

果企业的项目建设期太长也就意味着这项投资未来面临的不确定性增大，如果未来这项投资不能回收，损失的就是投资者的钱；项目建成也不意味着未来收益的稳定性，有很多的项目建设期顺利完工，但是在回收期时可能遭遇经济形势的改变，回收期不能按照建设时的资金进行回收，最终也会造成投资者利益的损失。如果建设期与回收期的时间过长，投资者就要承担时间过长造成的损失。因此，投资者在关注企业的募集资资金用途时，一定要考虑项目建设期与回收期的长短。

三　结合行业特点，关注重点信息

投资者在阅读招股说明书时，首先，看企业属于哪种行业，由于不同的行业其行业的特征不同，在阅读招股说明书时的侧重点就不同。以下以传统型行业和新兴行业为例进行说明，传统行业主要是劳动力密集型的、以制造加工为主的行业。钢铁、煤炭、造船等行业，固定资产占比往往很大，所以在阅读招股书时应侧重考虑财务数据中的资产规模。其次，这些行业作为过去经济增长的动力，政府的优惠政策会倾斜到这些行业，所以在阅读招股书时要考虑到政府的政策支持与税收优惠等。最后，随着经济的发展，环境等问题逐渐暴露出来，制造业的高污染、高排放等问题制约了行业的发展，随着新媒体的快速传播，一旦企业有任何的不良污染问题，都会通过媒体公之于众，所以在阅读招股书时一定要看该企业的环保措施是否到位，媒体的评价如何，公众对其的评价如何，不能仅仅考虑企业的盈利能力，还要综合考虑行业特点。

新兴行业指与传统行业相对的企业，一般包括节能环保、新一代信息技术、生物、高端装备制造、新能源、新材料等。新兴行业一般具有以下几个特征：①成长性。新兴行业是有着远大发展前景、正在茁壮成长、其地位和影响力趋于上升的行业，类似事物中的新事物。新兴行业是实现新旧产业的更新换代、经济持续繁荣的关键。由此决定，新兴行业中的企业由于处于成长阶段，未来的不确定性很强意味着投资者如果持股，可能会承担一定的风险，所以在阅读该种行业的招股说明书时，要重点看企业的风险揭示，明确未来企业可能遇到的各种风险。②创新性。新兴行业是产学研深度整合的行业。新兴行业的出现，不外乎技术创新、相对成本的变化、新消费需求的出现或其他经济及社会方面的变化，致使某个新产品或某项新服务得以实现市场化。无论是产品创新，还是工艺创新，以及市场创新，都指向创新，创新是新兴行业发展的共同要求。新兴企业的创新性意味着企业的价值绝大部分体现在企业专利技术、无形资产或者高管的一个"idea"上。在阅读该种类型的招股说明书时要充分阅读企业的文化、专利技术、人力资源等。总之，在阅读企业招股说明书时一定要结合行业特色有所侧重。

四 关注公司持续经营能力

投资者在购买股票时不仅仅要关注企业历史的经营情况，还要关注企业未来的发展。而企业未来的发展不仅仅依靠企业的技术发展还有管理层的管理、公司治理等因素。

（一）发行人的专业技术

发行人的技术关系到发行人的行业前景和发展潜力，是反映发行人质量特别是未来成长性的重要内容。通过阅读招股说明书中有关业务与技术的内容，需要了解发行人核心技术的来源和方式，所拥有的核心技术在国内外同行业的先进性，主导产品或业务的技术状况，拟投资项目的技术水平，产品生产技术所处的具体阶段，技术的产业化和市场化状况，进行技术和产品研究和开发的情况，发行人保持技术不断创新的机制和进一步开发的能力等。通过发行人披露的技术情况了解发行人是投资者不可忽视的重要内容。

（二）管理层介绍

投资公司股票在某种意义上是投资于公司的管理团队。招股说明书将管理层作为一个团队加以介绍，在介绍这个团队的整体能力及协调性的基础上，全面披露了公司董事、监事、高级管理人员的业务简历，曾经担任的重要职务及任期，在发行人担任的现任职务，兼任其他单位的职务，管理层的工薪和其他激励机制的情况。根据管理者的介绍，投资者可以判断出未来企业的一个简单的发展脉络。其中应该加以关注的招股说明书特别披露了两类重要人士的情况，一类是独立董事的情况，另一类是发行人核心技术人员的情况。对前者投资者要了解其发挥的重要作用，比如阿里巴巴的管理团队，马云就是管理团队的核心。对于后者投资者要了解企业的主要成果、对公司业务的贡献度等。此外，投资者应该关注整个管理层是否适应目前业务开展的需要，以及随着公司高速成长是否仍然适应，是否需要做出调整等情况，是否可以维持企业以后的持续发展。

（三）公司治理

公司治理结构关系到公司能否规范运作，关系到能否切实保障投资者特别是中小投资者的利益。投资者要充分关注公司治理结构的内涵。了解权力机构与管理层之间相互制约的关系，具体体现在股东大会、董事会、监事会的运作机制，重大生产经营决策机制和内部控制机制，以及高级管理人员的选择、考评、激励和约束机制，核心管理层和技术负责人的历次变动情况及其稳定性，对管理层和核心技术人员诚信义务的限制性规定，公司重大生产经营、重大投资及重要财务等决策程序和规则，其他内部控制制度等。投资者应该特别注意的是，发行人管理层对公司治理结构的自我评价，发行人主承销商、律师和会计所发表的意见，对于投资者的价值判断可以给予非常专业的帮助。

第六章　IPO 注册制的配套改革
之二：退市制度

　　由于注册制过度依赖信息公开，当过多的投机分子涌向市场时，就会影响投资者对证券价值的正确评估，无疑加大了市场失灵的风险。此外，大多数中小投资者很难具备丰富的证券投资经验、专业知识和对于招股说明书、财务报告等信息的辨析能力，因此仅仅基于信息公开完全披露就能保护投资者利益是很难做到的，还需要退市制度进行必要纠错。推进注册制改革以引来新股发行的"源头活水"，而完善退市制度则可将二级市场"激浊扬清"，两者缺一不可，必须相辅相成，齐头并进。成熟证券市场 IPO 注册制的成功实施离不开退市制度的保驾护航，其上市公司退市制度被诸多国家所借鉴效仿，本章选择美国和中国香港证券市场进行研究分析。

第一节　注册制成功实施国家和地区的退市制度借鉴

一　证券交易所的退市决定权

　　美国各证券交易所有很大的自主权来做出上市公司是否退市的决定：纽交所上市规则规定了上市公司退市的具体标准，同时强调纽交所在某些情况下有权对它认为不适合继续交易的公司做出终止上市的处理；纳斯达克则规定在上市公司摘牌时其他监管机构不得干预，交易所拥有独立的处理权限。与此同时，美国《证券交易法》规定证券交易所在做出终止上市的决定前，须报请美国证券交易委员会批准，而美国证券交易委员会有权在必要和适当的时候，下令否决或取消证券的登记注册。

香港联交所上市规则规定，联交所对它认为不符合上市标准的上市公司，无须经过证券及期货事务检查委员会批准，可独立决定是否终止其上市。

综上所述，美国证券市场的报批制体现出其对退市决定的谨慎态度，而中国香港证券市场则充分利用了交易所可以及时准确把握上市公司动态并可迅速做出反应的一线监管优势。但在决定上市公司是否应退市时，二者的证券交易所都有很大的自主权。

二 多样化的退市标准

如表 6-1 所示，无论纽交所还是纳斯达克证券交易所，均从量化和非量化标准两个方面对上市公司的退市做出了详细的规定。

表 6-1 美国上市公司退市标准

分类	名称	退市标准	
		纽交所	纳斯达克证券交易所
量化标准	股权分布	（1）股东人数：<400 （2）公众持股：<60万 （3）股东人数：<1200，且交易量<10万	全国市场： （1）股东人数：<400 （2）公众持股数：<75万 小型公司市场： （1）股东人数：<300 （2）公众持股数：<50万
	平均收盘价（连续30日）	<1美元	<1美元
非量化标准	投资价值	权威机构认定失去投资价值	权威机构认定失去投资价值
	公共利益	违反公共利益	违反公共利益
	做市商		股东权益≥1000万美元：2家 股东权益<1000万美元：4家

资料来源：根据相关资料整理。

（一）纽交所

美国纽交所的量化标准包括对资本总额、股东人数、公众持股量、月平均交易量、公司股票总市值和股东权益总值、公司股票连续 30 个交易日平均总市值、公司连续 30 个交易日平均收盘价等方面的规定；非量化标准则包括公司经济状况恶化、公司面临破产、公司证券失去投资价值、公司注册失效、公司违反与证券交易所的协议、公司侵害了社会公众的利益等方面的规定。其中，上市公司资产规模的大小是退市标准中核心的数量标准，对上市公司资本总额的考量是一个完善的退市制度所不可回避的；股东人数及公众股股东持有股数等交易标准是为了保持交易的活跃性；经营状况等是对上市公司的基本要求。

不难看出，纽交所的退市标准规定得比较完善和细致，保证了上市公司的质量。而在实践中，纽交所又不局限于上述标准，在它认为必要的情况下可以根据相关事实对某一上市公司的股票是否退出市场做出评估和决定，而不去管这些股票是否符合上述退市标准。

（二）纳斯达克证券交易所

相对于纽交所对上市公司质量的重视，纳斯达克信奉一个活跃的市场才能给上市公司提供成长的条件，所以其退市标准更侧重于市场交易。纳斯达克分为若干子市场，包括纳斯达克全球精选市场、纳斯达克全球市场和纳斯达克资本市场，它们有着不同的退市标准。总体上，纳斯达克的退市标准主要从股东权益、市值、总资产/总收入等方面进行规定。其所有退市标准中最著名的是"一美元退市法则"，指在纳斯达克上市的公司，其股票如果每股价格不足一美元，且这种状态持续 30 个交易日，纳斯达克将发出亏损警告，在警告发出的 90 个交易日内无法回升到 1 美元，就要被迫退市。"一美元退市法则"是纳斯达克判断上市公司是否亏损的市场标准，真实反映了上市公司的内在价值。

（三）香港联交所

同样作为主板市场，与纽交所相比，香港联交所规定的上市公司退市标准较为笼统，有较浓厚的行政色彩，但比较注重对公司治理水平的考察。香港联交所在上市公司出现下列情形之一时，终止其上市资格：公司已停止营业；公司已被清算或被勒令停业；公司应交纳的行政费用未如数上交；公司已与其债权人达成妥协或计划安排；公司资产的接受人或管理人已被任命；无论是在香港或其他地区，公司有董事已被判定触犯法律，且判决中提及该人有贪污或欺诈行为；公司所有董事中有人违反证券法；依照证券法必须进行登记，如董事、秘书及其他有关管理人员的登记未获批准，或已被撤销或暂停。

另外，《香港联合交易所有限公司证券上市规则》规定，如交易所认为有必要保障投资者或维持一个有秩序的市场，则无论是否应发行人的要求，交易所均可在其认为适当的情况及条件下将任何证券除牌或暂停任何证券的买卖。如发行人未能遵守交易所的上市规则且交易所认为情况严重的，交易所认为发行人的业务运作能力或拥有的资产不足以保证其证券继续上市或交易所认为发行人或其业务因某些原因不再适合上市等。

三 退市程序

（一）纽交所

如图 6-1 所示，纽交所上市规则规定，如果纽交所工作人员认为一只股票达不到持续上市标准，他将通知上市公司，说明对其采取退市决定的理由；同时，纽交所将向市场公告信息，告知该公司当前的状态，上述通知也将同时告知上市公司有权利请求纽交所董事会的一个委员会为该公司审查上述决定；对不能达到持续上市标准的上市公司，纽交所首先允许其在限期内提出重整计划方案，此计划方案会由交易所进行审核；如果方案被接受，上市公司就应严格按照计划方案进行重整。在这个过程中，交易所还会每个季度定期对其进展状况进行监督检查，只有达到其计划方案的阶段性目标，方案才能继续进行；在重整结束后，如果符合了交易所规定的持续上市标准，上市公司将恢复上市；若仍与规定的持续上市标准不符，则对上市公司转而实行暂停上市或者终止上市处理，而在此之前，交易所需报美国证券交易委员会批准。

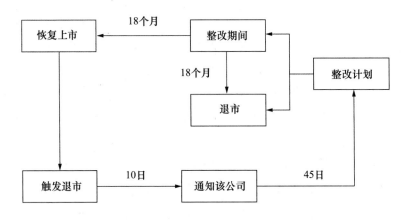

图 6 - 1   纽交所的退市程序

纽交所终止上市公司股票上市的程序通常需要 18—22 个月的时间，退市程序复杂且谨慎，目的在于最大限度地维护上市公司的合法权益。纽交所退市程序有以下三个方面的特点：①纽交所在决定某上市公司是否退市时需报美国证券交易委员会批准；②给予了上市公司足够长的重整期（12 个月），且在此期间交易所会定期监督检查重整方案的实施情况；③上市公司被赋予听证权。

（二）纳斯达克证券交易所

纳斯达克退市程序各环节的规定比较细致，其终止上市的最突出特点是采用层层上诉的聆讯制。其退市程序具体为：纳斯达克上市资格审查部负责确认不符合持续上市条件的上市公司并负责通知该公司原因以及发布退市决定书和公开谴责信；通常情况下，退市决定书将同时告知企业必须在规定日期之内提交整改计划以符合挂牌条件；若上市公司对退市决定不服，可以向交易所听证委员会提请上诉，在听证委员会完成听证且做出决定之前，交易所一般不采取退市行动；若上市公司对听证委员会的决定仍表示不服，它可以继续向纳斯达克上市和听证审查委员会提起上诉；若上市公司对纳斯达克上市和听证审查委员会的决定依然不服，则可以上诉到纳斯达克董事会由其对上市资格小组与听证审查委员会的决议进行复审；纳斯达克最终的退市决定将报美国证券交易委员会备案，上市公司对纳斯达克最终决定不服的，可以要求向美国证券交易委员会提出复审，而美国证券交易委员会的决定将是最终裁决。

（三）香港联交所

香港联交所退市程序包括停牌程序和除牌程序。

1. 停牌程序

停牌包括发行人自行提出停牌要求和按交易所指令停牌。自行提出停牌要求，即"自愿退市"，是上市公司对自己的选择权和商业决定权的行使，交易所则根据有关规则或规定，将其从上市公司股份名单中摘下来。"自愿退市"一般有三个原因：主要股东提出私有化强制性收购；创业板公司转往主板上市（只适用于创业板）；不拟在联交所上市。按交易所指令停牌，即"强制退市"，是指上市公司出现的一些情况触发了交易所的强制性退市标准，被强制性地从上市公司名单中摘下来，从而使上市公司丧失上市地位。

2. 除牌程序

除牌程序分为四个阶段：第一阶段，在停牌后的 6 个月内，公司须定期公告其当前状况；第一阶段结束后，如公司仍不符合上市标准，交易所向公司发出书面通知，告知其未能符合持续上市的标准，并要求公司在其后的 6 个月内，提供重整计划；第二阶段结束后，如果公司仍不符合上市公司标准，交易所将公告声明公司因无持续经营能力面临退市，并向公司发出最后通牒，要求在一定期限内（一般是 6 个月），再次提交重整计划；第三阶段结束后，如公司没有提供重整计划，则交易所宣布公司退市。

香港联交所的退市程序具有以下两个方面特点：一方面，在停牌程序中规定了上市公司可以自行申请停牌，赋予了上市公司很大的自主权，可以有效保护公司的合法权益；另一方面，在除牌程序中，交易所终止股票上市一般要经过 18 个月并且被划分为循序渐进的四个阶段，并给予上市公司长达 12 个月的重整期，体现出严谨性与渐进性，有利于维持证券市场的稳定。

四　退市后股票的流通交易

美国具有目前世界上资本市场最多、分层结构最为复杂，但也最为合理的多层次资本市场体系。其资本市场分为四个板块：纽约证券交易所、美国证券交易所、纳斯达克全美市场为第一板块，同属于场内市场；纳斯达克小型资本市场为第二板块；芝加哥、太平洋、波士顿等区域性交易所为第三板块；电子公告栏市场（OTCBB）及粉红单市场为第四板块，它们同属于场外市场。四个板块形成了一个无缝隙的市场体系，为特大型、中型、小型、包括刚成立的公司提供各自的融资市场。

从纽交所退出的上市公司，其股票绝大部分将首先进入柜台市场流通交易，柜台市场主要包括电子公告栏市场和粉红单市场。如果由于成交清淡，没有做市商愿意为其股票做市等原因而导致其在柜台市场依然无法生存，则只能通过私人交易进行股份转让，再后则可能是破产，解散清算，或者私有化。

五　退市后投资者利益保护

对于上市公司有关退市事宜的信息披露义务，美国与中国香港证券市场均有相关的法律法规对其进行规范。若上市公司信息披露违法违规，一般都有专门政府部门负责（如证监会、金融管理局）等，且该部门的权限比较广泛，其制度体系对违法违规信息披露采取了高压政策。具体来说，美国《证券法》及《证券交易法》规定了上市公司的信息披露义务，且赋予美国证券交易委员会对违规信息披露充分的监管和处罚手段。而当上市公司的董事或高级职员违反《证券法》时，证券交易委员会有权提起诉讼禁止其继续担任该职务。而根据香港《证券及期货条例》对披露权益的规定，香港证券市场中上市公司涉嫌违反信息披露义务的情况可分为四大类：未按时进行披露；未按照指令及指示填写表格；提供虚假或具误导性的数据；未就须举报事件进行披露。就以上情况，香港证监会（SFC）的法规执行部有权依据《证券及期货条例》对其采取有效的监察及执法行动，以遏制市场的非法或失当行为。

就退市后上市公司的证券民事责任而言，美国及中国香港证券市场均规定投资者可以向上市公司提起损害赔偿之诉，而且一般允许采取集团诉讼的方式以节约投资者的诉讼成本。其中，美国的集团诉讼是指一个或数个代表人，为了集团成员全体的共同利益，代表全体集团成员提起的诉讼。法院对集团所做的判决或裁定，不仅对直接参加诉讼的集团成员具有约束力，而且对那些没有参加诉讼的不确定成员也具有约束力，除非这些成员明确表示不参与诉讼。

六　退市相关主体权利义务界定

（一）证券交易所有很大的自主权

成熟证券市场由多个证券交易所组成，形成了完善的、多层次的证券市场。如在美国，除了主板市场和二板市场，还有场外交易市场，其一个重要的功能就是为在交易所交易的上市公司提供必要的通道和出口。并且，各个层次交易所之间的定位不同，所服务的目标公司也不一致，因而上市条件各有差异，若以法律形式规定交易所的上市标准就会抹杀这种根据市场需求而制定出来的上市规则的差异性，就会造成交易所上市规则的单一化，不利于各种类型公司的上市融资，从而不利于资本市场的活跃。因此，在这些国家或地区中，上市规则一般由证券交易所根据自己定位和市场需求制定，交易所有很大的规则制定权。此外，公司在交易所上市是一种契约行为，拟上市的公司与交易所签订上市协议从而达到上市目的。

此外，成熟证券市场依照市场规律运行，政府部门不直接介入上市公司的退市，而由证券交易所执行上市公司的退市程序。如香港联交所上市规则规定：交易所对它认为不符合上市标准的公司，有权终止其上市，联交所做出的终止上市决定，无须经过证监会批准。成熟证券市场的证券交易所负责裁定上市公司是否符合退市标准，决定上市公司将进入怎样的退市程序以及决定进入退市程序的上市公司是最终上市还是恢复持续上市。在这个过程中，作为监督部门的证监会不插手证券交易所的具体运作，而只作为退市程序公正性的裁判退居幕后。具体运作整个退市程序的主体一般由证券交易所或由证券交易所组织的上市资格小组担任。这种上市资格小组根据持续上市标准对上市公司进行裁定，书面通知将进入退市程序的公司有关决定，审核有关公司恢复持续上市的计划，复审公司阶段性目标实现情况，最终决定并实施上市公司退市或恢复持续上市等一系列任务。

成熟证券市场的退市规则赋予了交易所很大的自主权，交易所除了按照定量标准和定性标准启动退市程序，还可以在它认为上市公司不符合维持上市标准时，按照自己的判断启动退市程序，如东京证券交易所上市规则规定，上市公司在财务信息披露方面存在重大误导行为，并且交易所认为其影响非常恶劣时即可触发退市程序。这些规定从交易所的规则制定权和自主执行权两方面，保证了证券交易所自主行使权力不受外界因素的干扰，从而保证了证券交易所的中立和公平。

（二）对被强制退市上市公司权利的维护

在我国，退市程序中行政干预过多，公司权利无法体现。无论是证监会的《亏损上市公司暂停上市和终止上市实施办法》还是上交所和深交所的股票上市规则，都强调的是证监会以及各交易所如何做出暂停上市、终止上市决定，而对于公司的权利却强调不多。美国纽约证券交易所规定，不符合持续上市标准的上市公司可以向交易所提出整改计划，18 个月内重新达到上市标准的就能恢复上市。即使最后交易所通知公司其股票终止上市，公司仍有权申请听证。可见，在美国的退市制度中，非常强调上市公司的合法权益，退市不仅是一方说了算的事情。上市公司具有申请听证权和上诉权。

强制退市上市公司作为一个法律主体，必须有相应的维权机制。如纳斯达克市场的聆讯制，在判定某股票已不再满足持续挂牌的条件后，纳斯达克市场上的上市资格部或上市调查部将通知上市公司其股票不再满足纳斯达克市场持续挂牌的条件而终止上市。如果上市公司对上述决定不满的，可以逐级上诉。首先是纳斯达克的上市资格小组，接着是纳斯达克市场的上市听证委员会，继而是全美证券商协会理事会，最后可以上诉到美国证监会，美国证监会的决定将是最终裁决。这样既维护了被强制退市公司的诉权，又保证了对证券交易所行使权利的监督，有利于形成良好的法治氛围。

（三）公司及其高管人员的行为对上市公司存续有很大的影响

对于这方面的规定没有数量标准，主要是信息披露和公司法人治理方面。如纽约证券交易所规定的退市条件为上市公司不履行信息披露义务，违反上市协议；东京证券交易所对上市公司有虚假记载且影响很大的情况使用退市程序；香港联合证券交易所则特别强调公司高管人员的行为对公司的影响。香港联合证券交易所规定，公司出现下列情形之一时，将被其除牌：①无论是在香港或其他地区，公司有董事已被判定触犯法律，且判决中提及该人有贪污或欺诈行为；②公司所有董事中有人违反证券法；③依照证券法必须进行登记，如董事、秘书及其他有关管理人员的登记未获批准，或已被暂停或撤销。这些对公司法人治理提出的高要求，在一定程度上避免了上市公司的董事长借着上市公司的"壳资源"优势中饱私囊、无法无天的局面，同时保护了中小投资者的合法权益，也有利于规范上市公司的法人治理结构。

第二节　我国现行退市制度的缺陷

自 2001 年 PT 水仙退市，到 2016 年*ST 博元以及丹东欣泰因信息披露违法以及欺诈发行被强制退市，我国的退市制度在不断地发展完善。但是从退市的效果来看，我国的退市率不足 1%，远远低于发达国家的比例（如纽交所退市率 6% 左右，纳斯达克证券交易所退市率 9% 左右）；自愿退市的情况几乎没有，而纽交所和纳斯达克证券交易所的自愿退市率均在 50% 左右。由此可见，我国与核准制相适应的上市公司退市制度并未发挥其应有的优胜劣汰功能，诸多缺陷需要改进。

一　退市标准仍显单一且可操作性差

如表 6-2 所示，通过对比中美上市公司退市标准，可以发现我国相关规定存在以下缺陷。

（一）股权分布标准模糊

我国《股票上市规则》对主板、中小企业板对上市公司股权分布的规定为，"股权分布不符合上市条件"，《证券法》对于深交所创业板的规定为"连续 20 个交易日股权分布不符合上市条件"，两者规定

表6-2　　　　　　　　　　中美退市标准比较

板块 标准	美国		中国		
	主板（纽交所）	创业板（纳斯达克）	主板	中小板	创业板
股权 分布	（1）股东人数：<400 （2）公众持股：<60万 （3）股东人数：<1200， 且交易量<10万	全国市场： （1）股东人数：<400 （2）公众持股数：<75万 小型公司市场： （1）股东人数：<300 （2）公众持股数：<50万	股权分布不符合上市条件	股权分布不符合上市条件	连续20个交易日股权分布不符合上市条件
价格 标准	平均收盘价（连续30日）<1美元	平均收盘价（连续30日）<1美元	成交价（连续）<1元人民币	成交价（连续）<1元人民币	每日收盘价均（连续20日）<1元人民币
公开 谴责	无	无	无	连续受到交易所公开谴责	≥3年(36个月)
做市商 制度	无	股东权益≥1000万美元： 2家 股东权益<1000万美元： 4家	无	无	无

资料来源：根据相关资料整理。

如出一辙，均没有明确界定股权分布的标准。许多学者认为，这里的股权分布是指公司上市标准要求的股权分布，即"公开发行的股份达到公司股份总数的25%以上；公司股本总额超过人民币4亿元的，公开发行股份的比例为10%以上"。首先，这一标准不能很好地反映不同持股人的持股比例，对持股股东数和交易量也未作规定，可能会出现"有行无市"以及少数大股东内部交易侵占投资者权益的情形。其次，股权分布是不断变化的，退市标准与上市标准一致，显然也是缺乏现实可行性的。

（二）价格标准不合理且易于规避

2012 年 6 月 28 日，深圳证券交易所发布的《关于改进和完善深圳证券交易所主板、中小企业板上市公司退市制度的方案》以及 2012 年 4 月 20 日深圳证券交易所正式发布的《深圳证券交易所创业板股票上市规则》，对股票成交价格做了新规定：股票成交价格连续 20 个交易日低于面值即触发退市。首先，这个指标的合理性有待考证，据不完全统计，目前我国上市公司约 3300 家，退市公司 95 家，这 0.3% 家退市公司退市前仅有 10 家连续 20 日股价低于 1 元，占 0.3% 左右。由于我国股票具有高市盈率的特点，尤其是创业板，股价一直居高不下，即使连续暴跌，股价低于 1 元的概率也很小。其次，这一指标很容易规避。"连续 20 日均低于 1 元"，违规主体完全可以在第 19 日通过各种手段使股价高于 1 元，很好地规避这一标准。

（三）主板、创业板差别对待

《创业板上市规则》新增规定，36 个月累计受到交易所公开谴责三次即触发退市，而主板上市公司却不受约束，这是不合理的。虽然说主板市场上市条件较创业板严格，但并不能说明主板市场上市公司行为较创业板规范。2016 年 3 月 21 日，*ST 博元就因重大信息披露违法而被强制退市。这并非个案，到目前为止，因信息披露问题而退市的主板市场上市公司已有 4 家。此外，在 2012 年 4 月实施《深圳证券交易所创业板股票上市规则》之前，深圳主板市场连续 36 个月收到三次公开谴责的上市公司就 6 家。退一步讲，即使不同板块之间退市标准有所差异，也应该主板市场更加严格，这样才有利于我国多层次资本市场建设。

二　退市程序操作弹性大

（一）退市程序冗长

如图 6-2 所示，我国上市公司退市与成熟证券市场相比最大的特点就是缓冲期的存在。而纽交所上市公司一旦触发退市条件，将立即进入退市程序。一旦进入退市程序，每一道程序均明确规定了时间。上市公司最长退市时间不超过两年，这使退市制度更加高效。而且，上市公司在整改期间，纽交所也明确规定每隔三个月进行一次检查，既注重结果，也注重过程。而我国上市公司退市缓冲期的存在，并没有对上市公司起到很好的警示作用。相反地，会给一些不符合标准的公司得以喘息的机会，它们会不择手段实现"摘帽"，规避退市。*ST 博元自 2011 年始，就多次伪造银行承兑汇票，披露虚假信息，2014 年 6 月 27 日才被立案调查，2016 年 3 月 29 日进入退市整理期。缓冲期的存在只是给其造假、提供虚假信息提供契机。

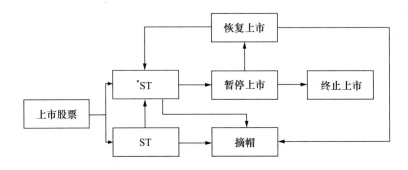

图 6 - 2　我国上市公司的退市程序

（二）退市程序规定不全面

1. 主动退市程序规定简单，不具可操作性

我国《证券法》明确了上市公司和证券交易所之间上市契约的平等性，上市公司有权自主决定在哪家交易所进行股票交易，是否继续在交易所进行交易。结合我国上市公司主动退市现状，上市公司主动退市与强制退市相比存在如下特点：主要通过收购兼并的方式实现主动退市，退市后往往有一个承续公司仍以上市公司的形式在市场上运转，其实质是为了增强企业的整体实力，以获得更多的上市融资机会。不同于被强制退市，主动退市可以说是上市公司的一种策略性行为，是公司自主权与商业决定权的体现。

在我国证券市场发展的过程中，由于上市资格即所谓"壳资源"的稀缺性，实践中上市公司主动退市情形寥寥可数，因而对于上市公司退市的治理规范一直以强制退市为主。2004 年"TCL 通讯"的主动退市拉开了我国上市公司主动退市的序幕，而直到 2006 年，修订后的上海证券交易所《股票上市规则》才第一次将上市公司主动退市纳入了我国上市公司退市制度中，其上市规则第 14.3.1 条第（十）至第（十二）款规定：在以终止上市为目的回购或要约收购公司股票、上市公司被吸收合并以及在上市公司股票被实行暂停上市处理期间，该上市公司的股东大会做出终止上市的决议等情况下，上市公司可以通过主动申请而退市。但这样简单的规定在程序上并不具有可操作性，由于上市公司主动退市的动机多种多样，其所采取的退市手段也参差不齐，主动退市同样会涉及众多利益相关者，并诱发潜在的利益冲突，这就需要一套包括信息披露在内的完整可操作的程序对其进行规范。

2. 自动退市的相关规定笼统模糊

自动退市，即英美证券市场所称的"下市"，指上市公司的股票或资产被非上市公司或其他投资者收购，从而使被收购的上市公司丧失上市资格。上市公司的上市地位不仅拥有资本放大效益和广告效益，还有虚拟性和再生性的特征。对急于上市的公司来说，收购面临退市的上市公司，不但可以达到最终上市的目的，还能绕过耗时烦琐的上市审批程序，而非上市公司的介入重组又会给面临退市的上市公司带来一些生机，可谓是双赢的选择。但不能排除一些劣质公司会通过这种"借壳上市"的方式达到其最终"圈钱"的目的，因此需要对上市公司自动退市的情形加以规范。通过前文对我国主动退市案例的总结可知，我国主动退市案例中包含上市公司自动退市的情形，但相关法律法规并没有针对上市公司自动退市做出具体规定，只是在上海交易所《股票上市规则》对我国主动退市的规定中，笼统而模糊地提到自动退市情形。

（三）风险警示制度的作用缺位

退市风险警示制度是我国退市制度的核心安排，也是我国特有的退市制度设计，被实行退市风险警示的上市公司股票简称前会被冠以"*ST"字样，以区别于其他股票。其目的是向投资者发出预警信号，并加强退市期间上市公司的信息披露责任，给予投资者一个维护自身权益的缓冲期。但实践中这个"预备退市群体"中的大量劣质上市公司利用缓冲期迟迟不肯退市，以"重组""借壳"等方式，在二级市场上吸引投资者投资。同时，随着退市风险警示制度的执行，大量围绕被处理公司的财务欺诈事件、市场操纵事件、贿赂和监管腐败事件频发。这种过渡式的退市制度设计不仅没有达到预期的警示作用，反而加大了市场的炒作气氛，扭曲了资本市场的资源配置方向。

（四）宽限整改期不足

在暂停上市阶段，沪、深交易所《股票上市规则》规定了一定的宽限整改期，使上市公司可以通过重新整改而恢复上市。但现有退市程序的宽限整改期只有六个月，这意味着假若上市公司打算改善公司治理即对股权结构、董事会、监事会、管理层等进行较大变动，从而达到提高公司质量并扭亏为盈的目的，基本是不可能的。所以，上市公司通常会采取比较快捷的途径以避免退市，一般为债务重组、资产重组、盈余管理、政府补助等短期行为。同时，相关法律法规并没有对在上市公司整改期间，证券交易所对其阶段性目标完成情况的监督检查做出具体规定，致使宽限整改期促使上市公司重新整改的作用名存实亡。宽限整改期的这些不足导致上市公司为规避退市而进行报表重组、虚假重组等不良现象频发，而真正打算通过整改提高公司质量的上市公司"心有余而时不足"。

（五）复核机制对上市公司权利保护不力

根据沪、深交易所《股票上市规则》的相关规定，我国在证券交易所做出退市决定后赋予了上市公司申请复核的权利，并安排证券交易所根据内部复核委员会的审议结果做出终局决定。现有的规定仅仅赋予了上市公司一次申请复核的权利，既没有赋予上市公司在复核过程中进行辩解、听证的权利，也没有给予上市公司可提出申诉复议请求的申诉期，这样简单程序规定无法切实保证上市公司程序性权利。同时，目前在我国证券市场，上市资格是一种稀缺性资源，这样未赋予上市公司充分辩解机会就剥夺了其所有的上市资格的程序设计，对跨过层层门槛才获得上市资格的公司来说是不公平的。

三　多层次市场体系构建存在的问题

所谓多层次的资本市场体系，是指与企业发展的不同阶段相适应，资本市场划分为不同的层次。根据企业生命周期理论，企业发展可分为种子阶段、初创阶段、成长阶段、成熟阶段和衰退阶段。相对应的多层次资本交易体系也应包括以下几个方面：主板市场，为大型企业、成熟企业提供融资和资本转让服务；中小板（创业板），为处于产业化阶段初期的成长型企业和高科技企业提供融资场所；场外交易，也称为柜台交易市场或店头市场，它是独立于证券交易所之外的，主要提供小额、标准化程度不高的股份的流通渠道，它服务于更初级形态的中小企业融资，同时为衰退企业提供融资和恢复平台，以便其可以转至中小板甚至主板市场。三者功能不同，具有明显的递进性，可以为各种类型的公司提供融资渠道，如此一来就降低了"壳资源"的价值，同时为上市公司提供了退市出口，从而减小退市制度实施的障碍。

一直以来，我国以沪、深证券交易所主板市场为代表的场内市场发展十分迅速，随着创业板、中小企业板市场的相继设立，我国多层次资本市场架构已基本成形。正如第四章所述，我国多层次资本市场体系首先按是否在交易所内进行集中交易，可分为场内市场和场外市场；从市场定位角度看，可分为主板、中小板、创业板、全国性场外市场（新三板）、区域性股权交易市场（四板）五个板块。其中，沪、深证券交易所主板市场可划分为第一板块，为一些传统产业中规模较大的成熟企业服务。中小企业板和创业板可划分为第二板块，为经营状况较稳定或成长性较高的企业服务，以上两个板块为场内市场。场外市场则包括全国中小企业股份转让系统、区域性股权交易市场以及券商柜台交易市场，其中全国中小企业股份转让系统可划分为第三板块，倾向于创新性强或初创期的中小企业；区域性股权交易市场则主要为其他中小微企业提供服务；券商柜台交易系统则主要用于证券公司与特定交易对手方之间的交易，交易的主要是私募产品。

按国外成熟证券市场的经验，多层次资本市场体系应为"正金字塔"结构，其中主板市场是塔尖，其所容纳的多为成熟稳定的企业，其数量也相对最少；二板、三板市场为塔身，为具备成长性和创新性的中小企业的"助推器"；场外市场恰是金字塔的庞大基座，服务于众多中小微企业，是上市资源的"孵化器"和"蓄水池"。但由于我国资本市场建设遵循"集中交易市场先行、场外交易市场跟进"的原则，我国各板上市（挂牌）的公司市值呈现出明显的"倒金字塔"结构，全国股份转让系统挂牌公司数量虽已超过 9000 家，但总市值仅约为 2.4 兆元，远远落后于主板市场。多层次资本市场体系的不完善，导致退市"出口"不畅，使我国上市公司处于一退即死的尴尬境地。

四　中小投资者利益保护制度缺失

统计显示，我国股市投资者已经超过 1.6 亿个，其中境内市场个人投资者数量占比约 99.6%，持股市值在 10 万元以下的投资者占比超过 80%。很明显，我国证券市场上以中小投资者为主。中小投资者应具有一定的风险辨别能力，对于由于正常的市场行为如股权结构的变化、经营者能力低下或市场环境发生重大变化等情况导致上市公司被终止上市的，中小投资者可以根据上市公司公开信息做出判断和投资决策，风险理应由投资者承担。但对于由于上市公司内幕交易等不属于正常经营行为的违法性因素而导致的退市，中小投资者即使进行谨慎投资也无法及时获知信息披露内容以及资产变动状况，这些风险仍由中小投资者承担则有失公平。同时，中小投资者一般都是居民散户，有着缺乏投资能力和自我保护意识、缺乏共同保护的组织机制且处于信息不对称中信息弱势群体等特点，需要退市制度对其给予倾斜性的保护。而目前最为迫切的是解决信息披露充分性、投资者救济途径和投资者司法诉讼成本三方面的问题。

（一）信息披露方面存在的问题

信息披露是投资者了解上市公司并进行合理投资的最直接途径。通过上市公司对其重要信息全面充分的披露，投资者可有所根据地进行投资分析，从而避免盲目投资。由第五章对我国信息披露监管的法律规则体系的阐述可知，自从建立证券市场以来，我国在借鉴成熟证券市场经验并结合国内实践的基础上，已经初步建立了一套信息披露体系，但对于上市公司退市过程中的信息披露仅仅规定在效力等级较低的沪、深交易所《股票上市规则》中。由于违规成本过低，在上市公司退市过程中，财务造假、隐瞒重大不利信息等信息披露违规行为屡禁不绝，违规主体除了上市公司及相关信息披露义务人，还包括保荐人、审计师等证券服务中介机构及相关人员，严重损害了广大中小投资者的合法利益。

（二）投资者救济途径方面存在的问题

许多境外证券市场在发展过程中逐步形成了各类市场公共服务机制来应对中小投资者救济途径匮乏的问题，如我国台湾地区设立了证券投资人及期货交易人保护中心，日本建立了股东监护人公司。我国证监会在借鉴成熟市场服务机制的基础上，推动证券业协会启动证券纠纷调解试点以解决投资者与证券经营机构间的纠纷，同时批准设立了专门从事投资者权益保护的公益性机构——中证投资者发展中心有限责任公司。

但在上市公司由于各种违法性因素退市后，中小投资者通过司法程序追究退市公司及相关责任人的侵权责任是保护中小投资者利益的最后一道屏障，因此需要完善证券民事赔偿案件的起诉、审理、执行等程序，充分保护退市公司中中小投资者的合法权益。而证券民事诉讼在我国证券市场上的境遇堪忧：1999 年，"中国股市第一案" ST 红光虚假证券信息纠纷案，被驳回起诉；2001 年 9 月，最高人民法院做出"暂不受理证券欺诈案件"的决定；2006 年《公司法》规定了股东诉讼权利，才打破了证券市场民事侵权案件无人受理的历史，且现行《公司法》第一百五十二、第一百五十三条对公司股东的派生和直接诉讼权利进行了进一步完善；但目前最高人民法院对由内幕交易和操纵市场等证券欺诈行为所引发的民事赔偿案件仍然不予受理，仅仅受理因虚假陈述而引发的证券民事赔偿案件；2013 年 9 月，两起股民针对"光大证券乌龙指"事件的索赔起诉同时在广东、上海两地提交到法院，而两地法院分别做出了"驳回起诉"和"尚需研究"的决定。不难看出，直到目前，我国投资者依然无法通过诉讼程序充分维护自身的合法利益。

同时面临的一个问题是：中小投资者所要求的赔偿能否得到真正落实？虽然有民事赔偿优先原则作为保障，但实践中由于证券监管机关和犯罪侦查机关在调查取证方面具有法定的权力，对于证券违法行为，往往是在证券监管机关查处或者法院裁决之后，受害中小投资者才会相应提起追究民事责任的诉讼，这为民事赔偿优先原则的实现带来了很大困难。

（三）投资者诉讼成本方面存在的问题

由于上市公司退市过程中利益受到侵害的中小投资者具有因人数众

多而难以具体确定且其诉讼标的相同的特点，根据《民事诉讼法》的相关规定，广大中小投资者可采用的最为经济的诉讼程序就是代表人诉讼。虽然都是为了解决群体性纠纷而设立的诉讼制度，但我国的代表人诉讼与美国的集团诉讼却存在种种不同，其中最大的区别是我国代表人诉讼所适用的权利登记程序：对于法院公告期未进行登记以明示参加诉讼的中小投资者，将不作为群体成员，只有在未作登记的权利人在诉讼时效期间独立提起诉讼的情况下，才适用法院对群体的诉讼判决或裁定。这样的程序规定大大增加了中小投资者的诉讼成本。同时，实践中由于各法院对代表人诉讼程序采取的回避态度等其他原因，大部分退市公司中小投资者放弃诉讼权利的行使，最终难以通过代表人诉讼程序来追究退市公司和其他责任人的侵权责任。

五　退市相关主体方面存在的问题

（一）证券市场监管者权限划分不清

目前退市的决定权从表面上看归属于证交所，但实际上证监会有权要求证交所纠正或撤销其决定，其本质是证监会采用行政手段对证交所管理行为的干涉。证券监督部门变通执法的行为违背了证券市场的基本规律，扭曲了我国上市公司退市制度，使退市法律制度失去其应有的法律效力，也动摇了法律在证券市场中的权威地位。因此，应将证监会对上市公司退市监管的权力下放至交易所。证监会作为主要的市场监管机构，其监管的内容越来越多，负担也日益沉重。同时，证券业协会和交易所在自律监管方面职责较少、缺乏手段、力度有限、自主性差、依赖性强，交易所对证券市场的"一线监管"虚多实少。即使在部门规章或经批准的交易所规则中已经赋予了交易所一些权利，但由于证券交易所受到证监会的制约过多，在实际中也未能大胆使用。证监会的应接不暇和交易所"一线监管"的虚多实少，必然会影响对各类市场参与者的监管和保护，进而影响证券监管目标的实现。

（二）地方政府的行政干预

成熟证券市场对政府的要求是"政府是市场安全的监管者，政府对市场的影响主要依靠经济政策"。我国目前的上市制度虽然已经废除了额度制和审批制，但是地方政府对上市公司的行政干预并没有彻底废除。一家上市公司往往是一个地方的经济支柱，出于多方面原因的考虑，地方政府会千方百计地干预上市公司退市。因此，需要对地方政府在上市公司退市中的权力越位进行归位。

（三）市场上市主体的法治观念淡化

核准制下，我国上市公司往往"拥壳自重"，把"壳"作为其圈钱的手段，因而当其经营业绩出现亏损时，为了避免退市的结局，往往采用非法手段来粉饰其报表，从而达到继续上市的目的。

（四）被强制退市上市公司得不到有效的司法救济

在我国，虽然《证券法》规定了对被强制退市不服的上市公司可以申请复核，但复核制度本身存在以下问题，导致实施起来会有很大的困难。

第一，上交所上市规则、交易规则、会员管理规则虽然都明确了可以申请复核的事项，但总体而言，这些不同时期颁布的业务规则，所做的相应规定比较分散和凌乱，复核制度的语言表述及内容详略也不尽一致。而且，在上市公司和会员公司两大领域，可复核事项不太统一。如此使复核委员会复核的范围不够清晰，复核重点不够突出。

第二，根据《上海证券交易所理事会纪律处分委员会工作规则》，纪律处分委员会承担决定严重的纪律处分及复核一般性的纪律处分之双重职责：①对违反上海证交所章程和业务规则的会员公司及其他交易参与人，需要给予"限制交易、暂停自营或代理交易等处分"，直接做出纪律处分决定，同时明确不服该决定的，可以向理事会申请复议。②对上交所会员公司及其他交易参与人不服内部通报批评、公开谴责、罚款等一般性纪律处分决定提出的异议，进行复核。根据《会员管理规则》，会员不服公开谴责、暂停或限制交易、取消交易资格，会员董事、监事、高级管理人员不服证交所公开谴责，可以申请复核。不难发现，纪律处分委员会与复核委员会在会员纪律处分复核事项中，存在部分交叉。需要对二者功能进行区分，使各自功能得到充分发挥。

（五）退市公司中小投资者得不到有效的司法救济

我国从主板市场退市的股票会转入特设的股票代办系统进行交易。设立股票代办系统的初衷是为了保护中小投资者的利益。然而，在现实中，由于我国上市公司股票发行市盈率非常高，加之市场的过度投机，投资者在证券市场上购买的股票价格往往较高，一旦上市公司退市，主板市场以市价几元、十几元甚至几十元买入的股票，进入股票代办系统后最低贬至二角、三角，缩水数十倍。中小投资者成了不公平市场制度设计的受害者，成为遭受损失最惨重的人群。

投资风险由投资者来承担固然正确，但人为因素造成的不合理投资损失完全由投资者承担则有失公平。在此情况下，我国《民事诉讼法》规定，投资者可采用代表人诉讼制度，通过民事侵权赔偿来追究公司和其他退市责任人的侵权责任。然而，在司法实践中由于重重障碍，受损投资者根本无法通过代表人诉讼制度来追究退市公司和其他责任人的侵权责任，获得经济赔偿。

第三节　退市制度的优化

我国退市制度改进应遵循以下两个基本原则：一是退市制度的设计应合理，应充分尊重证券市场运行的规律；二是退市制度应以客观标准为主，主观标准为辅。退市制度必须充分发挥作为交易中介平台的证券交易所的作用，应以证券交易所与上市公司达成的具有契约性质的上市协议来制约上市公司。

如前所述，我国目前证券市场的上市公司退市制度还处于发展完善期，存在诸多制度缺陷。需要结合我国证券市场的发展特点，同时借鉴成熟证券市场先进的制度构建技巧，在退市标准、退市程序、退市出口及投资者利益保护等方面进一步完善优化。

一　完善退市标准

退市规则本身包括退市标准和退市程序两方面。退市标准是对上市公司进行约束，而退市程序则是为了有效地约束监管主体而形成的保障措施，以确保监管者在做出决定公司退市过程中不滥用监管权力，公平对待所有上市公司，从而维护公司及广大投资者的合法权益。

退市标准是退市制度执行的依据，完善退市制度、优化退市标准是当务之急。在现有法律框架下，通过上市协议和证券交易所的上市规则确定法定退市条件之外的其他终止上市条件的退市标准。在现有退市标准的基础上，应充分借鉴成熟证券市场退市指标的选取，丰富退市标准的同时，加强退市标准的可操作性。同时还应结合中国国情，逐步形成具有中国特色的一套完整的退市标准。据此，我们应该从以下几个方面入手。

（一）规范股权分布

我国退市制度中股权分布的界定是模糊的，标准可行性差。交易所可考虑从股东人数、公众持股数和交易量三个方面，结合我国股市的基本情况，对上市公司的股权分布做出明确规定。

（二）调整退市的价格标准

连续 20 日股价低于 1 元的价格标准，可操作性差，而且易于规避，尤其是对于我国高市盈率的创业板股票，形同虚设。交易所应该在适当调高价格标准，使其处在合理范围的同时，增大时间跨度，并且可运用"加权平均价格"来纠正价格指标易于规避的缺陷，增加此标准的可操作性。

（三）引入做市商制度

在创业板及新三板市场，做市商可以很好地抑制价格操纵，遏制投机行为。完善退市制度，引入做市商制度益处颇多。首先，我国股市价格操纵行为猖獗，表现为几家大的金融财团利用自己强大的资金操纵股票价格，最终损失的是中小投资者。做市商制度的引入可以在一定程度上抑制这种现象。做市商本身具有强大的经济实力，具有很好的价值判断、价格发现能力，报价趋于合理，抑制操纵者进行价格操纵。其次，做市商制度还可以有效遏制投机，稳定市场价格。做市商有责任在股价暴涨或暴跌时稳定市场价格。需要强调的是，在引入做市商制度时，必须明确规定做市商的最低数量，如纳斯达克证券交易所就明确规定了持续上市的做市商最低数量，这样才能有效避免垄断，加强竞争，使做市商更好地发挥自身作用。

（四）主板、创业板应统一标准

不同板块的上市公司都面临同样的问题，都会犯同样的错误。差别对待只会使主板上市公司更加无所顾忌，降低退市标准的可操作性。因此，统一退市标准势在必行。

（五）完善合规标准

IPO 注册制对股票发行的合规性要求颇为严格，因此为迎接注册制，必须进一步完善合规方面的标准。继 *ST 博元因信息披露违法被强制退市后，2016 年 7 月 8 日丹东欣泰电气股份有限公司因欺诈发行而成为又一家被强制退市的公司，而且永久不能重返资本市场，这都体现了监管部门对披露和发行方面的合规性的重视。除此之外，监管部门还应加入日常经营方面合规性的规定，如监督企业的日常经营活动是否违反社会公共利益，来体现企业的社会价值；像美国一样，规定 5 年之内必须进行一次分红，来维护中小股民的正当利益等。

二　优化退市程序

（一）简化退市程序

退市程序是退市制度执行的过程，退市程序冗长，直接导致退市效率低下。完善退市制度，简化退市程序必不可少。事实证明，缓冲期的存在直接导致了退市程序执行的拖沓，因此，取消缓冲期是简化退市程序的根本途径。上市公司一旦触发退市条件，就应立即进入退市程序，在规定时间内不能改善、达不到标准的，即刻退市。简化退市程序，才能及时清除不符合标准的上市公司，保证退市制度的高效运行。

（二）完善主动退市及自动退市程序

如前文所述，我国存在上市公司主动退市的案例，而这些案例中也包含了自动退市情形。同时，上海证卷交易所《股票上市规则》对上市公司主动退市的规定也与自动退市有所交叉。因此，笔者建议可借鉴香港联交所停牌程序中关于"发行人自愿申请而退市"的规定，将我国主动退市及自动退市情形纳入上市公司自愿退市程序中共同加以规范。

同时，可以通过对上市公司主动申请退市的原因进行统计与分析，进一步完善自愿退市程序。而保护中小股东权益的价值理念应体现在自愿退市的程序设计中，例如将上市公司主动退市的决议权赋予股东大会并赋予中小股东在公司主动退市中的异议回购请求权等。另外，对非上市公司介入上市公司重整进行事前审查和事中监督，防止劣质公司借一些上市公司重整之机"买壳上市"，损害广大投资者的利益。

（三）增强复核机制对上市公司权利的保护

如前文所述，我国上市公司退市的整个过程中，申请复核程序仅仅止于交易所内设的复核机构，显得过于简单，同时也没有赋予上市公司申请听证的权利，缺乏对上市公司程序权利的保护。对此，可借鉴纽交所的听证制与纳斯达克实行的上市公司可层层上诉的聆讯制。具体如下：交易所根据内部上市委员会的审核意见做出暂停上市、终止上市前应通知上市公司，如果上市公司对交易所的决定不服，可首先向上市委员会提出上诉；若上市委员会决定维持该决定而上市公司仍然不服的，可以向交易所内设的上诉复核委员会提出上诉；若上市公司对上诉复核委员会的维持决定依然不服，则可向证监会提出上诉，而证监会将做出终局决定。在整个上诉过程中，上市公司有权申请听证，并对相关质疑进行辩解。

（四）完善风险提示公告制度

受到退市风险警示的上市公司反映了公司现阶段的非正常风险，因此出于保护投资者的需要，证监会明确要求这些上市公司加强信息披露。上海交易所《股票上市规则》规定，在上市公司股票被实施退市风险警示期间，公司应当每5个交易日发布一次风险提示公告；深圳交易所《股票上市规则》规定，在上市公司股票被实行退市风险警示期间，公司应当至少发布3次风险提示公告。但是，由于公司信息披露义务人，包括董事、监事及高级管理人员，他们实际上代表了绝大多数大股东的利益，很难从维护中小投资者利益的角度及时向外界公布风险提示公告。实践中处于退市风险警示阶段的上市公司的财务欺诈、市场操纵和监管腐败等事件层出不穷也间接证明了风险警示作用的缺位。因此，需要完善退市风险警示期的风险提示公告制度，建立起此阶段上市公司信息披露义务人的问责赔偿制度，追究没有按规定履行风险提示义务时相关责任人的法律责任，以此来保证风险警示规定得到有效贯彻执行。

（五）改善宽限整改期

从前文对成熟证券市场退市程序的阐述中可知，纽交所及香港联交所的整改期长达 12 个月，给予了上市公司充分的整改时间。相比而言，我国仅仅 6 个月的宽限整改期显得过于短促，对于上市公司的真正扭亏或改善公司治理结构并不能起到多大的作用。因此，可以借鉴香港联交所的做法，适当延长我国上市公司的宽限整改期，促使公司采取有效的整改措施进行自救。同时将整改期划分为若干阶段，交易所需监督检查公司各阶段整改计划的落实情况。若交易所发现某阶段公司没有达到其提交的整改计划的预期目标，或者有其他违法违规行为，则可以根据情节轻重，要求公司重新提交重整计划或直接做出终止其上市的决定。

三　完善多层次市场体系

最初我国上市公司退市后，其股票一般在三板市场——"代办股份转让系统"进行流通交易。而原三板市场在制度上存在着诸多问题，如只接受退出主板市场的公司，未达到主板上市标准的公司无法进入这一交易市场，使该系统规模小；只能转让证券，无法进行融资，这就使进入代办股份转让系统的公司很难通过重组改善其质量。在实践中，我国三板市场也因股票流通性差、信息披露渠道不畅、缺乏明确的转板制度等缺陷，未充分发挥其应有的退市出口的效力。

为解决代办股份转让系统存在的种种问题，2012 年 9 月 20 日，全国中小企业股份转让系统有限责任公司在国家工商总局注册成立，并于2013 年 1 月 16 日在北京金融街正式揭牌运营；2013 年 12 月 14 日，国务院发布《关于全国中小企业股份转让系统有关问题的决定》（以下简称《决定》），预示新三板扩容至全国；之后，证监会宣布对《非上市公众公司监督管理办法》进行修订并向社会公开征求意见，落实国务院相关决定；2013 年 12 月 27 日，证监会发布《关于修改〈非上市公众公司监督管理办法〉的决定》，以及《股东人数超过 200 人的未上市股份有限公司申请行政许可有关问题的审核指引》《公开转让说明书》《公开转让股票申请文件》《定向发行说明书和发行情况报告书》《定向发行申请文件》《中国证券监督管理委员会行政许可实施程序规定》7 项配套规则；此外，《决定》还明确了"转板"机制，在全国股份转让系统挂牌的公司，达到股票上市条件的，可以直接向证券交易所申请上市交易，为建立不同层次市场间的有机联系创造了条件。但新三板的正式扩容能否改变我国资本市场体系的"倒金字塔"格局，还有待商榷。

真正的多层次资本市场应该是场内和场外并存的，一个发展充分、相对成熟的场外交易市场为退出高层次市场的股票提供了继续交易的平台，一方面降低了上市公司的退市成本，另一方面也有利于保护投资者利益。场外交易市场不仅包括较高层次的全国中小企业股份转让系统，还包括区域性场外交易市场。可借鉴天津股权交易所的情况，充分运用政策优势，借鉴国内外先进的金融理念、技术和管理经验，考虑在武汉、西安等条件相对成熟的区域中心城市设立面对中小企业的柜台交易市场。同时，需完善场外交易市场发育的法律制度环境，建立起场内外交易市场的转板机制，打通场内交易市场与场外交易市场的通道，明确场内交易和场外交易市场不同的市场定位和发展重点，在两个市场间形成一种良性竞争的局面，确立两者间相互补充、相互连通的良性互动机制。另外，就场内外市场的监管者而言，目前主板、中小板、创业板等场内市场及新三板由证监会监管，而区域性股权交易市场则是由地方自行管理，券商柜台交易系统则遵守证券业协会的自律规则，对于场外交易市场的监管显得杂乱。对此，可实行国家集中监管和自律管理相结合的监管模式，不同监管主体在各自职权范围内操作，以保证场外交易市场的顺利运转。具体来说，中国证监会可作为最高监管机构，制定场外交易市场运作和信息披露的统一规则；而中国证券行业协会作为行业自律组织，则负责市场的日常运行。

四　加强对中小股东利益的保护

（一）完善信息披露制度

1. 可建立信息披露义务人责任制

从公司内部治理的源头开始，将上市公司退市过程中的信息披露义务具体落实到公司董事、监事及高管等人员，并追究不及时进行信息披露人员的责任，促使责任人及时、全面、真实地向交易所和社会进行信息披露。

2. 加强事前披露

可借鉴大多数国家的证券信息披露制度，引入承销商、社会中介机构参与，构成信誉中介，即要求承销商和社会中介机构加入信息披露活动，以它们的信誉对信息披露内容的真实性做出保证，加强事前披露。在证券市场上，承销商或者社会中介机构的收入主要来自为证券市场提供服务。相对于其总体收入而言，发行人支付的费用仅仅是其收入的一部分，但信誉的损失会使其总体收入丧失。在现有上市公司退市制度下，会计师事务所出具的审计报告、律师事务所出具的法律意见书等是决定公司是否退市的关键依据。因此，完善会计师事务所和律师事务所等中介机构的造假责任追究制度、上市公司财务信息造假信息披露监管制度，是加强对中小投资者保护的有效方法之一。

3. 可细化上位法中对信息披露的规定

由于目前关于上市公司退市的信息披露义务主要由证券交易所进行规定，而证券交易所做出的规定可操作性不强且其效力层次较低，使信息披露的违规成本过低。因此，可考虑细化《公司法》《证券法》等上位法中关于上市公司退市的信息披露义务，落实对公司信息披露义务人失职及外部证券服务中介机构违法情形的责任追究。

（二）完善投资者司法救济途径

通过司法程序维护自身利益是中小投资者最后的法律救济途径，而法院对投资者提起诉讼的受理是诉讼程序的起点。因此要完善证券民事诉讼程序，首先要解决法院对证券民事案件受理这一环节存在的问题。针对我国证券民事诉讼现状，上市公司退市除了正常经营性原因，还包括操纵市场、内幕交易等证券欺诈行为。如果法院对中小投资者因此而提起的合理诉讼不予受理，则限制甚至剥夺了投资者的诉讼权利，对中小投资者利益的保护更是无从谈起。因此，法院对证券民事案件的全面受理，是完善证券民事诉讼程序，充分保护退市公司中小投资者合法权益的首要步骤。

同时，为确保民事赔偿优先原则的贯彻落实，可借鉴国内学者提出的追缴分配程序，具体为：在一些证券民事案件中，中国证监会负有追查和处罚这些违法行为人的职责；在确认违法行为人的违法行为之后，中国证监会在给予的处罚中，用追缴代替没收违法所得，然后制定分配方案，将违法所得分配给受到损害的投资者，所剩余额再上缴国库。

（三）完善代表人诉讼程序

在降低中小投资者的诉讼成本方面，可借鉴美国集团诉讼程序的设计特点来完善我国的代表人诉讼程序。美国的集团诉讼并没有所谓的权利人登记程序，对于在法院公告期间没有明确申请排除于集团之外的不确定人员，均视为其参加诉讼，法院的诉讼判决或裁定将直接适用于这些权利人。对此，可将我国代表人诉讼制度中参与诉讼的权利人的登记前置程序替换为不参与诉讼的权利人的登记程序，法院相应的判决或裁定将适用于除这些申请除外人员以外的所有权利人。

同时，由于我国代表人诉讼程序在实践中处处"碰壁"，律师在这个过程中也处于一个尴尬的地位，这大大打击了律师在诉讼过程中的积极性，导致中小投资者求助无门的恶性循环，变相剥夺了投资者通过司法救济手段获得经济赔偿的权利。因此，在不断增强我国代表人诉讼制度在实践中可操作性的同时，可引入美国集团诉讼中的胜诉取酬制度，即代理律师在胜诉情况下可从投资者获得的赔偿额中抽取较高的佣金，如果败诉则由代理律师自担风险。这样既可提高律师的积极性，又能尽可能地降低中小投资者的诉讼成本。

五　优化对退市相关主体权利义务的界定和保护

（一）规范地方政府的行政权力

在我国，尽管证券市场是由政府一手培育并继续需要政府运用行政权力予以扶持，但证券市场的特性及其对法治的高度要求决定了各级政府行政权力的运用必须是在一定的法律规范下的合理运用。在我国，要规范地方政府行政权力的运用，就要做到以下几点。

1. 杜绝地方政府对公司退市的直接干预

地方政府要放弃长期以来在权力高度集中的计划经济体制下所形成的经济工作方式，割断政府和上市公司的非正当关系，放手让上市公司进入市场，成为证券市场上平等交易的一员，自负盈亏，自担风险。

2. 培育良好的法律环境

地方政府要促进上市公司致力于改善公司治理结构，提高经营业绩和诚信度。具体而言，就是要求政府明确定位，解除角色冲突，按照代表全体社会成员利益的公共组织结构的要求强化政府宏观决策、综合协调、管理监督和维护公平的职能，摒弃过去计划经济时代所习惯的但与市场经济不相适应的工作方式和方法，管好宏观，退出微观。在法律规定的范围内，运用其行政权力，在宏观上为上市公司遵守法律制度培育良好的法律环境。

（二）树立证券市场法治信仰

证券市场作为我国社会主义市场经济的重要组成部分，也需遵循建立社会主义法治经济的需要，建立一套完善的法律法规来规范证券市场主体的行为。法律必须被信仰，否则它形同虚设，并且我国上市公司退市制度的发展历史已经证明：只有依靠法治才能保证证券市场是在行政权力合理控制下的自由市场。因此，我们必须在证券市场上树立法律的绝对权威。

然而，中国证券市场的法治化进程是一个漫长而痛苦的过程。在中国，证券市场法治观念还未深入人心，要树立证券市场的法治信仰，需要立法者、执法者和社会公众的共同参与，也需要从法律意识、立法思想、立法、执法、守法和司法等多方面共同推进。

1. 立法者要不断完善我国现有的证券市场退市制度

立法者要不断完善我国现有的退市制度，使其与时俱进与国际社会相衔接，符合我国证券市场法治化的要求。

2. 执法者严格执法

执法者要认识到"行政权力来自法律"，不越位、不缺位，使证券市场的法治化落实到位。同时，也只有执法者自身遵守法律，才能在社会形成一种法律文化，才能培养公众对法律的信赖和尊重；另外，由诚信的机构执行证券法律制度，并由此保证公众对证券法律的信心和对证券法律的尊敬是市场发展的根本保证。

3. 加大对投资者的普法力度

投资者是证券市场守法的主体，也是我国实现证券市场法治化的决定性群体，没有投资者的守法，那么证券市场法律法规再完善也只能是一纸空文。因此，要加大对投资者的普法教育力度，使投资者做到识法、懂法、不违法直至思想意识上真正守法。

（三）明确证券市场监管者的权限，强化中国证监会的执法

1. 明确证券市场监管者的权限

成熟证券市场的证监会一般只作为证券市场的监督者，专职于证券市场各种规则的制定和执行监督工作，其主要职能是制定证券市场的各种制度并保证这些制度的有效运行，为各种市场主体提供一个公平、透明、自由的市场环境。在其执行职责的过程中，证券监督部门不与证券市场的其他主体发生利益关联和角色冲突。但在我国，证监会的权限没有明确界定，使其容易出现滥用权力的现象，要有效地防范证监会由于权力过于集中而导致的独断专行，充分发挥证交所作为一线监管者对市场信息及时做出反应的优势，在以下几方面做出调整。

（1）明确证监会监管和证交所监管的权限划分

在我国，证监会监管和证交所监管的职责分工尚不够清晰。证监会国际组织指出：监管者中的各监管主体应职责明确、分工合理，最好以法律形式予以清楚表达；监管程序应当清晰透明，应当使被监管者和其他可能受到影响的人充分了解监管政策。因此，我国应当以立法形式明确证监会和证交所各自的地位及所享有的分工。改变证监会重审查、轻查处的惯性思维，减少行政干预和许可，促进证券市场建立有效的激励和约束机制。

（2）在证监会和证交所之间建立纠纷处理应对机制

证监会和交易所缺乏一套完善的投诉、调查以及纠纷处理的应对机制。保护投资者是国际证监组织提出的证券监管的三大目标之一，历来被各国监管机构所重视，在其内部往往设有处理投资者投诉和解决投资者与券商或上市公司之间纠纷的组织和机制，并规定了完善的程序。交易所对会员的检查、调查和处分也应有一套合理的程序。但是，目前我国还缺乏相应的机制，需要设立一套纠纷处理应对机制，保证对纠纷主体的权利维护。

2. 证监会的角色回归本位

中国证监会作为证券市场的监督者要真正落实我国的退市法律制度，使之起到对证券市场吐故纳新的作用，必须要纠正其既是裁判员又

是运动员的双重角色，按照中国现行行政体系，可行的办法就是：

其一，使其成为一个具有高度独立性，直接隶属国务院的监督部门，切断政府其他部门跟中国证监会的利益联系，从而减少证监会严格执行法律法规的阻力和不顾市场规律对法律法规进行变通的现象。

其二，使其角色高度单一化，成为证券市场相关规则的制定者和法律的执行者而不是变通者，成为投资者利益的保护者而不是上市公司的守护者。

（四）完善我国的复核制度，加强对上市公司权利的维护

我国《证券法》第六十二条的规定，即"对证券交易所做出的不予上市、暂停上市、终止上市决定不服的，可以向证券交易所设立的复核机构申请复核"虽然起到了一定的法律救济作用，但还需要进一步完善，包括：

1. 统一相关表述

针对可申请复核的具体事项不太统一的问题，需要在修改上市规则、交易规则、会员管理规则时，对可复核事项作统筹考虑、合理确定，并统一相关的表述。

2. 完善与复核制度相适应的纪律处分制度

纪律处分委员会如何组建，相关制度如何设计，既要考虑证券交易所自律管理的现状和内部治理的特点，也要兼顾境外交易所的基本经验和通行做法。对纪律处分制度的设计，笔者有以下几点建议：

其一，纪律处分委员会宜为一个由部分市场人士和证券交易所相关人员共同组成的，具有一定独立性的专门委员会。

其二，纪律处分委员会的职责范围，应包括对会员公司实施相关纪律处分，但对上市公司的相关监管，如公开谴责上市公司及相关人员等，应划分出去由复核委员会进行监管。

其三，纪律处分委员会作为上交所理事会的一个专门委员会，应采用上市委员会的定位模式，发挥复核委员会的二审救济功能。

在界定清楚纪律委员会的职责后，复核委员会的职责就会相应得到界定，从而会使二者的功能充分发挥。被强制退市的公司在不满复核委员会的复核决定后，还可以向纪律委员会申请救济，从而能进一步保证

上市公司的权利。

（五）明确退市责任人的法律责任

证券市场的公共利益只能是广大投资者的利益，背弃了这一点，证券市场将成为无源之水、无本之木。保护投资者利益是证券市场监管的核心任务，也是证券市场发展的关键所在。针对上市公司在退市活动中出现的损害他人的情况，应当制定和明确相关责任人的法律责任。除了责任人可能承担刑事责任和行政责任，上市公司退市时受到侵害的相关人还可以通过民事诉讼程序追究责任人的民事责任。

1. 全面受理证券民事赔偿案件

目前，我国法院只受理投资者因虚假陈述受到损害而提起的民事诉讼。但由于上市公司退市的原因还包括操纵市场、非法挪用募集资金、不正当关联交易等其他类型的严重违规违法行为，如果法院对投资者因此而提起的诉讼采取回避态度，则不仅不能使因上市公司退市而受到损害的投资者通过司法救济获得民事赔偿，反而会在事实上对其构成了一种新的侵权——对投资者诉权的限制和剥夺。因此，法院应全面受理证券民事赔偿案件。

2. 借鉴美国集团诉讼程序，完善我国的代表人诉讼制度

美国的集团诉讼是指一个或数个代表人，为了集团全体成员的、共同的利益，代表全体集团成员提出的诉讼。法院对集体所做的判决，不仅对直接参加诉讼的集团成员具有约束力，而且对那些没有参加诉讼的主体，也具有约束力。另外，美国集团诉讼代理律师一般采取胜诉取酬制度，如胜诉，可从赔偿额中获得较高的佣金，如果败诉则由律师自担风险。这些正是我国代表人诉讼所缺少的。在我国，代表人诉讼制度要求权利人必须向法院进行登记后才能参加，否则，未登记权利人就得在诉讼时效期间重新独立提起诉讼，由法院裁定适用对代表人诉讼的判决和裁定。所以，我国代表人诉讼制度不仅使当事人诉讼成本提高，而且使很大一部分退市公司投资者出于成本考虑，放弃诉权的行使。所以，借鉴美国集团代表诉讼程序完善我国代表人诉讼，不仅可以有效地保证因上市公司退市而利益受到损害的投资者获得经济赔偿，而且可以间接促进代表人诉讼制度制裁退市公司以及有关责任人的违法行为的功效

发挥。

3. 完善对中小投资者的赔偿制度

如果中小股东在投资决策前所获得的信息是虚假的并因此遭受损失，可以向相关责任主体提出民事赔偿要求。负赔偿义务的通常是上市公司的董事或经理，因为他们对公司和股东负有诚信义务；此外，如果会计师、律师、证券承销商等中介对做假账、披露虚假信息没有做到尽职尽责的查核，也要受到相应的法律制裁。

4. 建立股本保险制度

可尝试建立类似于国外存款保障制度——股本保险制度，也不失为保护中小投资者利益的一个良策。所谓股本保险制度，指的是政府可以委托商业性保险公司或组建专门的政策性保险公司，通过提供股本保险的方式，使之充当二级市场投资者最终保护人的角色。一旦某个上市公司被终止上市且具有披露虚假信息误导投资者的行为，使投资者遭受了损失，则投资者可以向保险公司要求赔偿，在其获得保险公司赔偿以后，则向上市公司索赔的权利就相应地转移给了保险公司。这一制度安排既可以稳定广大投资者对股市的信心，又有利于克服股东对上市公司软约束的问题。一旦保险公司肩负起先行赔偿的责任，它就会有动力去监控上市公司的经营状况，而拥有一大批风险管理、投资理财、营销企业等方面专家的保险公司，显然要比普通投资者更有监管的能力，有利于克服"搭便车"的情况，也有利于弥补当前我国对上市公司监管不力的缺陷。

第四节　投资者警惕退市风险

信息不对称的存在，以及我国法律法规对于投资行为"自负盈亏"的规定，尤其是上市公司退市关于民事赔偿方面的缺失，使投资者尤其是中小投资者在面临上市公司退市时处于不利的地位。因此，投资者需从以下几方面着手，时刻警惕退市风险。

一　警惕强制退市风险

强制退市，是指证券交易所根据相关法律法规和上市规则的规定强制终止上市公司的股票交易。2016 年 7 月 8 日，中国证监会发出公告，对欣泰电气欺诈发行正式做出处罚，根据《关于改革完善并严格实施上市公司退市制度的若干意见》（以下简称《若干意见》），启动强制退市程序。自此，欣泰电气成为首家遭到强制退市的创业板上市公司。

（一）强制退市制度的实践意义

在证券交易市场中，退市制度实际上起到了"新陈代谢"的功能，直接关系到市场效率的发挥和市场秩序的维护，促进资本市场优化资源配置。

1. 强制退市制度是规范公司制度的基础

公司法人作为市场经营主体和竞争主体，自然要承担相应的经营风险和竞争风险。这些潜在的市场风险也在一定程度上对公司产生激励效应和约束效力，而强制退市制度正是市场经济的自我规范和自我约束方式之一。近年来《公司法》几度修改完善，国家逐渐放宽对市场的管控，不断降低市场准入门槛，充分发挥市场自我管理的作用，因此更需要强制退市这种淘汰机制来督促市场主体审慎经营、控制风险。

2. 强制退市制度有利于资本资源的优化配置

"优胜劣汰"是市场的基本法则，为了保持市场效率、促进资本活力，需要不断地吸纳优质公司上市，不断淘汰劣质公司，促使资本资源从质量低劣的公司流向优质高效的上市公司，促进资源的优化配置和高效利用。

3. 强制退市制度有利于引导资本市场建立健康的价值理念

我国证券交易制度中长期以来没有建立起切实可行的退市制度，上市公司"只生不死"，这样的情况助长了"垃圾股鸡犬升天，绩优股打入冷宫"的不良风气，广大中小投资者通过打探内部消息、追逐热点来做出投资决策，市场投资理念被严重扭曲，市场的价格发现功能无法发挥。

（二）中小投资者在强制退市中的利益保护问题

虽然强制退市有以上诸多好处，但是由于我国目前法律法规的不健全，导致强制退市过程中，投资者的合法权益得不到很好的保护。我国现行《证券法》中有关上市公司退市的规定主要集中在该法第五十六条中，所确立的退市制度指的就是强制退市。证监会颁布的《若干意见》进一步明确了适用强制退市的情况，对于此类因重大违法违规行为而被强制退市的上市公司，保护中小投资者的关键在于明确退市公司及其有关主体民事赔偿责任，建立完善并强化民事赔偿制度。

其一，对于确定退市公司高级管理人员及相关责任主体及其赔偿责任方面，明确公司及其控股股东、实际控制人、董事监事高管等相关责任主体，应当赔偿投资者损失，或通过股份回购等方式赔偿投资者损失。

其二，我国目前一般采取单独诉讼或共同诉讼的形式受理这类证券诉讼，集团诉讼在立法方面尚属空白。强制退市几乎都是上市公司存在重大违法违规行为导致的，在追究相关责任主体的赔偿责任时，复杂冗长的诉讼程序使许多中小投资者"望而生畏"，不得不放弃使用诉讼方式来维护自身的合法权益，这就使强制退市中投资者利益保护不能到位。

（三）投资者甄别上市公司披露的信息

由于国家政策的缺位，投资者进行投资时一定要警惕上市公司强制退市的风险。根据目前我国强制退市的情况，监管部门将目光聚焦于信息披露及欺诈发行。投资者也应着重关注上市公司披露信息真实性的问题。投资者甄别上市公司披露信息有以下几种简单实用方法。

1. 不良资产剔除法

这里所说的不良资产，除包括待摊费用、待处理流动资产净损失、待处理固定资产净损失、开办费、长期待摊费用等虚拟资产项目之外，还包括可能产生潜亏的资产项目，如高龄应收账款、存货跌价和积压损失、投资损失、固定资产损失等。

不良资产剔除法的运用，一是将不良资产总额与净资产比较，如果不良资产总额接近或超过净资产，既说明企业的持续经营能力可能有问题，也可能表明企业在过去几年因人为夸大利润而形成"资产泡沫"；二是将当期不良资产的增加额和增减幅度与当期的利润总额和利润增幅比较，如果不良资产的增加额及增加幅度超过利润总额的增加额及增加幅度，说明企业当期的利润表有"水分"。

2. 关联交易剔除法

关联交易剔除法是指将来自关联企业的营业收入和利润总额予以剔除，分析某一特定企业的盈利能力在多大程度上依赖于关联企业，以判断这一企业的盈利基础是否扎实、利润来源是否稳定。如果企业的营业收入和利润主要来源于关联企业，会计信息使用者就应当特别关注关联交易的定价政策，分析企业是否以不等价交换的方式与关联方发生交易进行会计报表粉饰。

关联交易剔除法的延伸运用是，将上市公司的会计报表与其母公司编制的合并会计报表进行对比分析。如果母公司合并会计报表的利润总额（应剔除上市公司的利润总额）大大低于上市公司的利润总额，就可能意味着母公司通过关联交易将利润"包装注入"上市公司。

3. 异常利润剔除法

异常利润剔除法是指将其他业务利润、投资收益、补贴收入、营业外收入从企业的利润总额中剔除，以分析和评价企业利润来源的稳定性。当企业利用资产重组调节利润时，所产生的利润主要通过这些科目体现，此时，运用异常利润剔除法识别会计报表粉饰将特别有效。

4. 现金流量分析法

现金流量分析法是指将经营活动产生的现金净流量、投资活动产生的现金净流量、现金净流量分别与主营业务利润、投资收益和净利润进行比较分析，以判断企业的主营业务利润、投资收益和净利润的质量。一般而言，没有相应现金净流量的利润，其质量是不可靠的。如果企业的现金净流量长期低于净利润，将意味着与已经确认为利润相对应的资产可能属于不能转化为现金流量的虚拟资产，表明企业可能存在着粉饰会计报表的现象。

二　警惕创业板的退市风险

（一）创业板退市风险高于主板

创业板上市公司多为高新技术产业，高收益也伴随着高风险，高风险意味着较高的退市率。从发达国家来看，统计显示，2003—2007 年，美国纳斯达克退市公司有 1284 家，超过了同期该市场新上市公司 1238 家的数量，以至于纳斯达克在 2007 年年末的公司总数仅为 3069 家，低于 2003 年年末 3294 家的水平；日本佳斯达克、加拿大多伦多创业板和英国 AIM 的退市公司数量尽管不及新上市公司数量，但退市与新上市数量之比均超过了 50%；而韩国科斯达克退市公司数超过 100 家，为该市场新上市公司数量的 1/3。我国创业板的上市公司退市率也远远高于主板市场。

（二）创业板的退市标准较主板更为严格

目前，深交所规定创业板退市规则为"36 个月内 3 次公开谴责即退市"。实践中，有很多种因素均能引发深交所的谴责，其中关联方占用上市公司资金成了第一例被交易所谴责的原因。在主板市场上则不受此条规定的限制。对比研究发现，与主板退市规则相比，创业板退市标准具有较多变化，概括起来即多元标准、直接退市和快速程序。多元标准方面，包括公司财报被会计师事务所出具否定意见或无法表示意见的审计报告在规定时间未能消除的；公司净资产为负而未在规定时间内消除的；公司股票连续 120 个交易日累计成交量低于 100 万股，限期内不能改善的等。一旦触发上述任何一项退市标准，上市公司都将面临退出创业板的命运。

（三）创业板上市公司可能直接退市

此外，创业板公司退市后不像主板一样，必须进入代办股份转让系统。如符合代办股份转让系统条件，退市公司可自行委托主办券商向中国证券业协会提出在代办股份转让系统进行股份转让的申请。从时间来看，创业板实施快速程序，缩短退市时间，避免该退不退、无限期停牌现象。出现以下三种情形时将启动快速程序：未在法定期限内披露年报和中报；净资产为负；财务会计报告被出具否定或拒绝表示意见。直接退市将缩短投资者的反应时间，可能造成投资者措手不及。

因此，投资者在进行创业板投资时一定要警惕退市风险。比如，中小投资者可通过报表看出上市公司资金有没有被挪用的可能，一是看上市公司应收款前列中有没有上市公司关联企业；二是看公司业绩有没有出现利润涨幅跟不上收入涨幅的情况；三是看公司募集资金使用是否变更。如果这三条中出现了任何一条，投资者就应认真阅读该上市公司的财务报表，自己充当会计师计算一下上市公司的经营数据，并致电上市公司核实。如果投资者能够先于深交所的谴责发现上市公司的异常经营现象，可免于触及退市"地雷股"。

三　警惕*ST 股票的退市风险

*ST 股票是指连续三年亏损的上市公司的股票，目的是提醒投资者该类股票的退市风险。按照价值理论，商品的价格由其内在价值决定，但*ST 股票价格却远远高于其内在价值。原因主要有以下几个方面。

（一）*ST 股票在二级市场上价格波动剧烈，吸引部分投机者

短期内股票价格波动越大，对投机者的吸引作用就越强。尤其是在我国，证券市场发展起步较晚，投资者素质普遍不高，他们关注收益远远胜于股票的内在价值，关注短期远远高于长期。由于"羊群效应"的存在，这种投机行为疯狂的扩张，导致*ST 股票的价格远远高于其内在价值。

（二）*ST 公司壳资源的价值

对于大部分*ST 公司而言，除了其在二级市场上的价格波动，吸引投资者炒作的更为重要的原因便是通过公司重组、借壳、买壳上市而使上市公司发生质变。

纵观全球证券市场，买壳上市可以说是所有未上市企业走向上市公司的一条捷径，而壳资源的价值也就是通过买壳卖壳来体现。中国股票市场中多数*ST 公司的经营存在很大问题，仅仅凭借其自身实力无法真正加以解决。除了通过大股东增资、重组等方法，要想继续在二级市场中生存只能选择卖壳。*ST 公司投资者之所以会选择投资这些公司，正是看中其作为壳资源的价值。然而，*ST 板块代表的是高风险，长期来看，能在*ST 股票上获益的只是极少数的投机者。作为证券市场上风险最高的板块之一，*ST 股票剧烈的价格波动、连续的跌停走势、长时间的停牌，甚至像*ST 博元及丹东欣泰电气股份有限公司被强制退市，往往会给投资者的财富甚至精神带来巨大损伤。因此，投资者应谨慎选择*ST 股票，实时警惕其退市风险。

四 密切关注"退市公司专项披露"内容

退市制度的配套效应在于使注册制下信息披露机制建立在便利融资和保护投资的两端平衡之间，以股票优胜劣汰的市场选择机制为基础，打通后续多层次资本市场的转板途径。公司因重大信息披露违法而强制退市的制度建立为注册制下信息披露事中、事后监管的强化提供了切实可行的依据。同时，2015 年 11 月证监会对于上市公司年度报告信息披露内容与格式准则进行了合并修订，其中引入了"退市公司专项披露机制"，其内容包括：公司应在年报中体现因主动退市、重大违法强制退市、公司相关主体股份限制减持、退市整理期等信息。其表述原则按照内容重要性分别体现在年报正文、摘要和退市情况专项披露中。"退市公司专项披露机制"的建立是对信息披露事中、事后监管的有力补充，其背后的信息披露理念是以投资者导向为基础，通过专项披露来引导投资者决策，是信息披露决策有用性的体现之一，具有良好的设计思路和可操作性，而其严格执行则是落实改革的关键。

第七章 IPO 注册制的配套改革
之三：监管制度

第一节 注册制下监管机构职能转变

　　注册制改革的出发点和落脚点就是厘清和处理好政府与市场的关系，尊重市场经济规律。注册制的推进即是行政审批权的退出过程。监管层回归监管本质，监管理念和行为方式由"重审批、轻监管"的倾向内化为"重监管"的行为取向；主营业务由审核审批向监管执法转型；运营重心从事前把关向事中、事后监管转移，不断增强监管机构的权威性、专业性、独立性和公正性。

　　注册制改革的顺利实施，一方面，从立法角度出发，确立注册制的制度框架，改变现有的审核监管既定模式，考虑授权由证券交易所行使部分发行审核的权力，证监会在发行审核环节不再起主导作用，不再做实质核查工作。另一方面，集中精力加强事中、事后监管，协调各部门、组织，配套法律规范，促进市场透明度，增强执法力度，保护投资者合法权益。

一　发审权下放至交易所，注册权保留于证监会

　　正如第三章所述，中国香港地区股票发行上市制度的特点可以归纳为：以交易所为主的双重存档制度。在双重存档制下，联交所作为一线监管者，承担主要审核责任，证监会相对超脱，但保留最后决定权力，并对联交所具有监管权限。联交所的发行上市审核存在一定的实质性判断。联交所作为市场组织者，对维持市场地位有较高关注，

因此对发行人也设定了一定条件，对发行人的持续经营能力存在一定的实质判断，为上市公司质量提供了适度的保障。

以此为借鉴，未来注册制下也可将股票发行的审核权由证监会下放至交易所，而交易所的审核则以注册文件的信息披露质量为基础，审视其齐备性、一致性和可理解性。证监会在股票发行的前端审核中实现部分的"隐退"：证监会不负责注册文件的一线审核，交易所注册审核后出具同意意见的，应当向证监会报送审核意见和注册文件，证监会10日内不表示异议则注册生效。由此，证监会承担了对交易所的发行审核结果进行最终把关的角色，并掌握着是否确认注册生效（发放IPO批文）的决定权。注册生效不表明证监会对股票的投资价值或投资收益做出实质性判断或保证，也不表明其对注册文件的真实性、准确性、完整性做出保证。由此，证监会取消了在核准制下基于对IPO申请的实质审核功能所承担的对证券质量的隐性担保或"背书"。

对于交易所报送的同意决定及注册文件，证监会在10日之内有权表示异议，以确保证监会对于注册申请的后台"审查"，如审查注册文件本身是否符合信息披露要求及审查交易所做出决定所依据的程序与标准是否合规等，而非仅仅配合和接受交易所决定的存档报备。如果拟发行人不服交易所的不同意决定，发行人及其保荐人拥有复议权，可对交易所"不予通过发行审核"的决定申请复核。对于那些发行审核被否，而又不服交易所裁决并提出合理理由的，可以采取完善相关机制的情况下，证监会接受其申请复核。

由交易所进行审查的优势包括距离市场近、人力资源丰富、交易所更具灵活性等。但交易所的公权力较少，地位低于证监会，相应的权威性较低。因此，虽然证监会不再承担一线的发行注册审核，且不对注册生效的决定承担发行人资质的隐性担保，但仍需保留前端审核程序中的许可职能（注册权、豁免注册权、撤销注册权）与监督职能（对交易所审核决定的异议权）。

鉴于交易所在上市环节的审核可以覆盖目前发行审核80%以上的内容，可以考虑在现阶段先行建立拟发行企业与交易所的预沟通机制，既可发挥交易所身处一线并兼有培育市场的利益驱动和约束优势，也可以为法律修订后发审权的顺利平移奠定基础。此外，还可先行将公司债发审下放到沪深交易所。以创业板再融资为例，当前创业板再融资仅限于发行定向公司债，审批权如果能下放至交易所，对未来 IPO 审批权下放将是很好的尝试和探索。

二　注册制下监审分离

通过审核权的下放，交易所集责、权、利于一身，一级和二级市场可实现均衡统筹发展，监管部门则相对超脱，可以整合监管资源，集中精力聚焦于政策制定及在监管层面进行宏观调控，借此实现"监审分离"。

在从核准制向注册制的过渡阶段，监审分离的具体发行制度为：建立证监会与交易所的分权审核模式，证监会主要进行公司设立、增资扩股、公司变更等是否合规，本次发行是否有足够授权等简单的合法、合规性审查、备案，并保留"两个重点抽查"和"一个选择性抽查"的权力，其他内容审核下放至交易所的发行审核委员会。这样既可大大减轻证监会进行抽查的工作量，缩短审核时间，同时还保留了一定的审核权。

"两个重点抽查"指的是在交易所审核合格的基础上，第一个重点抽查是证监会可以对一定比例发行人的符合《首次公开发行股票并在创业板上市管理暂行办法》（自 2009 年 5 月 1 日起施行，2014 年 3 月修订）第十二条的产业、环保政策的审核以及符合第十九条关于公司治理结构、内部控制方面的抽查。第二个重点抽查是对业内反响热烈且证监会认为必要的，或者在交易所审核合格后有人举报有违规、造假嫌疑的拟上市公司，可以将其列为重点对象予以全面复审。

"一个选择性抽查"是指对交易所审核过关的发行人，证监会应该视过关的发行人的多少，分月或者分季组织专家随机抽取 5%—10% 进行全面复审。对于复审不合格的，追究交易所和发行人、保荐人的责任。

其中，"两个重点抽查"具有象征性，发挥宣告国家产业政策导向的作用，并确保公司治理结构的科学性。通过加强对企业公司治理结构和内控机制的要求，增强资本市场对企业合理经营管理方面的约束而非直接干预，将更有利于企业长期健康发展。

三　完善发行审核标准和程序

证监会还应通过颁布行政规章和其他规范性文件的方式，对注册审核的实体规范和程序规范做出规定，以划定发行人申请及交易所审核的合规底线，并就此承担监督执行的职责。

（一）实现交易所的审核程序阳光化

无论交易所还是证监会的审核抑或证监会的复审，均需提高股票发行审核工作的质量和透明度，坚持走"阳光化"道路，朝着标准公开、内容公开、程序公开、结果公开的方向发展，使发行审核精细、明确、客观，具有可操作性，以便最大程度地减少主观判断，减少寻租的可能。将发审委会议审核的发行人名单、会议时间、发行人承诺函和参会发审委委员名单及每位发审委委员的审核意见，在相关网站上公布。尤其是程序和结果对市场人士、社会公众和利益关系方的透明，有利于进一步提高企业上市审核工作的效益，也有利于企业对审核过程结果形成一个合理的预期，以便于全社会和媒体监督，增加审核者的压力，杜绝审核意见的随意性，提升发行审核的公信力。

（二）实现审核标准的客观化和审核周期的简短化

在现行规定中可量化的客观审核标准少，而不可量化的、主观的标准太多。这样容易导致审核标准不确定性大、审核时间长、腐败滋生等弊端。各国证券市场，在制定上市规则方面，均尽量采用可量化的客观标准，且不同板块，适用不同标准。比如，即使对于公司治理结构是否合理这样一般带有很强的主观判断的问题，美国的法律均尽可能地将其细化、客观化，如发行人基本可以通过打钩选择来判断是否符合关于独立董事的规定，如董事会中独立董事人数等，比国内的"规范运行""独立性"等模糊字眼的要求有更强的可操作性。要把那些很难量化、很难标准化的诸如持续盈利能力的标准交给市场去做，对于不会影响公司大局的些许不规范，要给予宽容，降低上市门槛，让股票发行变得快捷、便利。

四　发行监管与上市监管的分离

在现行发行监管体制中，发行审核与上市审核合一，通过了发行审核即等于取得了上市资格。但是在实践中，证券发行与上市本质不同，前者解决的是发行人如何把股票出售给投资者的问题，是发行人与投资者之间的博弈过程，而后者解决的是购买股票的初始投资者如何有效进行二次交易的问题，是投资者与投资者之间围绕证券价值估值的博弈过程。证券发行和证券上市不仅分属不同环节，而且还分别代表不同市场主体在不同阶段的利益诉求。证券发行是发行人与证券认购人之间的博弈，证券上市则是投资者与投资者之间以证券交易所为中介产生的一种博弈。而由于发行与上市所属环节、代表利益诉求及监管需求的不同，发行与上市的监管也理应有所区别。

如前所述，在英国，发行和上市是分离的。如果一个公司仅想发行股票而并不想让其股票在交易所交易，那么它就不需要进行实质性审核。如果一个公司希望其股票在交易所上市，那么它就要受到英国上市委员会和伦敦证券交易所的双重审核。这两重审核都包含了实质审核的内容。也就是说，英国上市委员会和伦敦证券交易所都会对公司的盈利、行业前景、管理等提出要求和门槛，而如果通过了双重审核，则可以在伦敦证券交易所上市。美国 IPO 注册制下的监管分权不仅体现为公开发行之前需在 SEC 与所涉州证券监管机关进行的双重注册，也包括证券发行与证券上市的监管分离。

（一）核准制下发行上市双重实质审核缺陷

尽管现行体制下由证监会等证券监督管理部门进行发行实质审核，证券交易所进行上市实质审核，然而由于证监会控制了证券交易所的理事会和日常经营决定权，两者之间具有行政隶属关系。如果发行环节证监会已进行了实质审查，证券交易所囿于此种行政隶属关系，在上市实质审查时就不可能违背证监会的意志，否决已通过证监会发行审核的上市申请，发行即上市几乎成为证券市场不成文的铁律。此种发行上市联动制使证券交易所的上市实质审核形式化，如果证监会在发行审核环节未能发现问题，交易所的上市审核则根本无法发挥"看门人"的作用，上市公司财务造假、业绩频频变脸不可避免。同时，现行的发行体制实际上削减了中介机构的风险过滤作用，也减轻了中介机构的责任。此外，由于证监会实质审核的存在，助长了投资者对公权力的信赖，使我国的证券市场难以培育自担风险的、成熟的投资者群体。再者，由证监会核准发行，会出现在一段时间内新股发行较为集中的问题，往往给市场带来较大的冲击。

（二）发行审核与上市审核分离

1. 审核主体分离

审核主体分离是指，证券监管机关对注册文件的审查效力仅及于做出是否批准证券发行的决定，而此后的上市流通则由交易所对其流通价值进行审查后做出决定。在此之下，即使对于符合上市条件的证券，监管机关也并不必然予以注册登记，反之交易所也可以对已进行注册发行的证券做出否决上市的决定。

2. 二者审核侧重差异

证券发行是投资者与发行人在"资金换证券"过程中的博弈，投资者需在购买证券之前获得充分而公允的披露信息，因此发行审核的侧重在于审查信息披露的格式、内容及程度，从而体现"形式重于实质"的审核特点；而证券上市是投资者与投资者就"证券交易价格"进行的博弈，这种博弈所产生的效益需要消解集中交易产生的相应成本，因此可以上市交易的证券必须具有一定的增值空间。故证券交易所要通过审查发行人的资质、财务数据、发行规模和盈利前景等要素来判断证券的交易价值，从而体现"实质重于形式"的审核特点。为了保证交易所在上市审核过程中的客观与中立，审核部门大多都隶属于交易所的非营利性部门。以纽约交易所为例，其审核部门隶属于非营利性的监管公司，而且参与投票的委员全部来自非市场营销性质的其他部门。

五 优化现行保荐制度

在发行体制转轨初期，声誉和诚信机制尚难充分发挥作用的情况下，作为业已积累了相当经验的有效制度安排，保荐制的基础制度架构应予以保留。一方面，可考虑取消除首次公开发行股票外其他发行的保荐要求；另一方面，可采用分权重整方案，将部分实质审核权回归到中介组织，改良和做实股票发行保荐制度，规定保荐人应对发行人的注册文件进行审慎核查，对发行人是否符合发行注册条件提出明确意见，保证注册文件的真实、准确、完整，并在上市后持续督导发行人规范运作。

责任追究方面，对保荐人出具有虚假记载、误导性陈述或者重大遗漏的发行保荐书，或者未履行持续督导义务施以严厉处罚，责任追究范围不仅及于保荐机构，也及于直接负责的主管人员和其他直接责任人员。对其处罚力度也应相应强化，除了最高额可达业务收入 5 倍甚至 10 倍的罚款金额，还可考虑暂停或撤销保荐机构相关业务许可、撤销相关人员任职资格或者证券从业资格的重罚。为杜绝证券市场上的欺诈现象和减少保荐人工作缺失，还应加重其民事和刑事责任，以强化保荐人的保荐义务。

第二节　注册制下监管职能强化

注册制改革的重点不在于简单取消发行核准制度，而是要建立注册制生态系统下一系列的配套机制。当务之急是从加强监管执法着手，提升信息披露质量，实现"放松管制、加强监管"的监管转型。

一　突出监管的功能性

注册制应以功能监管为核心，组成包括发行、上市、稽查、处罚委、投保局等部门的功能监管链，使事前审核、事中事后监管与处罚移送等形成协调一致、整体联动的证券监管组织架构。证监会的主要职能要从繁重的发行审核工作中脱离出来，重点集中于加强监管，规范市场运行，保护公众投资者利益。

如图 7 - 1 所示，目前我国金融领域采用国务院领导下的由中国人民银行、银监会、证监会、保监会"一行三会"构成的"分业监管"模式。银监会、证监会、保监会理论上对金融商品的流转过程都有监管职能，但在监管实践中经常出现同一监管项目、不同部门监管的现象，多头监管导致监管的功能性受限。首先，应通过立法明确监管的主体部门，就证券市场而言，证监会作为市场监管机构在行使职权时应体现其核心地位，其他政府机构和组织在涉及证券市场监管时，应保持与证监会一致。其次，对于证监会而言，不论证券市场中的金融产品是哪些机构发行、销售、经营，也不论是否以"证券"字样命名，只要符合证券的一般特征即可转让性、投资收益性、风险性等，就应该统一纳入证监会的监管范畴，由证监会负责对功能相同的金融产品适用同一标准和规则，采用相同监管措施。这种转向功能监管的路径，实质上是监管权限的扩张和延伸。

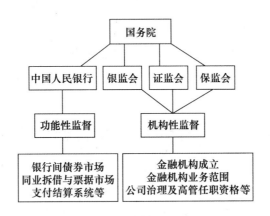

图 7 - 1 "一行三会"职能示意

资料来源：马骁：《中美两国证券监管制度比较研究》，博士学位论文，东北师范大学，2013 年。

二 加强行业监管力度

在国家对证券业实行集中统一监督管理的前提下，行业协会组织进行证券业自律管理；发挥政府与证券行业间的桥梁和纽带作用；为会员服务，维护会员的合法权益；维持证券业的正当竞争秩序，促进证券市场的公开、公平、公正，推动证券市场的健康稳定发展。加强行业协会的监管力度，重视行业协会地位，充分发挥其职能，补充专业人员力量将为证券市场监管质量的提升发挥重要作用。

（一）现有行业协会的缺陷

就我国而言，虽已形成了证券业协会、会计师协会、律师协会等自律组织，但却问题重重，难当重任。

1. 严重行政化

由于历史原因，我国的行业协会一般均有其挂靠单位。例如，中华全国律师协会挂靠单位是司法部。挂靠单位从人事任免、事项决策等多方面均对下属协会有着显著的影响力。如此一来，协会根本称不上所谓的自律组织，而是可以看作挂靠单位下属的一个部门，协会也无法发挥自律组织的优越性。

2. 影响虚无化

整体而言，目前我国自律组织的影响力可谓乏善可陈。究其原因，既有目前制度方面的限制，也有自律组织自身的问题。自律组织缺乏相应的平台发挥其作用（例如美国的FINRA在发行阶段的作用），同时也缺乏对专业领域施加影响的积极尝试。

（二）自律组织的重构

重构自律组织是强化行业监管的核心措施。具体而言，至少应包括以下几个方面。

1. 给予自律组织相应的发挥其作用的平台

可考虑，证监会不再将中介机构的专业意见、工作报告、工作底稿等文件纳入审核范围，由行业协会进行审查，发现涉嫌违法的，给予自律处分，移送证监会给予行政处罚。证监会对中介机构执业行为的监管由事前转向事中、事后，这其实就是自律组织履行自律管理职能的一种模式。

2. 积极参与资本市场建设

包括但不限于通过数据统计、业务分析等方式来构建中介机构的"信誉市场"；通过典型执业事例的总结和公布，解决专业市场上的普遍性问题；汇集行业经验和教训，编制切实可行的执业指导、规则，并根据市场情况，及时进行更新。

3. 解决自律组织的地位

这是基础性但难度最大的措施。事实上，无论是注册制改革，还是人们呼吁的交易所公司制，均是围绕着证券市场中政府权力和市场权利之间的分配展开的。总体而言，改革的主线是收缩政府权力，拓展市场权利。因而，在注册制下，自律组织的去行政化也势在必行。注册制所需配套的是市场化的证券市场、市场化的中介机构，需要的是高度自治的、摆脱行政依附的自律组织。

我国的证券行业自律组织——中国证券业协会，成立于 1991 年 8 月，基本上经历了证券市场发展变化的整个过程。证券业协会与证券市场的参与主体证券公司、上市公司、投资者有着紧密的联系。作为监管机构与市场主体间的桥梁和沟通平台，证券业协会在从业人员资质、行为监管、投资者教育和适当性管理方面积累了大量的实践经验。在监管部门转变监管方式，加强事中、事后监管措施的过程中，可以通过证券业协会建立"直通车"和"缓冲带"，对于证券公司、上市公司、证券从业人员、上市公司高管等的监管，监管部门可授权证券业协会代为行使部分权限，对不当行为进行限制、禁止；对相关人员问责、警示、处分、驱逐出市场；对违法违规行为展开现场审查反馈意见，发挥"直通车"的监管功能。同时，证券业协会在投资者利益受到侵害，证券市场主体间产生纠纷时，可及时展开调查、取证、调解等措施，发挥监管"缓冲带"的功能。

三　直接监管与自律监管相结合

注册制下完善证券监管的基本思路是：加强自律组织的自我监管，优化证监会的直接监管，同时完善证监会对自律组织的监管体制，由对证券市场全面、直接的干预性监管逐步转变为直接监管与间接监管并重的监管框架。其中，证监会对市场的直接监管领域在于宏观决策和监管规划，其中事务性、操作性和执行性等职能领域可适当放松管制，监管重心相应由事先核准审批向事后审查监管转移。此外，证监会证券监管的实施，还需要行业自律监管的有效配合；而自律组织的监管也离不开证监会背后的支持。因此，以证监会监管与自律组织监管有效配合，并形成相辅相成的模式为前提，在证监会和自律组织之间实行科学有效的监管分工，是构建高效证券监管框架的重要保障。

四　强化事中事后监管

证券监管机构的职能是监督管理上市公司合法经营，维护资本市场秩序，打击和惩罚各种违法行为，保护投资者合法权益，最终保障资本市场健康运行。但是，多年来证券监管机构把主要精力放在对新股发行的审批上，有本末倒置之嫌。应逐步将注意力由对上市条件的实质性审查判断转移到对信息披露的形式审查上来，这样有助于降低事前审核门槛，由市场投资者自行谨慎判断企业状况并自主决定自己的行为。证券监管机构应当把重心转移到事中和事后的监管上来，如果发现企业披露信息存在弄虚作假的现象，加大对企业和相关责任人的惩处力度。放弃对企业上市发行价格控制和供应控制，推进证券发行监管和上市监管相分离，证监会只对新股发行进行形式审查和注册登记，将上市监管的权力交给证券交易所，真正做到还权于市场。

（一）强化事中事后监管的必要性

证券 IPO 注册制势必体现适度放松准入管制、加强运行监管的政策理念。充分信息披露的背后就是毫不容忍遗漏、误导、失真、造假等虚假陈述的严厉监管的精神，体现市场开放条件下的准入规则和法治原则。准入规程一旦由注册制取代审核制，证券监管的重心必然后移到事中和事后阶段。在披露是完整的前提下，公司可否获准首发并上市交易募集资本，交易所还是要按照披露的情形做出审核筛选，即使交易所坚守严厉的审核筛选条件但相比证监会的专门审核制而言，通入资本市场的大门已经由一处变为两处以上，流量肯定增加是毋庸置疑的，个别"南郭先生"式公司或者"病猫"式公司挤进资本市场也是可能的，因此，注册制下事中和事后监管的重要价值日益凸显。因发行审核门槛大幅降低，发行效率提高，企业发行上市进程加快，数量明显增多，证监会应将重点集中在事中、事后监管。

证监会监管职能的强化与监管重心的后移大大增加了监管资源的需求。纵观美国证券交易委员会（SEC）的发展史，不难发现其实是一部监管资源的扩张史。SEC 的规模随着美国证券市场的发展增长了数倍，美国历届 SEC 主席均致力于为 SEC 争取更多的财政投入以充实自己的监管资源，以吸引更多的专业人才加入 SEC。在中国注册制改革进程中，监管资源的进一步投入也是十分必要的。只有保证了监管资源的投入，充分保证监管人力物力供给，才能确保监管力度，才能提高信息披露与事后监管质量，进而真正实现证券市场的健康运行和保障投资者的权益。

（二）事中事后的证券监管法律制度

事中事后的证券监管法律制度应包括真实充分及时的信息披露制度、健全的退市制度和完整的法律责任体系。信息披露制度是保证申请证券发行和上市的公司提供真实、充分的信息的制度保证，唯有申请证券发行和上市的公司及时、真实、充分地披露信息，才能为证券监管机构和投资者提供审查和判断的信息依据。上市公司退市制度是对欺诈发行、上市的公司又一道过滤网，一方面有效遏制某些采用虚假手段包装上市的公司，另一方面对上市公司也可以起到威慑作用，促使其依法经营和保持在证券市场的竞争力，以免因违规经营或经营不善而被强制退出证券市场。在证券违法行为的法律责任体系中，除行政责任和刑事责任之外，应完善民事责任制度，将惩处和补偿机制有效结合，保护中小股东利益，增强投资者对证券市场的信心。

（三）事中事后监管的内容

1. 事中监管——交易行为和规则监管

事中监管主要体现为对交易行为合法化、交易规则运行状态的规范和完善。在发行申请人通过注册审核向公众发行股票后，实际控股股东、重要持股人（持有5%以上股份对象）和关联方是否按照相关规则报备和严格遵守减持退出规则；定向增发、股权激励、大股东回购、分红配送等系列再融资和股权变动事宜是否合规；上市后的兼并重组、收购合并等行为是否符合程序；信息披露、重大事项报备及股价大幅波动答疑是否透明、公开、及时，都将纳入证监会事中监管范畴。对于交易中的规则缺失和明显不当，也应由证监会及时予以纠正和救济。如光大证券"乌龙指"事件引发的股指异常波动给投资者正常决策判断带来重大影响，监管措施应更加及时果断，以最大程度消除影响，保障市场平稳运行。因此，需赋予监管机构必要的立法权，在特殊时期或紧急情况发生时能积极应对，有效防止风险释放。

2. 事后监管——加强执法力度

注册制并不意味着"权力型"证监会的完全隐退，相反在某种意义上意味着需要一个更强大的证监会。只有强有力的监管执法才能为注册制保驾护航，为中国式注册制在资本市场生根发芽、蓬勃发展奠定坚实基础。在监管方面加强执法，打击证券市场违法行为，保障其稳健运行。结合近些年的执法实践过程，继续强化和丰富执法的手段，特别是在违法行为的认定方面，还需要最高法等部门给予支持。同时，要加强各地监管部门的执法监督力度，建立诚信档案和负面清单，降低执法成本。

证券市场上的监管执法权与一般行政执法不同，具有极大的特殊性。为此，应从以下两方面加以改进：其一，应赋予证监会更强大的市场异常行为控制权。证监会应对突发证券交易行为的法律手段非常欠缺，当证券交易出现特别异常情形时，证监会难以进行积极应对，没有决定取消某些异常交易行为的权力，从而排除非正常事件对证券市场的意外影响。其二，应赋予证监会对特定违法行为的准司法权。例如，证监会在查处有关违法案件过程中，可以像法院/警察机关一样采取查封账户、冻结资金，甚至采取监听措施，有权直接向法院提起诉讼，等等。如此，则使证监会成为一个特殊机构，成为兼有立法、司法、行政等若干职权的国家机关综合体。

五　强化交易所的一线监管

（一）证监会对证券交易所的监管

证监会对证券交易所的监管是为了解决商业利益与公共利益的冲突，其对交易所的监管主要通过审批监督交易所规则实现。证券交易所作为自律组织，其主要目标是维护券商利益，它们也更关注市场的变化对于自己利益的影响，因而其制定的规则有时难免有偏颇之处。作为政府部门的证监会的工作重心在于从宏观上保证证券市场的良性发展，其根本宗旨在于维护投资者的利益，它要关注证券市场的发展动态并加以规制，其规制手段是审批监督交易所规则。

（二）证券交易所自律管理权威的确立

我国证券市场的演进过程决定了我国证券交易所是法定的自律管理。作为新兴证券市场，我国证券交易所并非自发演进、自主形成的产物，其自律管理从一开始就被纳入行政监管之下，具有强制性特征，缺乏主体地位和自律精神。虽然当前证券交易所自律监管在证券市场中发挥的作用越来越大，但由于法规建设尚不健全，市场的规范化运作水平仍然很低，只有通过靠近行政权力获得自律管理的权威性。在各国或地区的证券立法中，均明确授予交易所自律管理权限。美国《1975 年证券法修正案》授予证券交易委员会修改自律组织规则的权力尤其具有代表性，该法案授予证券交易委员会以"全权"，可以按照促进《证券交易法》目的的任何方式废除、增添和删除自律组织（注册结算机构除外）规则。因此，我国可借鉴相似做法，通过《证券法》修订确认证券交易所的自律管理权力，进而实现法定自律，提高证券交易所自律管理的效力层次。

（三）强化交易所一线监管的内容

《证券交易所管理办法》第三条规定，证券交易所是实行自律性管理的法人，而《证券法》第一百一十五条规定，证券交易所对证券交易实行实时监控，并按照国务院证券监督管理机构的要求，对异常交易情况提出报告。上述规定确定了交易所具备自律权力的法律依据，明确交易所必须对市场交易的合规性、合法性进行监管的职责。证券交易所一线监管的对象主要是上市公司与场内交易行为，这种监管具有实践性和客观性，因此强化证券交易所的监控职能，能充分发挥证券交易所的反常交易发现功能。

1. 严格审核注册文件

由交易所负责审核公开发行股票并拟在证券交易所上市交易的申请证券发行公司的注册文件的齐备性、一致性、可理解性，交易所出具同意意见的，应当向证券监管机构报送注册文件和审核意见，证券监管机构 10 日内没有提出异议，注册生效。证券交易所是审查证券发行文件的第一道关口，其应充分发挥监管功能，严格审查注册文件，使符合条件的申请发行公司获得证券发行注册登记。

《证券法》修订草案明确规定修改后的发行条件：第一，规定发行人及其控股股东、实际控制人最近三年无经济类犯罪记录；第二，发行人具有符合法律规定的公司组织机构；第三，最近三年财务会计报告被出具为标准无保留意见。因此，交易所应当对发行人的注册文件进行审慎核查，对发行人是否符合发行注册条件提出明确意见。审核时应排除具备发行人、控股股东和实际控制人的经济犯罪记录条件的公司申请注册；关注会计师事务所出具的最近三年财务会计报告标准是否有保留意见；不再进行主观判断和评价，包括申请证券发行公司的公司组织机构、持续盈利能力和财务状况等，而应聚焦于客观描述的发行条件是否具备。

2. 严格规范上市监管规则

证券交易所对上市公司的监管是一个过程监管，从阶段性来讲，可分为上市监管和持续监管。上市监管是指上市条件或上市标准的监管，即要求公开发行股票的公司在证券交易所集中竞价所必须满足的要求和条件。公司上市后，证券交易所对上市公司行使持续监管的权力，对不符合相关规定的上市公司决定暂停或终止上市。

证券 IPO 实行注册制以后，交易所对发行公司的盈利能力不进行实质审查，一些上市公司可能通过粉饰财务报表，在财务会计报告中进行虚假陈述。因此，对财务会计报告进行实质审查的任务转移至证券交易所，证券交易所应在上市审查中严格把关。否则，不符合上市条件的公司蒙混过关，证券市场的上市公司将会鱼龙混杂，最终危害广大投资者的利益。此外，证券交易所可以制定高于《证券法》规定的上市条件并报证监会批准，根据证券市场运行的具体情况，按照《证券法》的授权，拟定上市公司暂停上市、终止上市的条件。

3. 强化对上市公司的信息披露的监督

信息披露监管是证券交易所对上市公司监管的重要内容之一。如同监管区分为上市监管和持续监管一样，上市公司的信息披露义务也包括上市信息披露和持续信息披露。上市信息披露是公司申请上市时必须向证券交易所提交包含特定内容的相关文件并按照规定的方式向投资公众予以披露的义务，通常以上市公告书的形式出现。上市信息披露的要求是真实、全面，对上市信息披露的监管主要体现在对公司上市申请的审查把关中。如果申请上市的公司未能按照《证券法》的要求及时、真实地披露信息，其证券将不会被注册发行及上市交易。

上市公司持续披露的信息内容包括综合性信息和更正性信息。综合性信息是指年度报告、中期报告和临时报告，这些信息是综合判断上市公司经营状况、发展前景和经营方针的基础条件。更正性信息是指对谣传的澄清、客观情势变化引起的信息更新和对误述的更正，这类信息对于投资者的判断能够起到纠偏的作用。公司发行的证券在交易所上市以后，上市公司持续披露信息是投资者掌握公司经营状况和股票价值的唯一渠道，唯有上市公司依法及时地履行信息披露义务，才能保证投资者理性地做出投资判断和客观地选择投资公司。

目前，我国已上市公司存在的违法违规披露信息的行为主要有以下几方面：一是信息披露不真实、不准确或存在重大遗漏。公司管理层为了自身经营管理中的利益，蓄意歪曲或隐匿真实、准确的信息，误导和欺诈投资者。二是信息披露不及时、不严肃。许多上市公司重要信息的披露延迟于市场反应，并且违反证券监管部门关于信息发布的规定，在时间、场合错位的情形下披露信息，使投资者无法及时、准确地掌握信息。三是滥用预测性信息。不少上市公司为了筹集资本，往往夸大其词地描述公司前景，而最终受害的仍旧是广大的投资者。

针对证券市场存在的不同类型的信息披露违法行为，证券交易所应采取有针对性的监管措施，以确保其依法履行信息披露义务。证券交易所对于上市公司信息披露的监管，是维护证券市场秩序和保护投资者利益的中坚。要使上市公司客观、及时地按照法律要求披露信息，证券交易所应建立信息披露的监管督促和惩戒规则，使各类不按照法规规则披露信息的上市公司承担相应的违法违规责任，情节严重的，应予以强制退市。

4. 加强证券交易所的退市监管权

退市监管是证券交易所惩戒违法上市公司的最后威慑力量。证券交易所通过上市监管、持续监管仍然不能解决某些上市公司的严重违法行为，即可强制该类上市公司退市。2001 年中国证监会发布的《亏损上市公司暂停上市和终止上市实施办法》是针对"公司连续亏损"情况的退市，没有对其他违法违规情形的上市公司规定退市通道。然而，从证券市场运行的实际情况看，有些上市公司虽未发生亏损的事实，但其股本总额、股权分布等发生变化不再具备上市条件的也应退市；对不按规定公开其财务状况或者对财务会计报告严重弄虚作假、有重大违法行为，其行为后果严重破坏证券市场秩序和损害投资者利益的，应当赋予证券交易所勒令其退市的处罚权令其退市。由此造成股东利益损失的，由股东通过追究负有责任的董事赔偿实现。由此可见，《证券法》赋予证券交易所退市标准制定权，体现了适应证券市场发展需要的灵活性。

2005 年《证券法》第五十五、第五十六条设置了证券交易所退市标准制定权的兜底条款，即"证券交易所上市规则规定的其他情形"，赋予了证券交易所退市标准制定权。这一条款的规定使证券交易所获得根据证券市场运行中出现的实际问题酌情制定退市条件的权力。实行证券 IPO 注册制，信息披露以"卖者自慎"为原则，强化证券发行公司的信息披露义务，证券监督管理机构对证券发行公司的监管距离会适度拉长，优胜劣汰的生存法则将在证券市场进一步发挥作用。证券交易所应根据证券上市和交易过程中产生违法违规问题的原因和其对证券市场的危害性，在上市规则中制定退市规制条件，报证监会批准，并按照批准的退市条件行使退市监管权，维护证券交易市场秩序。

六　强化中介机构角色

（一）核准制下中介机构角色弱化与错位

在我国目前发行核准制下，中介机构的参与必不可少，但其发挥的作用却无法令人满意。由于核准制的内核仍为行政审批，中介机构更多地扮演了帮助发行人应对审批、通过审批的角色，而无须多虑市场对自身的评价，实践中出现了在一些新股发行弊案中，中介机构失职失责，甚至与发行人勾连串通的现象。就整个市场而言，由于聚焦于行政审批的结果，信息披露重要性不足。因此，参与信息披露的中介机构的作用也大打折扣。同时，由于核准制所奉行的监管机关实质审核的哲学，成功发行的新股似乎已成为经检验合格的产品，中介机构所应当承担的把关作用则被忽视，这在客观上致使中介机构良好的责任意识难以形成。证监会审核的文件、事项多，管的事情多，必然产生"挤出效应",导致交易所、中介机构的作用受到限制,市场的作用受到限制,这些中介机构越"长不大",也就越让证监会感觉不放心,由此造成恶性循环。

由于核准制下新股基本不存在卖不出去的难题,且新股定价市盈率普遍偏高,因此,多数券商不会重点关注 IPO 的定价,而将主要精力聚焦于维系客户关系,帮发行人准备发行资料、撰写招股说明书等方面,而这些文字工作恰恰是律师的强项和职能。而律师撰写的上市意见书和律师工作报告并非信息披露的核心内容。由此,二者的优势均未发挥出来,导致核心信息披露质量堪忧。

(二)注册制下中介机构角色强化

在注册制下,中介机构角色的凸显是伴随着市场化进程,中介机构的作用突出化、责任实质化的结果。在注册制框架下,信息披露成为发行阶段的核心所在,同时也成为市场主体关注的焦点。因此,发行人信息披露的质量将直接决定发行上市的成败,关系到相关中介机构在其职业领域的声誉,中介机构的作用将更加前台化。同时,市场也更依赖中介机构扮演好其"看门人"的角色,从而对发行人形成有效的制约。概言之,中介机构的"戏份儿"将更加充足。此外,核准制还包含着对新股发行节奏的控制,因此大量发行人排队的现象屡见不鲜。而推行注册制后,新股发行的频率有望加快,将有更多的公司加入发行上市的行列中,中介机构自然也会获得更多的参与机会。与此同时,中介机构也需要承担更直接和更重大的责任。在过往的实践中,由于有政府对新股发行人的"背书",在出现发行弊案时,尽管相关中介机构也受到了相应处罚,但出于监管机关也难辞其咎的考量,中介机构的责任退居其次。而注册制下失去了权力背书的因素,完善的责任机制将使失职失责的中介机构承担起相当分量的直接责任。

(三)归位尽责措施

1. 律师与券商角色重新定位

在发达国家和地区成功实施的注册制下,律师的主要职能是为发行人提供法律咨询服务,具体而言,包括为发行人准备招股说明书、注册表附件等一系列的信息披露方面的文件，其工作的核心在于尽量避免发行人因上市信息披露不实带来的诉讼。而作为投资银行的券商在证券上市发行过程中扮演的角色首先是帮助发行人寻找潜在的投资者，其次是组织股票发行的路演和询价，确定股票的最终发行价格，然后在二级市场上市出售股票。在我国也可考虑由律师执笔撰写作为注册制审核核心文件的招股说明书，券商的工作重心回归市场调研与IPO合理定价。

2. 重建委托—代理机制

在现行"严格的保荐人牵头责任"模式下，部分中介机构不但没有扮演好"看门人"角色，反而充当了发行人的包装顾问。"看门人"机制失灵的问题主要在于中介机构与发行人之间的委托—代理机制导致的利益冲突，以及各类"守门人"之间的职责划分不清。因此，有必要由拟IPO公司预先向交易所支付相关中介费用，由交易所根据公开、公正、公平的原则选任各类中介机构，以确保中介机构执业独立性。

3. 明确中介机构归责原则

制定《中介机构执业规范》，将各类中介机构职责范围进行明确界定，将保荐人责任与其他中介机构的责任，特别是连带赔偿责任和过错赔偿分别适用的情形规定得更加具体，并增加补充责任的适用范围。

4. 赋予相关市场主体更多法律权利

①赋予律师更多的独立权。证监会可借鉴美国经验，鼓励由律师撰写招股说明书，不失为一种有益的尝试。②赋予投资者更大的维权空间，以有效约束中介机构行为，强化投资者保护。同时，执法机构应保持监管高压态势，加大对违法违规中介机构查处力度，震慑证券市场害群之马。

5. 提高中介服务机构履行义务的标准

注册制下需明确强调为股票发行注册提供中介服务的律师事务所、会计师事务所、评估机构对其所出具注册文件三性的保证。尽管此前《证券法》第一百七十三条也有证券服务机构文件出具义务的规定，但责任人需要进一步具体落实到签字律师、签字注册会计师等直接责任人。同时，明确规定注册文件有虚假记载、误导性陈述、重大遗漏和其他欺诈情形，或证券服务机构有重大过错时，除罚款之外，有必要设置三个月至三年内交易所不接受其所出具文件的业务限制。

6. 强化连带责任

注册制意味着部分实质审核权回归到证券中介及服务组织，会计师事务所、律师事务所、保荐机构和券商在 IPO 过程中的业务中心和角色会发生根本性改变。在中国目前的信用环境下，强化"投资者适当性"制度，推行承销团、保荐团的集体（联合）承销、集体（联合）保荐形式，用连带责任的方式建立一种私人监控机制，可以最大程度地减少注册制给投资者和社会公众带来的阵痛。

（四）执业水准的提升

中介机构的执业水准若不提升，即使在核准制下，也是不称职的，更遑论在注册制下发挥更大的作用。在注册制改革背景下，提升执业水准是中介机构承担更大责任、发挥更大作用的必然要求，也是在日趋激烈的市场竞争中必需的生存法则。

1. 逐步完善相关的执业标准

目前，我国虽然已经形成了保荐人、会计师、律师的相关执业准则和规定，但仍存在许多问题，例如过于笼统、范围不清等。究其原因，一个重要的因素即是所形成的规范呈现行政主导性，缺少行业参与，无法凝聚行业共识。以证券律师为例，证监会、司法部于 2007 年发布的《律师事务所从事证券法律业务管理办法》和 2010 年发布的《律师事务所证券法律业务执业规则（试行）》均是监管机构和律师管理机关出台的规范，由于专业性和立场的原因，不可避免地存在着与执业实践脱节、过于宽泛等问题。实践中，证监会要求律师出具涉及"技术领先性、市场竞争地位、产能状况"等内容的法律意见书，明显超越了律师的专业范围，令律师无所适从。鉴于此，在执业标准的制定过程中，必须要引入职业共同体的参与。具体而言，行业协会作为自律组织应当承担凝聚行业共识、推动行业发展的责任，同时在行业中已经取得较成熟发展的中介机构理应发挥中坚力量的作

用，用更开放的态度分享从业经验。就执业标准的落实机制而言，应
当搭建执业状况评价平台，使优秀的从业者从中脱颖而出。

2. 完善内控机制

万福生科欺诈发行股票，既与具体承担保荐职责的保荐代表人未
勤勉尽责有关，也与平安证券内部整体缺乏有效的质量控制和风险管
理有关。虽然从形式上看，平安证券在案发时已按照法律规定建立保
荐业务制度，但从本案的发生看，平安证券保荐业务相关质量控制制
度未能得到有效执行。目前投资银行的运作中普遍存在着业绩第一的
文化。采取作坊式承包制及巨额提成机制往往导致项目团队以"过
会"为工作中心目标，因而会诱导舞弊和造假。因此，自律组织合规
建设的重要价值应当加以重视。合规是公司稳定发展的基石，缺少了
这一机制，任何急速的突进均有可能因一次风险的降临而前功尽弃。
注册制在业务上为中介机构带来更大的增长可能性，而合规建设将是
这种增长的"安全带"。

综上所述，注册制改革进程实质上是发行审核权力的结构性重
整。证监会的权力范围和地位将进一步提高，强化其对特定市场行为
的处置权，变身保护资本市场的"警察"；交易所将承担审核企业的
责任，作为一名为投资者争取更好交易的谈判者；中介机构责任得到
强化，变身市场"看门人"，也将是整个发审机制的重要一环。IPO
发行审核由证监会一肩挑的模式转变为证监会、交易所、中介机构各
司其职的责任链条。

第八章 IPO 注册制的配套改革之四：
事后追责制度

有力的综合性执法，包括行政执法、民事诉讼和刑事诉讼，是注册制有序运行的根本保障。美国证券市场无处不在的民事诉讼和无孔不入的律师群体，集团诉讼制度、做空机制及民事和解制度等是其注册制成功实施的制度基础。核准制的立法理念重在预防，防止没有投资价值的证券进入市场，而注册制的立法理念则重在惩戒，通过严厉的反欺诈制度达到事后保护投资者的目的。注册制在一定程度上是依靠事后的救济、惩戒，来弥补和取代事前审核与事中检查的缺位。

第一节 IPO 注册制下刑事处罚强化

即使在美国这样的成熟市场，证监会也没有足够的人力物力去审核每家公司，也难以避免出现安然公司这样的严重欺诈案件。但是，监管的精髓正在于此：事前假设每家公司都是诚实的，一旦发现有造假者，即采取严厉的惩罚特别是对有关人员的刑事责任。事后惩戒的巨大震慑作用，将使那些企图造假上市的人望而却步。各国证券法均有对违反信息披露制度当事人追究刑事责任的规定，均采用了较为严厉的刑事处罚手段予以打击。

一 美国的刑事处罚

美国的违规披露事件较少，主要归功于其严厉的追责制度，包括起诉、巨额罚金以及刑事处罚等。其值得借鉴的经验有以下几点。

（一）违法违规事实界定清楚

美国《证券法》规定："当注册报告书的任何部分在生效时含有对重大事实的不真实陈述或漏报了规定应报的或者遗漏了使该报告不致被误解所必要的重大事实时，任何获得这种证券的人（除非被证明在获得证券时，他已知晓这种不真实或者漏报）都可以根据法律或平衡法在任何具有合法管辖权的法院提起诉讼。"《证券交易法》规定："以任何欺骗、阴谋或者骗术进行诈骗，或就重大事实做任何不实陈述或未陈述重大事实，或从事对任何人可以构成欺骗的任何行为、做法或业务，均属违法。"该法还规定："任何人故意违反该法或美国SEC在该法下制定的规定、规则所需提交的任何申请、报告或者文件中做出虚假或误导性的陈述，当属犯罪。"发行人任何欺诈行为均要承担法律责任，签署报告的人、公司董事及合伙人、律师、会计师、评估师、其他编制和确认报告的专业人士、证券承销商等均须承担连带责任。

（二）法律责任严苛

美国各类证券监管法规对发行人及上市公司的法律责任规定具体而明确。在刑事责任上，《证券法》规定："任何人故意违反该法或美国SEC在该法下制定的规定、规则，或者故意在依据该法提交的注册文件中对重大事项做出不实陈述或不予陈述，在证明有罪后，将予以不超过10万美元的罚金，或被判5年徒刑，或两者并处。"2002年颁布的《萨班斯·奥克斯利法案》进一步加大证券欺诈主要当事人的刑事处罚力度，刑期和罚金较以前均大幅提高。其中包括：①故意进行证券欺诈的犯罪最高可判处25年的有期徒刑。对犯有欺诈罪的个人和公司的罚金最高可达500万美元和2500万美元。②故意破坏文件或捏造文件阻止、妨碍或影响联邦调查的行为将视为犯罪，并处以罚款或20年有期徒刑，或并处。③会计师事务所的审计和工作底稿至少应保存5年。任何故意违反此项规定，将予以罚款或判处10年有期徒刑，或并处。

对于中介机构及其责任人的法律责任同样严苛。美国《证券法》《证券交易法》及相关判例等明确界定了包括律师、注册会计师、评估师和承销商等中介机构及其相关责任人在发行人 IPO 及后续信息披露中存在欺诈行为应承担的、带有区别性的法律责任。只要欺诈行为或者重大过失成立，中介机构不仅要负民事赔偿责任，还可能负刑事责任。2001 年安然事件后，对注册会计师为首的中介机构的法律责任得到进一步强化。《萨班斯·奥克斯利法案》进一步强化了中介机构审计鉴证的独立性，更加细化处罚措施，加重刑事责任并延长诉讼时效。

除此之外，信息披露责任人如果在公开信息的过程中存在故意隐瞒和进行误导性陈述以及出现重大遗漏的情况时，违法违规行为的当事人应当被判处监禁并罚款。至于专门规制内幕交易行为的美国《内幕交易法》对内幕交易行为规定了刑事制裁的手段，不仅规定没收非法所得，以及对自然人处以非法利润 3 倍以上、100 万美元以下罚款，对法人 250 万美元以下罚款的经济处罚，还规定可以对负主要责任的自然人做出 10 年以下监禁的处罚。为了达到鼓励投资者积极揭发举报违规信息披露行为，该条法律还规定举报人可以获得案件罚款 10% 的举报奖励。

二　国内刑事处罚的强化

我国《证券法》第一百九十三条规定，发行人、上市公司或其他信息披露义务人未按规定披露信息，或所披露信息有虚假记载、误导性陈述或重大遗漏的，责令改正，给予警告，并处以 30 万元以上 60 万元以下罚款。对直接负责主管人员和其他直接责任人员给予警告，并处以 3 万元以上 30 万元以下罚款。新《刑法》颁布以后，司法机关加大了追究上市公司虚假财务报告刑事责任的力度，开始出现了有关责任人因为提供虚假财务报告而被判刑的案例。如 1998 年，琼民源原董事长兼总经理马玉和被判处有期徒刑 3 年，总会计师班文绍被判处有期徒刑 2 年，缓刑 2 年。2002 年 8 月，原郑百文董事长李福乾因涉嫌提供虚假财务会计报告罪被提起刑事诉讼，其他涉嫌犯罪的相关责任人卢一德、都群福也被追究刑事责任。2002 年 9 月，银广夏原董事局副主席、总裁李有强，原董事局秘书、财务总监、总会计师丁功民，天津广夏（集团）有限公司董事长董博、原总经理闫金岱涉嫌提供虚假财务会计报告罪，被刑事拘留。2003 年 1 月，因犯有提供虚假财务会计报告罪，ST 东方前董事长、总经理隋元柏被判处有期徒刑两年并处罚金人民币 5 万元，前董事会秘书高峰被判处有期徒刑一年并处罚金人民币 2.5 万元，前总会计师方跃被判处有期徒刑一年缓刑一年并处罚金人民币 5 万元。其他被追究刑事责任的还有 ST 海洋、蓝田股份（生态农业）、麦科特等上市公司相关责任人。

很显然，正是由于对于违规披露的刑事处罚力度过于轻微，才导致上述案件层出不穷。刑事责任的兜底保障是维护证券市场健康稳定发展的基础和前提。刑事责任是最为严厉的法律责任形式，主要是人身责任，适用于犯罪行为。对于严重提供虚假财务会计报告的行为，应当承担刑事责任。刑事责任具有惩罚的属性，其目的在于通过将严厉的惩罚性责任施加于犯罪人，排除侵害，预防犯罪，保卫社会。刑事责任的效用在于遏制和打击严重违法犯罪行为，剥夺行为人进一步实施违法犯罪的客观条件，从而恢复正常的社会秩序。为了更好地维护证券市场的稳定和发展，必须严厉制裁证券违法行为。关于刑事责任的规定和关于民事责任、行政责任的规定应当形成一个体系合理、比例平衡的整体。因此，在进行制度构建过程中，需综合协调三种责任所占比重，以期发挥最佳效果。

注册制相对现有制度意味着有更多的企业有机会上市，"宽进"则必须加大处罚力度，严防欺诈发生。发行人在注册文件对重大事项做出虚假陈述、误导或遗漏的，且对投资者利益构成重大损害的，可以考虑最高以刑事处罚的方式进行追责，并同时附加民事赔偿义务。可修订《证券法》，如对于在招股说明书中存在"隐瞒重要事实或者编造重大虚假内容"的行为，尚未发行证券的，处以 100 万—1000 万元的罚款，而现行处罚最高只有 60 万元；而对于已经发行证券的，则处以非法所募资金金额 2%—10% 的罚款，而现行最高标准为 5%。这一规定分阶段地加大了处罚力度，相较当下的处罚规定大大提高，特别是对已发行证券的，处以非法募集资金金额 10% 的规定可能会导致出现巨额罚款，对市场形成较强的威慑力。

对保荐人出具有虚假记载、误导性陈述或者重大遗漏的发行保荐书，或者未履行持续督导义务施以严厉处罚，责任追究范围应不仅及于保荐机构，也及于直接负责的主管人员和其他直接责任人员，处罚力度也相应强化，除了最高额可达业务收入 5 倍甚至 10 倍的罚款金额，还可处以暂停或撤销保荐机构相关业务许可、撤销相关人员任职资格或者证券从业资格的重罚等。

此外，还需切实加大执法协作配合力度，健全行刑衔接机制，对涉嫌犯罪的违法行为坚决移送公安机关，追究刑事责任，实施刑罚制裁。

第二节 IPO 注册制下民事赔偿制度建立

刑事责任主要是通过刑罚来惩罚有关责任人，从而达到威慑的作用。其预防、惩罚的作用是主要的，基本没有补救效用。因此，刑事责任只能对责任人予以惩罚，难以对投资者已经发生的损失加以补救。注册制下尤其应当将追究违法违规人员的民事责任作为资本市场法治的一个核心问题，以保护投资者利益，恢复投资者信心。如果直接遭受损害的投资者不能获得充分及时的赔偿，自然会对整个市场的游戏规则丧失信心，从而导致资本市场的萎缩。

补偿是民事责任的典型功能，它能消除违法行为的不利后果，使受害者的权益得以恢复，是对民事主体利益的维护，是法律公平与正义在民事责任制度上的体现。民事赔偿还具有制裁与预防功能。就虚假陈述而言，民事赔偿责任较之刑事和行政责任，对违法者的震慑作用可能更大。由于要对投资者遭受的损失进行赔偿，这一数额往往相当巨大，将会督促违法者三思而后行，故兼具预防与遏制违法的功能。民事赔偿有利于证券市场的发展和投资者合法权益的保护，使投资者因虚假陈述而遭受的损失可以通过司法程序获得充分的救济。可行又便利的民事赔偿制度，将极大地调动广大投资者参与监督的积极性，切实保护无辜投资者的利益。就当下注册制改革而言，最为直接的是引入证券集团诉讼制度。

一　证券集团诉讼制度概述

（一）证券集团诉讼内涵

证券集团诉讼是集团诉讼中最为典型的一种，指当上市公司的证券侵权行为损害了股东群体性利益时，少数股东为群体甚至全体股东的利益向侵权人（通常为上市公司，有时还包括该上市公司的高层管理人员）提起的民事赔偿诉讼，该诉讼结果适用于全体受损害股东的诉讼制度。

（二）证券集团诉讼的价值

证券集团诉讼法经济学方面的价值主要体现在对证券投资者的价值、对被告上市公司的价值以及对整个证券市场的价值上。

1. 经济上的合理性

当证券市场上出现上市公司的违法行为时，个别投资者因其持有的股份数有限，所遭受的损失相较于动辄几百万元的法律诉讼费用要低得多。"理性经济人"通过对自身利益的计算，对诉讼投入的时间、精力及专业知识不足的考量，通常会选择放弃对不法上市公司的诉讼。证券集团诉讼的作用在于将若干个别诉讼合并为一个诉讼，节约诉讼成本，提高效益。当代世界各国集团诉讼制度的建立无不是从诉讼经济的角度出发，通过一个审判程序便可救济大量的被害者，这既节省了审判的费用，又使被害救济制度有可能实现经济上的合理性。仅依靠集团诉讼便能使诉讼由经济的自灭行为变成经济的合理行为，由殉道者的英雄行为变成经济人的理性活动。证券集团诉讼对于小额的数量庞大的普通证券投资者而言，是最为经济的一种纠纷解决方式：除了诉讼代表人，其他当事人都无须直接参加诉讼、无须支付诉讼费用，便可以享受按持股比例平等受偿的权利。法经济学上的效率与正义原则在证券集团诉讼制度中得到了淋漓尽致的体现。

2. 增加谈判与和解的可能性

如果诉讼不可避免，那么集团诉讼对于被告上市公司也具有明显的经济性。如果集团当事人提起成千上万个个别诉讼，被告事实上也无力一一应付；如果同类诉讼分别在不同法院提起，被告则会疲于奔命。证券集团诉讼将若干个别诉讼合并为一个诉讼，事实上也节省了被告上市公司的诉讼成本和精力。另外，专业律师的介入改变了证券集团诉讼案件的主体关系结构，在有些情况下使集团当事人过于激烈的利益诉求更加趋于理性，一个业务成熟的律师会尽力降低双方当事人之间的敌意和对立的程度，增加谈判与和解的可能性。

3. 有利于整个证券市场依法运行

依靠私人律师代表分散投资者提起证券集团诉讼不同于一般的等待顾客上门的律师，集团律师主动去"发现"潜在的案件；他们会选定特定类型的上市公司不法行为予以"密切关注"，从而实现专业化分工；会借助各种信息渠道去探知是否存在违法行为，进而发动证券集团诉讼；会采取针对不同或同一被告提起多重集团诉讼等策略来降低诉讼成本；在先前的集团诉讼中所获得的收益为他们不断提起新的集团诉讼提供了资金支持，使他们敢于尝试新的法律领域。证券集团诉讼中所蕴含的经济利益驱使着私人律师更主动、积极地关注证券市场上上市公司的一言一行，为了正义同时为了经济利益，忠实、勤勉地担任着证券市场上的"民间检察官"，对上市公司的不法行为企图有极大的威慑和预防作用，与政府监管机构协作，对整个证券市场的依法运行发挥积极的作用。

二　我国引入证券集团诉讼制度的必要性分析

（一）有利于保护中小投资者的合法权益，维护社会和谐稳定

法律的灵魂在于权利的保障，诉讼则是保障权利最直接、最有效的手段和方式。美国证券市场在注册制下能够良好运行，其中重要的保障措施是具有良好的投资者利益保护的救济选择权（包括诉讼或放弃诉讼）、有力的 SEC 执法和司法部刑事诉讼。美国集团诉讼的机制是打击证券发行欺诈的强有力武器。

证券侵权行为与其他侵权行为相比，有着更为突出的特点：第一，受害者人数众多。第二，证券侵权行为造成的损失总额巨大。第三，单个投资者受到的损失金额比较小，投资者一般没有动力单独提起诉讼。即使相关的公司法和证券法规定投资者受到损害后可以起诉侵权行为人并获得赔偿，由于加害人一般是相对强势的上市公司，在复杂的商务活动领域要证明加害人的侵权行为，需要支付高昂的诉讼

成本并承担败诉的风险，单个投资者很难有动力起诉。

由于目前证券市场的监管力度不足，对投资者的保护不到位，使多数投资者在权利受到侵害后不能通过有效的途径获得救济，投资者长期累积的不满情绪容易爆发，严重时可能引发群体性事件，对我国的社会和谐稳定造成极大影响。因此，在现今上市公司违法侵权成本较低、司法救济又不能保障投资者权益的情况下，我们有必要引入美国的证券集团诉讼，构建我国证券集团诉讼制度。

（二）有利于遏制上市公司的违法行为，确保证券市场的健康发展

美国法律实践中的集团诉讼机制便是悬在上市公司头上的一把利剑，在证券虚假陈述的集团诉讼中，所有在股票受影响期间买入的股东均可成为原告，诉讼赔偿金额巨大，是对 SEC 监管证券市场的重要补充，对信息披露制度实施发挥着关键作用。我国证券市场近年来重大违法案件不断涌现，涉及的受害人数高达上千万。然而，绝大多数原告均没有获得应有的赔偿，涉案的大型上市公司也没有受到相应的惩罚和制裁。作为弱势群体的中小投资者，由于缺乏充足可靠的信息、缺少相关的法律知识，无法与上市公司抗衡。美国证券集团诉讼制度正是通过改变这种失衡的状态，进而扭转诉讼格局，使双方处于相对公平的地位，维护集团成员的合法权益。同时，证券集团诉讼能够对侵权方实施最有力的制裁，使潜在的侵权者意识到实施证券侵权行为要付出巨大的代价，从而改善证券市场的运行环境，促进市场主体的良性竞争，增加社会的整体信用度。

（三）完善司法监督体系，促进法律的统一适用

司法是保障社会公平的最后一道防线。社会每个角落是否都能得到适当的救济，正义的力量——也称整体正义——是否能达到令人满意的标准，是衡量一国司法水准高低的真正尺度。在证券集团诉讼中，集团成员基于共同的法律问题或者事实问题向法院提起诉讼，法院在审理时，统一适用法律法规和判例，避免"同案不同判"的情况出现，维护司法的权威性和统一性。

三 借鉴集团诉讼的合理因素，完善我国代表人诉讼制度

1991 年《民事诉讼法》第五十四条、第五十五条设立的具有中国特色的代表人诉讼制度也是一种广义的集团诉讼制度。但最高院有关司法解释规定了证券民事纠纷诉讼要有行政前置程序，明确证券纠纷不适用代表人诉讼制度，这不仅导致证券投资者诉讼维权难度增大，而且成本也过高。最高人民法院 2001 年 9 月 21 日还发布了《关于涉及证券民事赔偿案件暂不予受理的通知》（以下简称《921 通知》），将证券纠纷的解决限于司法之外。后来由于内幕交易、欺诈、操纵市场等行为引起的民愤过大，最高人民法院不得不于 2002 年 1 月 15 日才发出《关于受理证券市场因虚假陈述引发的民事侵权纠纷案件有关问题的通知》（以下简称《115 通知》），2003 年 1 月 9 日再将其上升为《关于审理证券市场因虚假陈述引发的民事赔偿案件的若干规定》（以下简称《若干规定》）。

从《921 通知》到《115 通知》再到《若干规定》，我国正式启动了证券民事诉讼，但在原告被告主体资格、诉讼前置条件及其诉讼形式等方面，都做出了极为苛刻的限制规定，尤其是《若干规定》在证券诉讼形式上，明确虚假陈述案件只能采取单独诉讼或共同诉讼的方式，而不适用代表人诉讼的形式，其中共同诉讼只能采取人数确定的代表人诉讼。就我国目前证券市场发展现状来看，如此规定已不合乎保护证券投资者权益所需，建立完善证券民事纠纷代表人诉讼制度成为当务之急。

由于证券诉讼的特征，许多国家和地区都分别采取大同小异的不同证券诉讼模式，如美国典型性的证券集团诉讼，德国证券示范诉讼，英国、加拿大和韩国的证券集体诉讼，中国台湾地区的证券团体诉讼等。这足以表明证券纠纷诉讼解决机制的发展方向是选择证券诉讼集团化、集合式诉讼模式，集团诉讼将是各个国家和地区证券民事纠纷司法审判制度的根本内容。在我国，无论是选择美国证券集团诉讼模式，还是德国证券示范诉讼或是其他国家和地区的证券集体诉讼模式，我国证券民事纠纷必须根据我国《民事诉讼法》第五十四条、第五十五条规定，大胆将代表人诉讼制度适用于我国证券民事纠纷诉

讼活动中。

（一）适当划定和厘清证券民事纠纷案件管辖权

根据我国《民事诉讼法》有关民事案件管辖权规定，证券民事纠纷案件与一般的民事纠纷案件有很大的不同，主要在于证券民事纠纷案件的案源、案件性质和类型、证券市场交易所在地、证券交易委托地等多方面情形，均不同于一般民事案件，具有证券民事纠纷的特殊性。建议选择或判定证券民事纠纷案件管辖，以证券交易行为所在地或证券交易所所在地法院为管辖标准，这既能充分体现证券交易行为的特殊性，又能确保将证券纠纷管辖法院集中限于证券交易所所在地，以便集中证券司法人才于所管辖的法院。

（二）充分运用证券登记账户的法律效应

证券市场的每一交易行为都有极其完整的交易记录登记材料，并由全国唯一机构即中国证券登记结算有限责任公司统一办理，这为我国证券民事纠纷推行代表人诉讼制度提供了重要的关键性技术保障。如引入类似国外的集体诉讼的代表人诉讼制度，则只要是符合条件的证券投资者，不管是否提出诉讼，法院做出的示范性判决书均对其有效。在其诉讼时效内，只要投资者依法起诉，提供其证券投资凭证，并适当说明其投资状况，法院完全可依职权到中国证券登记结算有限责任公司查证其投资状况，裁定是否适用该示范性判决书。证券纠纷受理法院只要通过中国证券登记结算有限责任公司查询，即可查证获悉投资者投资盈亏状况，并从投资时间段求知投资行为与上市公司及其高管是否有关联性，可最大限度地降低投资者证券诉讼成本。

（三）豁免投资者在证券民事纠纷中的举证责任

一般民事诉讼案件的举证责任，实行"谁主张谁举证"原则，特殊情形下，举证责任倒置。证券民事纠纷诉讼就是特殊的民事诉讼案件，当证券投资者主张其投资权益因上市公司及其高管行为而受损时，该举证责任就需倒置，由被告负责。因为在证券侵权过程中，被告掌握了侵权行为过程的所有细节和技术资料，原告不可能在未经被告同意的情况下，取得这些细节和技术资料。原告只需陈述其受损具体情形及结果状态、损失计价、归责情形等，无须原告举证上述内容。证券纠纷诉讼主张实行举证责任倒置，可以催化被告在实施侵权行为前，预知其行为的违法性、危害性和法律责任性。事实上，法院依职权到中国证券登记结算有限公司查证取证，所获取证据不仅容易便捷，而且真实客观准确，双方当事人均认服。建议修订民诉法，将举证责任倒置原则规定适用于证券民事纠纷诉讼，确保适度扩大适用证券民事纠纷代表人诉讼制度。

（四）降低诉讼成本

证券侵权纠纷诉讼涉及证券投资者人数众多、索赔数额巨大、审理程序复杂、诉讼费用奇高，仅凭投资者个人的力量难以完成，规定律师介入证券纠纷代表人诉讼，是我国证券诉讼制度的基本内容要求，也是完善证券市场司法保障的重要措施之一。美国的集体诉讼制度有着"默示参加，明示退出"的原则，大大降低了诉讼成本，极大激发了投资者维权的动力。而我国现行的证券纠纷解决的核心机制只采取单独诉讼、共同诉讼等模式，没有集体诉讼的形式。正是由于集体诉讼制度的缺失，投资者索赔一直是未决难题。在投资者提起虚假陈述、内幕交易、操纵市场等证券民事赔偿诉讼时，当事人一方人数众多的，可以依法推选代表人进行诉讼。国务院证券监督管理机构认可的投资者保护机构可以作为代表人参加诉讼或者清算程序。这在一定程度上弥补了一般投资者，特别是中小投资者在专业知识、时间、金钱等方面的劣势，可构成对投资人进行救济的便利途径。

（五）修改诉讼代表人产生办法，扩大代表权限

目前，我国确定诉讼代表人的办法主要是明示授权。这种推选办法程序烦琐，且推选出的代表人无法真正代表权利人的利益。相反，美国集团诉讼采取的是默示授权的方式，即对首先提起诉讼的人确认为代表人，其他人可以提出异议，并可以申请充任代表人。这样的方式不仅简化了选定代表人的程序，而且预防了代表人损害被代表人权利的可能性。可以采用明示授权和默示授权相结合的方式——在诉讼提起时，可允许代表人资格通过默示授权的方式形成；在诉讼进行中，可以通过明示授权的方式对诉讼代表人进行变更。同时，在推选代表人时，可适当发挥律师的作用，由其负责在集团成员中进行权利

义务告知等，在选出代表人之后由法院进行确认，最大程度上保证代表人可以代表投资者的利益。

在我国代表人诉讼中，代表人的权利范围有限，许多事项均不能做出决定，这不仅延缓了诉讼进程，也不利于纠纷的有效解决。借鉴美国广泛的代表人权利，即除撤诉、和解等之外均可自主决定。有必要扩大我国诉讼代表人的权限，采取消极禁止的方式，即除撤诉、和解等有限的几个权利保留以特别授权的方式来赋予之外，其余权利代表人均可自行享有并实施，这样可以避免烦琐的授权程序，简化诉讼进程，提高诉讼效益，切实保障投资者权益。

（六）取消"加入制"，实行"退出制"

目前，我国所采用的代表人诉讼模式是加入制。所谓"加入制"，就是指在投资者提起证券民事诉讼时，其他投资者在符合条件时可以加入诉讼中。但是，由于证券民事诉讼中当事人人数众多，且我国民众的诉讼意识不强，故无法全面保障投资者利益。与加入制相比，退出制对于保护投资者利益而言更为合适。法院决定以代表人诉讼受理案件时应发出公告，投资者可在规定时间内以明确的意思表示申请退出诉讼，否则该诉讼结果应当视为对其有效。采取"退出制"可以保障绝大多数投资者的利益，也可解决投资者分布广泛而信息不畅导致的"错过加入时机"的问题。另外，基于法理中"权利"的属性，投资者的相关"权利"未进行"放弃"即意味着"享有"。当关乎其权利救济的重大诉讼（代表人诉讼）进行时，其理应自动成为该救济的获益人，除非其明示放弃。同时，代表人诉讼转变为退出制时，意味着受损投资者群体的扩大，而面对如此庞大的受损当事人群体，作为被告的上市公司、中介机构或者负有责任的公司董事、监事及高级管理人员必然产生巨大的压力，增加其不仅包含了经济成本更可能包含精神成本在内的违法成本，以减少证券侵权事件的发生。

（七）保证代表诉讼集团内部的上诉权和外部的起诉权

采取退出制之后，对于集团内部的人而言，其对代表人诉讼的判决结果应当具有上诉权。然而，由于集团内部人员众多，对于上诉权的行使必须达到一定的条件，可以采取受损失额过半同意或者 2/3 以上集团成员同意的方式。同时，应采取一人一票的方式，保证每个人都有上诉的权利。对于退出集团的其他投资者，判决书对其不发生法律效力，故须保障其起诉的权利。退出集团的投资者无论是在代表人诉讼结束之后或者之前起诉，法院均需按照既定的程序受理，并依法做出判决。为了节约诉讼资源，可设定当退出者自身提起侵权之诉时，若代表诉讼正在进行，则法院可以合并审理，进行分别判决。

第三节　IPO 注册制下投资者维权

注册制下除了强化刑事处罚、建立和完善民事赔偿制度进行事后追责等措施保护投资者利益这些法律手段，投资者还需利用一切可以利用的社会资源进行维权，成为能动的自我保护者。

一　增强投资者维权意识

证券市场的发展离不开中小投资者的积极参与，对中小投资者利益的保护，关系到证券市场的持续发展。在各国证券市场的法律规定中，都把中小投资者的投票权作为基本权利规定。但是在理论上和实际中，中小投资者并不热衷于行使自身的权利，而是通过组合投资来分散风险，这也就形成了中小投资者维权意识差、不善于行使权利的弊病，所以中小投资者很难实现其投票权来维护自己的权益。但是，中小投资者自我维权意识是投资者保护机制的一个非常重要的环节，我们应加强引导中小投资者维权意识，丰富中小投资者的投资知识和法律知识，促使他们拿起法律武器行使自己的权利，维护自身合法权益，以推动证券市场健康发展。

二　投资者需明白自身所拥有的权利

（一）投资权

投资权是指投资者谋求资本增值而以现金或其他非货币财产为支付手段，以换取目标证券的所有权的权利。投资权是市场主体能够被称为一级市场股票投资者的原因，投资权使市场主体能够向发行人或承销商购入股票。因此，股票的来源即其发行制度成为投资权的直接保障。该权利是发行市场投资者最主要、最基本的权利，也是其实现其他权利的基础，权利属性中有极强的自主性。通过发行审核制度不难发现，在美国双层注册制下，一级市场股票投资者的权利不仅受到联邦在形式上的监管保护，而且也通过州地区的实质审查加以保障，确保投资权的良好运行。

（二）参与权

参与权是在所有权与经营权相分离的理论框架下，投资者参与到上市公司组织机构的构建以及重大经营管理事务等过程中所享有的综合性权利。该权利是投资权的延伸，也是投资权运行的当然内涵。但由于公司治理制度的强制约束，该权利在行使中会比较多地表现为规定内容和较为严格的程序要求。

参与权的保障并不借助于某一特定制度，而是借助于整体运行环境。与我国股票市场中散户占绝大多数的情况不同，美国证券市场的机构投资者占到了绝对比例。个人投资者往往不直接使用参与权，而是将权利让渡给机构投资者，凭借其专业的投资能力、丰富的投资经验、强大的经济实力等优势，间接参与公司治理，更好地保证了权利的行使。

（三）知情权

知情权是投资者为有效开展的交易活动和顺利实现的交易目标而在交易条件的获得、交易行动的开展、交易结果的实现上所享有的一系列权利的总称。大体包含作为平等交易主体的权利和自由选择交易方式、时间、数量等影响交易结果因素的权利。该权利是投资者权利的重要组成部分，也是投资者之所以成为投资者的基础性、决定性因素。

在注册制背景下，信息对投资者进行判断显得尤为重要。因此，必须保障投资者的知情权，从而平衡市场与投资者之间的信息不对称。美国为解决这一问题，建立了嵌入实质审核的双层信息披露制度。在联邦层面上，审查分为两轮：第一轮由 SEC 进行初步审查，第二轮由律师、会计师以及融资公司等行业专家进行全面审查。第二轮审查耗时长，往往需要反复说明和补正以满足信息披露要求。第一轮审查是为了提高信息披露的门槛，筛选剔除不符合要求的发行人；第二轮审查在确定一定信息披露合格的前提下，从形式审查转入实质审查，在监管者大量专业性、综合性的判断中，充分运用自由裁量权来保证每一份注册申请书满足真实、准确、完整的要求。

（四）监督权

监督权是投资者行使对上市公司的经营管理进行监督的权利。监督的方式和手段包括查阅公司账簿和财务报表，对公司的经营状况提出建议和质询等，是体现投资者权益的重要方式。当然，在监督弱化的我国，这一权利的实施有一定的难度，特别是其效果的确定性缺乏制度性的规范，也由于拥有该权利的投资者的个体属性，决定了其单独的监督并不能真正对强大的上市公司产生实际的影响，表现为监督权的虚化。

三　将消费者权益保护引入投资者维权领域

以"金融消费者"作为购买金融商品和接受金融服务的泛指或统称，并非凭空设想。考察西方发达国家金融消费者保护的历史，不难发现金融消费者概念的提出是伴随着经济社会的发展而产生的。随着由普通商品到证券，再到金融商品的发展演变，人们的消费也从传统消费向金融消费进行过渡。到资本证券化的今天，金融投资已成为社会生活必不可少的组成部分，投资者无疑是重要的一类金融消费者。以消费者保护视角审视投资者保护问题，消费者将权利赋予投资者，是应对投资者保护力度不足，减小在我国现有环境下实施注册制风险的有效手段。在后金融危机时代，各国金融立法的一个重要趋势是由投资者保护扩展为金融消费者保护，并将其作为金融法制改革和金融监管的基本思路。引入消费者保护理论对投资者进行保护，可以强化我国金融服务提供者的义务，这也是当前国际立法的潮流和趋势。

（一）理论意义

消费者保护理论的引入在诸多保护投资者的方法中具有独特优势。首先，消费者保护理论是成熟的法学理论。我国学界对其原理理解也已十分深刻，相关司法实践经验也非常丰富。在将其嵌入注册制体系后，可以帮助注册制下投资者保护体系更加顺利地与其他法律领域对接。其次，消费者权益保护更容易被当下良莠不齐的投资者群体接受。消费者权益保护比起保障基金等其他保护手段更贴近投资者生活，不仅能够更大程度上稳定投资者情绪，也便于投资者通过此理论保护自身权益。最后，消费者保护理论对于投资者保护还具有重要的实践作用。

（二）实践作用

1. 赋予投资者在诉讼中援引《消费者权益保护法》（以下简称《消法》）维护权益的可能性

首先，借助《消法》的法律位阶优势，可以弥补证券投资领域规范性文件效力层级低的缺陷。而在未引入消费者概念时，在我国金融领域的司法实践中，法院严格执行合同法对于违反"法律法规"禁止性规定导致合同无效的规定。投资者在遭遇纠纷时，往往因对方违反的是证券监管部门文件（部门规章）而无法主张合同无效。而现实恰恰是我国证券市场很多规范性文件都处于部门规章或更低的效力层级上。这就导致投资者在诉讼中处于不利地位。

其次，消费者保护制度中对于欺诈有惩罚性赔偿的规定，能够帮助投资者在因欺诈导致的纠纷中减小对于"损失"数额的举证压力，也能鼓励投资者参与证券纠纷之诉并提高股票发行中欺诈消费者的违法成本。

最后，《消法》规定了消费者可向参与商品制造、出售环节的经营者索赔，消除了投资者参照散见于各个规范性文件中的法律责任条款对相应责任方起诉的困难。

综上所述，《消法》对于消费者的保护力度高于其他法律对投资者的保护力度，尤其是在诉讼环节极为明显。这能够增强投资者自我保护的能力，即使出现风险也可通过诉讼方式挽回，避免风险成为损失，进而有效增强投资者的风险承受能力。

2. 弥补投资者信息获取能力的不足

以消费者知情权为依托，强化投资者获取信息的能力，弥补投资者信息获取能力的不足。这主要体现在，消费者有权要求经营者详细提供商品的具体相关信息，这种主动获取信息的权利，范围比《证券法》等相关法律规范性文件所载明的拟发行人"法定披露义务"更有利于保护投资者。

3. 可增加投资者的追责对象

以消费者保护为依托,将发行过程中拟发行人、券商、保荐人全部纳入一个系统的权利义务体系中。在此体系中,拟发行人、券商、保荐人,甚至出具意见的律师事务所与会计师事务所都直接对作为消费者的投资者负责,成为投资者的追责对象。

四 利用证券行政和解制度维权

(一) 证券行政和解制度简介

证券行政和解制度最早由美国确立,之后英国、德国及我国香港地区和台湾地区均已建立了针对证券纠纷的行政和解制度。该制度是指在证券执法过程中,证券监督管理机构采用与被监管者协商的形式,在特定的调查行为方面达成某种程度的和解,然后由被监管者以自愿的作为或者不作为来替代原有的行政处罚手段。这种和解制度代替了原来的行政处罚。美国主要是以《美国联邦行政程序法》《行政争议解决法》及《美国 SEC 行为规范》确立了证券行政和解制度,其中对和解的条件、程序等做出了明确的规定。证券行政和解制度相比于行政处罚而言,处理更为宽和,可以避免过于刚性的行政执法。同时,证券和解制度有效地缓解了证券执法资源和证券违法行为之间的张力。通过司法上的契约制度,使投资者能够获得适当补偿。

(二) 和解程序

以美国为例,和解程序一般包括启动和审查批准。通常证券监督管理机构在进行一定调查之后,掌握了部分证据,之后与相对人约谈。如果相对人提出和解的,证券监督管理部门可以考虑是否和解。在审查批准阶段,美国的做法实际上是将和解谈判与和解政策相分离,和解申请由 SEC 委任的利害关系部门予以考虑并提出建议,并将该建议提交给 SEC 五人委员会。如果该利害关系部门反对和解,除非和解者要求呈递,否则和解申请将被作废。SEC 五人委员会批准相关和解协议后,SEC 会起草两份文件:一是行政审判裁决启动令,提出监控;二是反映和解协议条款的行政审判裁决程序决定,并予以正式签发。对于需要进行民事诉讼的案件，SEC 准备民事起诉书和法院裁定，交由联邦法院批准。我国可以借鉴和解程序的启动和审查批准制度，由证监会负责调查取证以及与相对方沟通交流，以期达成协议。对于审查批准，也应举办听证会，设立独立的听证委员会负责听证等具体事宜，并根据听证结果做出是否批准的决定。

（三）我国证券行政和解制度

我国证券争议解决制度一直以来较为单一，民事赔偿诉讼是唯一的解决途径，中小投资者的维权成本较高。基于证券行政和解制度对投资者权利救济具有独特优势，我国有必要建立证券行政和解制度。

2013 年 12 月 25 日国务院办公厅发布了《关于进一步加强资本市场中小投资者合法权益保护工作的意见》（国办发〔2013〕110 号），指出要"探索建立证券期货领域行政和解制度，开展行政和解试点"。此后，证监会出台了《行政和解试点实施办法》（以下简称《实施办法》）。《实施办法》自 2015 年 3 月 29 日起施行，旨在建立证券期货领域中的行政和解制度。此制度对于查处和惩治各类证券期货市场违法失信行为、维护信息披露秩序有重要意义。之后，证监会联合财政部颁布了《行政和解金管理暂行办法》。

按照《实施办法》的规定，投资人因行政相对人的涉嫌违法行为造成损失的，可以向行政和解金管理机构申请予以适当补偿或者提起民事诉讼。对于受到损失的投资者而言，丰富了维权路径，降低了维权成本，扩大了索赔范围；对于上市公司等相对人而言，可以较为快速地解决争议，维护公司正常运营秩序；对于证监会等监管机构而言，有利于制度供给不足现实难题的解决，也降低了执法成本。

然而，在实际操作中，由于采用了协商的行政执法机制，赋予了监管机构对案件较大空间的裁量，容易引发监管机构及其工作人员的道德风险。还应明确细化权力范围，建立权力约束机制。同时，一些具体操作细节有待完善，例如《行政和解金管理暂行办法》只对行政和解金的管理与使用进行了原则性规定，并没有具体操作规程，也没有损失计算方法、和解金的分配、申请时限及材料等具体技术指导。在我国的司法实践中，对于证券民事赔偿案件，上述细节特别是主体资格、赔偿数额等往往是争议点，而行政和解程序仅仅以和解方式解决纠纷，无疑又增加了案件的不确定性。

五　进行专业调解

证券市场中产生的纠纷调解往往体现出较强的专业性，需要有相对专业的机构和人员来进行判别。投资者在投资过程中的非理性决策或盲目性决策而导致的损失，与市场主体侵权行为造成的损失应加以区别认定，此时，专业调解机构和调解员的作用就显得非常重要。通过专业的调解制度可以缓解市场双方的矛盾，减轻监督、执法工作量，促进市场化的救济方式实现。在调解过程中应通过相关制度授予调解机构必要的裁定权，保障调解结果的有效性。对投资者而言，如果不认可调解结果，仍可以向法院提起诉讼寻求救济。因此，有必要建立适应证券市场特点的专业调解制度，为快速、有效地调解纠纷提供制度基础。

六　利用证券市场先行赔付制度挽回损失

"先期赔付"是指在证券市场中发生信息披露虚假记载、误导性陈述、重大遗漏造成投资者重大损失的案件时，在对发行人、上市公司等市场主体据以承担赔偿责任的行政处罚、司法裁判做出之前，由虚假陈述民事赔偿责任的可能的连带责任人之一先行垫资向投资者承担赔偿责任，然后再由先行赔付者向未参与先期赔付的发行人、上市公司以及其他责任人进行追偿的一种措施。2013 年，万福生科虚假陈述案开创了保荐机构先行赔付投资者之先河。平安证券出资 3 亿元设立"万福生科虚假陈述事件投资者利益补偿专项基金"，用于先行赔偿在万福生科虚假陈述案件中受害的投资者。整个基金的运作，呈现出赔偿方式直接、赔偿基数明确、基金组织完善、操作手续简洁等特点。之后，第一家因欺诈发行而被强制退市的创业板上市公司——欣泰电气的保荐机构兴业证券也随之启动了 5.5 亿元的先行赔付基金。

证券市场先行赔付制度的引入及其法律构造，适应了投资者保护的市场化逻辑和法治化逻辑。投资者保护基金是在防范和处置证券公司风险中用于保护投资者利益的资金，以投资者保护基金为中心构建先行赔付制度具有理论上的合理性和实践上的可行性。为此，有必要从资金筹集、基金用途、赔偿机制和代位求偿等方面完善投资者保护基金制度，并在此基础上构建我国证券市场先行赔付制度，形成"法律惩罚"与"市场补偿"相结合的双轨先行赔付制度结构，最终真正实现资本市场交易资金"取之于市场、用之于市场"的根本目的。

（一）投资者损失认定时间

根据《证券法》第六十三条对于虚假记载导致投资者损失的，保荐机构对损失承担连带赔偿责任。但是，未具体规定保荐机构或是发行人应当对投资者的哪部分损失进行赔偿。2003 年最高人民法院公布的司法解释《若干规定》对虚假陈述的民事赔偿时间范围有一个比较详细的规定，第十八条对虚假陈述和损害结果之间的因果关系有一个定义，第二十条则明确规定了虚假陈述实施日、虚假陈述揭露日和虚假陈述更正日。

保荐机构主要是在证券发行中参与证券的信息披露，正是因为保荐机构未能尽到证券发行中的尽职调查义务，在信息披露中未予指正，才导致投资者遭受损失。因此，在今后保荐机构先行赔付的时间认定上，均可结合万福生科案和上述司法解释，自虚假陈述实施日起至揭露日或更正日之前买入该证券，而在虚假陈述揭露日或更正日及以后，因卖出该证券发生亏损，或因持续持有该证券而产生亏损的，均在先行赔付的范围之内。

（二）先行赔付中"损失"的范围

影响股票发行价格的因素应当包括：净资产；公司经营业绩，特别是税后利润水平，直接反映公司是否有长久的经营能力；公司的发展潜力，即公司经营的增长率（特别是盈利的增长率）和盈利预测；发行数量；行业特点和股市状态。由上述可知，作为影响股票发行价格的公司经营业绩和发展潜力等条件都是投资者关心的重要披露信息，万福生科在发行中做了虚假陈述，财务造假影响股票发行价格，才是投资者得以获赔的直接原因。

计算补偿金额，系以投资者实际发生的直接损失为限。按照万福生科案中赔付的计算标准，补偿金额＝投资差额损失＋投资差额损失部分的佣金和印花税＋资金利息。根据《若干规定》的要求，赔偿范围以实际损失为限，包括投资差额损失及其佣金和印花税，所以万福生科案中损失也是以《若干规定》为蓝本，投资人的实际损失就是平安证券先行赔付的范围，包括投资差额的损失、损失部分的佣金和印花税以及利息。

（三）先行赔付基金规模

一般情况下保荐机构的财产足以支付先行赔付的赔偿额，即先行赔付的基金规模不会高于保荐机构现有资产规模，这是因为现在市场上保荐机构大多资信良好，净资产及总资产规模较大，上市公司发行过程中的投资者认购证券范围没有那么大。但是不排除发行人本身发行的证券数量巨大，承担保荐机构职责的证券公司却经营不善，难以承担所有投资者损失的情况。如果保荐机构的财产不足以支付先行赔付的赔偿额，甚至保荐机构一旦实施先行赔付，会出现资不抵债甚至达到破产的地步，那这样的先行赔付可以"推后"或者换其他方式进行，这时可以暂缓先行赔付程序，或者与发行人或其他连带赔偿责任人协商，一起承担先行赔付程序。

（四）先行赔付基金的管理主体

在当前情况下，由中国证券投资者保护基金公司作为受托管理专项补偿基金的管理人，是较好的选择。首先，保护基金公司拥有多年风险处置的经验，并且拥有专业优势，能够依据公益性、中立性的原则，独立开展专项补偿基金日常管理及运作，并聘请由法律、会计专家等组成的顾问团，对补偿方案及补偿工作中涉及的重要问题进行充分研究论证。其次，保护基金公司作为国务院批准设立的以保护投资者为宗旨的非营利性机构，接受证券公司委托担任补偿基金管理人，尽管这不是行使行政管理职能，而是民事主体之间的委托与受托的法律关系，但作为管理人，保护基金对外提供的是一种管理专项补偿基金的服务，也是其职责所在。再次，投资者保护基金广泛的资金来源可以支撑先行赔付的需要，并且还有进一步拓展的空间，为其在更广泛层面上承担证券市场先行赔付职能提供了可能性。最后，基于现有投资者保护基金构建先行赔付制度，只需扩展基金用途和赔付对象并辅以相应的配套措施，如拓宽资金渠道、保障代位求偿权等，制度改革的成本要低于制度新建成本。

在万福生科案中，为保证基金具有足够公信力，平安证券仅作为基金出资人，基金日常管理均委托给由国务院批准专为保护投资者利益而设立的中证投保基金公司。基金方案充分征求了中国证券业协会、中证投保基金公司、深交所和中登公司等权威机构的意见。中证投保基金公司同时聘请了法律、财经界专家组成的专家委员会，就基金设立、管理及运作过程中的重大问题提供咨询意见。

（五）银行账户管理

为保证保荐机构先行赔付中的基金能够公正透明地使用，防止被滥用或是非法转移，除了基金公司担任基金管理人，还需要对其资金进行专户管理。如果基金公司将投资者利益补偿专项基金与其他投资者保护基金混淆管理，万一出现误差，就会给后续工作造成困扰。在万福生科案中，由中国建设银行设立专户管理该基金资产。这可确保该资产不会与基金公司的其他资产所混淆。因此，在今后的保荐机构先行赔付中，投资者利益补偿专项基金也应当由银行专户管理，并且该银行应当与保荐机构或发行人不存在利益关系，如保荐机构或发行人不得是该银行的控股股东、实际控制人等。

（六）资金划转管理

万福生科案中，投资者可以通过基金网站和深圳证券交易所上市公司股东大会网络投票系统确认接受补偿方案并自愿与平安证券达成和解，补偿金的划付由中国证券登记结算有限责任公司通过结算系统统一完成，整个过程高度电子化和自动化，避免投资者信息查询、证据收集、身份公证和书面确认等复杂手续，极大地降低了投资者获得补偿的成本。

（七）后续完善

基于我国证券市场现行的法治和诚信环境，为有效落实投资者权益保护的有益探索，上述实践还有待后续提升完善。首先，在法律责任认定上，先赔后追方式虽有大股东的股权质押协议与承诺、与券商之间的多方协议、保险公司的董事责任保险等保驾护航，但未明确区分作为造假人的大股东、发行人与作为中介机构的保荐人各自应负的法律责任。

其次，赔付方案由谁确定、如何确定、如何做到公开透明等，均应经过投资者或其代理人参与的听证会公开听证和公开征求意见。在赔付方案生效前的规定期间，若有人对赔付方案不满，应先交由司法裁决，裁决生效后方能正式执行，而非赔付方案实施后若有人不服再提交司法裁决。

七　利用做空机制维权

除了依赖法律法规、机构监管的权益保护，投资者必须学会"用脚投票"进行自我保护、自我维权。投资者应自觉借助来自民间和市场的做空与集体诉讼的监察力量，以补充、辅佐单一政府行政监管的不足，从而形成强大的外在震慑力，倒逼上市公司诚实守信、遵纪守法，净化市场。卖空机制具有三种效应：其一，卖空机制放大了整个市场的股票供需，放大的交易及价格竞争提高了股票定价的有效性；其二，卖空交易反映了预期，即市场对股价未来的评价，从而使价格所反映的信息更加充分；其三，空头会花费时间、精力寻找那些股价高估的股票，从而加大了监督力度，促使股价尽量真实地反映公司的基本面。

以融资融券制度为例，我们可以看出，通过融资融券可增加市场流动性，提供风险回避手段，提高资金利用率，允许做空机制，拓宽了融资渠道，增强了金融市场的资本流动性和市场活跃性，使我国证券市场上出现卖空交易，改变了我国一直以来的单边交易状况，为证券投资者提供更多的投资机会及一种规避风险的渠道，完善和活跃了我国证券市场，使我国证券市场投资环境更加成熟，对于投资者利益保护来说，是非常有利的。具体还体现在以下三个方面。

（一）完善和活跃证券市场——为投资者提供套期保值渠道

融资融券业务改变了我国单边交易的模式，为我国证券市场提供了多边交易的渠道，为市场提供做空机制的同时，还可与股指期货相配合。在行情看跌时，交易活跃程度也不会受到冲击，投资者可以先融券卖出，在价格下跌时买入偿还，投资者无论是在行情看涨还是看跌都具有了实现盈利的机会，如此为投资者提供更为完备的套期保值渠道，降低投资者参与市场的风险，提升他们参与市场的积极性，吸引更多的场外资金进入证券市场进行交易，活跃了证券市场交易。

（二）为参与投资者提供一种避险工具

一方面，由于融资融券业务对投资者专业性要求较高，这就促使证券公司提供更为专业、更优质的咨询服务，如提供专业的财务顾问服务、资产管理服务等中间业务，在增加证券公司业务收入的同时，也降低了投资者盲目的非专业投资，将有助于保护投资者利益免受损害。另一方面，就是上面提到的做空机制允许投资者在股市下跌的时候融入证券卖出，降低投资风险，减少损失，从而为投资者提供一种避险的工具。

（三）有效抑制上市公司的造假行为

融资融券业务中融券的出现，形成了做空机制，那么对于上市公司造假推高股价的行为来说，就必然会有抑制作用。造假行为造成股价虚高，投资者就有激励机制做空股票，造假消息得到披露则将引起股价下跌，做空融券的仓位将会得到逆转，因此利益的推动就会使很多机构去主动打压这种违法、违规的行为。投资者为了谋取利益去打击该造假行为，而使上市公司的这种造假行为意义变小，从而促进了市场的健康发展，一定程度上抑制了上市公司的造假行为。

八 利用公益诉讼制度进行申诉

合理的公益诉讼制度，可以很大程度上改变目前投资者在诉讼过程中的弱势地位，符合公益诉讼的立法目的。我国在《民事诉讼法》中已经加入了公益诉讼制度，用于公共利益受到损害时的保护，但在证券市场上还没有得以发挥和运用。首先，证券市场侵权行为损害了公共利益。证券市场侵权行为中的受害人是公众投资者，而且具有不稳定性，其侵权行为破坏了正常的市场运行状态，所以，这种侵权行为应当适用公益诉讼制度。其次，提起公益诉讼的当事人在《民事诉讼法》中只是通用性规定，在《证券法》修改之中应当加以明确。该机构和组织可以是证监会下属的投资者保护局，也可以授权行业协会作为诉讼当事人的代表人，还可以根据侵权行为的实际性质来区别，在发行审核过程中发生的，可授权具体审核标准的制定方证券交易所作为代表人提起公益诉讼，在交易过程中发生的，可规定由投资者保护局代为提起公益诉讼。

第九章　IPO 注册制的配套改革之五：合格投资者制度

　　股权分置改革破除了制度"瓶颈"，《证券法》和《公司法》的修订解除了制约证券市场创新和发展的"禁令"，催生了中国资本市场创新浪潮。股指期货、融资融券推出，新三板扩容，沪港通、深港通实施，并购重组风生水起，注册制改革逐步推进等，资本市场后续创新势头不减。而每一项创新，均要求投资者具备较高的风险承受能力，需要适当、合格的投资者热情而理性的参与。因此，为资本市场创新发展提供大批合格投资者，便成为投资者教育工作的重中之重。

　　作为快速发展的新兴市场，新投资者的大量集中入市和新产品、新业务、新制度的快速推出成为一对现实矛盾。以中小散户为主，风险承受能力较低的投资者占多数的特点成为市场创新的瓶颈之一。而实施适当性管理制度，坚持将适当的产品销售给适当的投资者，是突破这一瓶颈的一项长期性要求。

第一节　投资者适当性管理的内涵

一　信息不对称与产品适当性

　　金融产品指为获取利息、股息、实现增值而取得的资产，是金融风险的载体，合约是其主要的表现形式。金融产品买卖双方在产品的收益、风险等信息获得与合约执行等方面存在严重的非对称性，即参与市场交易的一方比另一方拥有更多的信息，从而引发不利选择和道德风险。其主要表现为：一是交易前的信息不对称，大量重要的信息未在合约中得到充分披露，进而给合约购买者带来风险；二是合约执行过程中的信息不对称，买卖双方的机会主义动机和社会信用制度的不健全，可能产生败德行为和信用风险。这一问题可通过产品适当性管理得以解决。产品适当性是指金融产品的购买方，即投资者所购买的金融产品风险（收益）与该投资者的风险承受能力相匹配的状态。产品适当性和投资者适当性具有相似的含义：适当产品售卖给适当的投资者，适当的投资者购买适当产品。①

二 投资者适当性的基本含义

根据国际清算银行（BIS）、国际证监会组织（IOSCO）、国际保险监管者协会（IAIS）2008 年联合发布的《金融产品和服务零售领域的客户适当性》所给出的定义，适当性（Suitability）是指"金融中介机构所提供的金融产品或服务与零售客户的财务状况、投资目标、风险承受水平、财务需求、知识和经验之间的契合程度"。适当性要求指金融机构向零售客户建议购买一个特定金融产品时，必须做出该项投资是否对该客户适合和适当的判断要求，其核心原则是将适当的产品或服务以适当的方式和程序销售给适当的投资者。关于"零售客户"目前还没有确切的定义，任何非"机构"或非"专业"的投资人通常均可被认定为"零售客户"。适当性要求适用于"非机构"与"非专业"两类客户。

三 投资者适当性管理的基本要求

不同的投资者其社会分工、知识背景、风险偏好等情况各不相同，专业程度高、种类繁多的投资产品与广大投资者之间不可能存在全面的一一对应关系，而投资者适当性制度正是帮助投资者进行投资选择的有效手段。按照对待风险的态度可将投资者群体分为风险偏好者、风险中立者和风险厌恶者。证券市场健康发达的重要标志就是大多数投资者能购买到与自身风险偏好相适应的投资产品，即适当的人购买了适当的产品。这需要证券市场参与主体（包括监管者和被监管

---

① 李春风、李镇华：《证券市场产品适当性管理现状与改进建议》，《证券市场导报》2010 年第 7 期。

者、产品的买卖双方）共同为此目标而努力：监管者需要健全产品适
当性制度，要求金融机构为投资者提供风险充分披露的金融产品，并
进行产品适当性管理，以达到保护投资者的目的；市场机构在销售产
品时应承担对投资者资质和风险承受能力进行评估的责任，并通过加
强投资者教育，按投资者具体情况推荐、提供适当的金融产品；投资
者必须具备一定的资质，包括资金和个人素质，还需注重自身学习，
理性选择参与更加适合自身特点的投资产品。①

第二节　成熟市场投资者适当性
管理成功经验借鉴

作为金融监管的重要环节，投资者适当性管理制度在海外资本市
场已较为普及。无论成熟市场还是新兴市场大多以立法形式规定了两
个层面的投资者适当性制度：一是要求某些高风险金融产品的参与者
必须具备一定的资质，对特定类型的投资者实行市场准入限制；二是
要求金融机构在销售产品时应将适当的产品销售给适当的投资者。

一　市场准入限制

客户分类与产品和服务的相结合是适当性管理的有效手段。境外
市场的证券法规一般依据投资者资产量、年收入以及投资经验等标
准，对客户市场进行细分。如中国香港证监会将投资者分为"专业投
资者"和"非专业投资者"，《证券及期货规则》中按照投资者的投
资组合资产量，将拥有投资组合 4000 万美元或等值外币以上的信托
法团、拥有投资组合 800 万港元或等值外币以上的个人定义为"专业
投资者"。欧盟《金融工具市场指令》（*Markets in Financial Instruments
Directive*，MIFID，2006 年 7 月 20 日实施）要求银行必须将客户分为
零售客户、专业客户与合格的对手方三类，并针对不同客户履行不同

---

① 李春风、李镇华：《证券市场产品适当性管理现状与改进建议》，《证券市场导报》
2010 年第 7 期。

的信息披露及保护标准。其中，零售客户受到的保护程度最高，如金融中介必须收集客户最详细的信息、提供关于产品最完整的说明、评估客户的经验与知识、评估产品推荐是否满足客户的需要等；专业客户则相对较低；而合格的对手方（主要是银行、保险公司、养老基金等）则不在该指令的投资者保护范畴之内。美国 1990 年修订的证券法第 144 条规定了参与私募证券认购的投资者资格，对投资者的净资产和专业知识进行了要求。其中，合格自然人客户的标准主要是净资产和收入标准：自然人必须拥有净资产超过 100 万美元或最近两年所得平均超过 20 万美元或与配偶最近两年总收入平均超过 30 万美元，当年所得合理预期可以达到相同水平的自然人。东京证券交易所为保护个人投资者利益，对该所与伦敦证券交易所合作设立的 TOKYO AIM 创业板市场特别规定了较高的准入门槛，仅允许净资产或金融资产在 3 亿日元以上，并有一年以上交易经验的投资者参与交易。日本《金融商品法》规定，禁止中介机构劝诱 75 岁以上人士从事期货交易。

在新兴市场国家中，印度证券交易委员会在 2004 年专门出台合格投资人标准的制度，对合格投资人的标准进行规定。孟买股票交易所在衍生品交易方面获得印度证券交易委员会的准许开展网上测试，以帮助投资者了解衍生品市场的功能，金融期货和期权产品的特性和分类，保证金交易，利用指数期货、期权避险交易的原理等。中国台湾地区"期货交易法"在法律层面作了原则性的要求，规定了投资者经济实力与其投资期货产品相适应的基本原则。中国台湾地区的期货商受托从事期货交易时，应评估客户从事期货交易之能力，如经评估其信用状况及财力有逾越其从事期货交易能力者，除提供适当之担保外，应拒绝其委托。

二 机构履行适当性要求

依据投资者适当性分类，许多国家法律法规均要求金融机构在为普通投资者提供服务时应遵守更严格的行为准则，避免投资者盲目或轻率投资。如在澳大利亚，只要证券机构在销售前向零售客户提供了"个人建议"，就要履行适当性义务。美国全美期货业协会（NFA）要求，对于特定人群（如已退休人士，年收入低于 2.5 万美元者，净资产低于 2.5 万美元者，无期货期权投资经验者，年龄低于 23 周岁者，等等），期货经纪商除了要求客户签署风险揭示书，还要再签署一份附加风险揭示书。欧盟 MIFID 要求证券机构在提供涉及推介要素的服务时必须评价其"适当性"。其规范成员国市场金融机构提供投资服务的适当性要求，覆盖面最广，类型包括：①交易委托的接受和传输；②代客执行委托；③个人账户买卖；④委托投资组合管理（委托理财）；⑤投资咨询（做出个人推荐）；⑥确定性承销或分销金融产品；⑦意向性分销金融产品；⑧使用交易系统。

　　从销售适当性的角度要求金融机构必须收集有关客户的相关信息，只有基于这些信息机构才能评估确定一项具体投资的适当性。这些信息通常包括客户的财务状况（经常性收入、资产等）、投资目标（风险偏好等）及在该投资领域的知识和经验（服务的类型、性质、规模和交易频率等）。加拿大和美国证券交易委员会规定，客户的信息必须定期更新。欧盟 MIFID 虽未明确规定客户信息更新的频度，但更新信息的要求却隐含其中，因为机构被要求确保推荐或提供的服务是适当的，而如果信息不更新这一点便无法实现。日本也规定，即使没有规则直接要求机构更新从客户获取的信息，机构在实际工作中也必须更新信息，因为机构在做出推荐当时或之前必须以客户信息为依据。

　　欧盟 MIFID 也向投资机构和提供投资服务时的信贷机构提出了广泛的披露要求，所要求披露的信息包括投资机构与其所提供服务的详细情况、金融工具、建议的投资策略（包括风险警示）、成本和相关收费。此外，投资机构还需对客户披露利益冲突、客户间接付给第三方的与机构提供的投资服务相关的费用与佣金。其他国家的监管机构提出了包括涉及利益冲突，具体产品的开立保证金账户，高风险的、复杂的如衍生品交易及投资者充分评价一项金融产品所必需的所有信息的披露要求。①

许多国家还要求保留与适当性相关的记录。如欧洲证券监管委员会向欧盟成员国建议，主管机构应要求证券机构记录向零售客户提供投资建议这一事实以及所推荐的金融工具。瑞士要求保持相关记录，以证明履行了披露义务。澳大利亚与荷兰也明确要求，向客户提出的任何"建议"均必须记录在案。澳大利亚要求创设"建议说明表"，荷兰要求记录提出建议的根据和其他相关信息。

对于不履行义务的制裁，一些国家的监管机构倾向于采取非正式的措施而非罚款。如美国的银行业监管机构通过审查与监管程序，处理违反适当性要求的行为。若未遵守适当政策和程序的行为违反了法律或规章，或威胁了银行运营的稳定性和安全性，则监管机构可采取正式或非正式的执行行为。此外，许多国家的客户可以采取个人行动寻求救济，包括通过调解、仲裁等途径获得救济。

纵观成熟市场的实践，可以发现投资者适当性制度是金融业的常态。尽管各国和地区投资者适当性管理的具体内容有所差异，但设计理念都是根据投资者的不同而设定差异化的保护水平，最终目的均为区别投资者的不同风险认知水平和承受能力，提供个性化的市场、产品与服务，并建立与此相适应的监管制度安排，以最大限度地保护投资者利益。

第三节　我国创业板市场投资者适当性管理经验

自 2009 年 10 月 23 日首批 28 家企业上市以来，创业板已平稳运行了 8 年。作为创业板投资者教育的重要组成部分，投资者适当性管理在其中发挥了重要作用，也为股指期货、融资融券等产品制度的创

---

① 侯幼萍、程红星：《境外金融产品投资中的客户适当性制度比较》，《证券市场导报》2010 年第 2 期。

新提供了宝贵经验。创业板投资者适当性管理的探索，除了保障创业板平稳健康发展，也在很大程度上为我国投资者教育打开了新思路——以新产品、新制度的推出为契机，以适当性的投资者准入管理为切入点，向投资者充分揭示风险，引导投资者加深对自身投资行为的认识，拥有足够知识准备，从而提高产品销售的适当性，提高投资者的风险承受能力，使其成为真正受保护的投资者。现有投资者教育流程的再造和优化，符合我国证券市场"新兴＋转轨"的历史特点，为后续市场创新对投资者教育工作的进一步深化，乃至建立符合国情的合格投资者制度奠定了基础。

创业板市场投资者适当性管理制度体系由三个层面组成：一是中国证监会制定的《暂行规定》。主要内容是根据相关规定，对创业板投资者适当性管理提出原则要求，同时授权自律机构制定具体实施办法和相关风险揭示书必备条款。二是深圳证券交易所制定的《创业板市场投资者适当性管理实施办法》。主要内容是具体明确投资者适当性管理的基本要求、程序、工作机制以及监管要求等。三是中国证券业协会制定的《创业板市场投资风险揭示书（必备条款）》（以下简称《必备条款》）。《必备条款》规定了证券公司在其制定的风险揭示书中必须列示的条款。

一　创业板市场的新特征

作为一个全新市场，创业板与主板相比有许多新特征。

（一）为适应不同类型企业的特点，创业板设置两项定量业绩指标可供选择

具体为，最近两年连续盈利且净利润累计不低于 1000 万元，并持续增长；或最近一年盈利，且净利润不少于 500 万元。可见，创业板准入门槛——发行上市条件低于主板，上市公司风险相应增大。

（二）创业板公司规模较小

主要体现在股本规模及平均净资产、净利润、营业收入等方面，以新技术和新经济为主，信息网络和生物医药、电子软件等占有相当大的比重，三项相加大约为 50%。虽然具有较高的成长性，但业绩也不突出，经营具有较大的不确定性。公司创立或经营的时间较短，各

方面制度和经营结构尚不完善，公司受到市场和政策等各方面的外部
因素的影响较大。即使是闻名世界的 NASDAQ 市场，在市场规模不断
扩大的同时也有近 2000 家企业因经营不善而不再符合市场要求，被
剥夺上市挂牌资格。

（三）创业板公司流通股本较小，股价波动更为频繁、幅度更大

2009 年 11 月 6 日深交所收盘后的数据显示，创业板 28 只个股中
25 只下跌，总市值 1239.59 亿元，流通市值 222.80 亿元。从开盘首
日之后仅 6 个交易日，创业板总市值降低 160.08 亿元，平均每只股
票每天蒸发 0.96 亿元，总流通市值蒸发 27.89 亿元。相应地，创业
板市场体现出了比主板市场更浓的投机气氛。调查结果显示，已参与
或将参与创业板的投资者中，46.1% 表示将采取新股申购并上市首日
卖出的策略，占比 44.84% 的投资者表示将会对交易性机会进行短期
炒作，而会长期持有的投资者仅占 9.07%。

（四）创业板实行严格的退市规则，停牌方式与信息披露方式也
较特殊

《深圳证券交易所创业板上市公司规范运作指引》对首批 28 家上
市公司的公司治理结构，董事、监事和高级管理人员管理，控股股东
和实际控制人行为规范，公平信息披露，以及募集资金管理和内部控
制等方面都做出了严格规定。比如，要求发行人的控股股东、实际控
制人应对招股说明书出具确认意见，并签名盖章；上市前还应签署
《控股股东、实际控制人声明及承诺书》，承诺不得滥用控制职权，损
害上市公司及其他股东利益。

因此，投资者在投资创业板时必须具备较高的风险意识和投资技
能，否则极易遭受不必要的损失，并可能影响整个市场的稳定。鉴于
此，创业板投资者适当性管理规则强调投资者交易经验、重视投资者
风险评估、要求投资者签署风险揭示书与抄录特别声明，这些要求对
于投资者具有较好的警示与教育意义，也从客观上导致了参与创业板
的投资者在交易经验、年龄结构和资产状况等方面获得了比全市场更
优、更好、更合理的结果。据深交所统计，创业板投资者中具有两年
以上交易经验者占比约为 70%，高于全市场的 54.76%；年龄在 30—

50岁者占比59%，高于全市场的56%；持股市值在10万元以下者占比为71%，低于全市场的90.7%。

二　创业板市场投资者适当性管理基本要求

（一）市场准入

创业板适当性管理制度针对个人投资者交易经验的不同，分别设置了不同的"准入"要求：①具有两年以上（含两年）交易经验的投资者申请参与创业板交易，需与证券公司现场签署《创业板市场投资风险揭示书》，两个交易日后开通交易权限；②未具备两年交易经验的投资者如申请参与创业板交易，在现场签署风险揭示书的同时，还应就其自愿承担市场风险抄录"特别声明"，五个交易日后才能开通交易权限。

证券投资是一项实践性非常强的活动，投资年限越久，投资者的投资风格可能越趋向成熟和稳健；年限越短，结果则可能相反。因此，在长期投资中不断积累实际经验是极为重要的。现实状况充分印证了这一点，2007—2008年，中国证券投资者保护基金公司接连进行了两次大规模的证券投资者问卷调查，分析表明，新股民在初入市时往往风险意识淡薄，盈利状况远不如老股民，盈利在50%以上的老股民数量是新股民数量的三倍，而新股民的亏损人数则为老股民的两倍多。该调查结论在实证数据上也获得了有力支撑，依据深圳证券交易所对2006—2008年深市投资者盈亏结构所做的研究，开户6年以上的老股民在盈利比重和盈利总额两方面均占有明显优势。创业板适当性管理制度对不同交易经验的投资者提出了不同的要求，正是基于上述考虑。[①] 创业板开板首月，中登公司数据显示，投资者盈亏比例与交易经验直接相关。首次交易年份在2007年之前的投资者盈利户数占比稳定在63%—66%，2007年后入市的投资者盈利比例则跳跃式下降，仅在55%—58%。

（二）适当性评估

证券公司应了解客户的身份、财产与收入状况、证券投资经验、

---

① 《创业板市场投资者适当性管理业务指南》，深圳证券交易所网站（http://www.szse.cn），2008年7月2日。

风险偏好及其他相关信息，充分提示投资者审慎评估其参与创业板市场的适当性。券商应将对客户风险认知与承受能力评测结果告知客户，作为其判断自身是否适合参与创业板市场交易的参考。对于不适宜客户应加强风险提示，劝导其审慎考虑开通申请。

（三）持续实施投资者教育和风险提示

针对客户不同需求和特点，持续实施投资者教育和风险提示。证券公司应对创业板相关客户营销和管理、业务及技术人员进行培训，以确保其充分了解和熟悉创业板相关知识、规则和制度。

（四）强化客户交易行为管理，引导客户合规理性参与交易

通过监督客户日常的创业板市场交易行为，发现并告知客户和交易所异常交易行为和涉嫌违法违规行为；规范和约束由交易所发出口头和书面警示等监管措施的客户的异常交易行为；通过重点监控交易所要求关注的账户和股票防范违法违规行为。

三 创业板市场投资者适当性管理的有益探索

创业板的适当性管理除对投资者申请开通创业板交易做出程序性安排之外，还要求证券公司持续做好客户后续服务、风险教育和交易行为规范等。适当性管理规则更多的是一种程序上的要求，而非简单的限制（未对投资者设定资金门槛，也没有严格的投资经验要求，主要侧重于风险提示），正常情况下投资者在签署风险揭示书或同时做出特别声明后即可开通创业板交易。因此，新规则的真正用意并非限制普通投资者的投资权利，而是希望通过设置不同的"准入"要求使投资者能够真正理解创业板市场的特殊风险，审慎做出投资决策。总之，作为必要的风险揭示与准备机制，此项基础性制度安排在以下三方面作了有益探索：一是保护投资者合法权益，尊重投资者自愿承担风险的投资权利；二是不限制特定准入，而强调产品和销售对于投资者的适当性；三是强化投资者自主理性、风险自担的权衡。适当性管理也促进了券商客户专业化管理与服务水平，改变了传统上单纯以客户价值与贡献度为标准的客户分类机制，同时推动了券商技术系统前端控制功能的完善及内部合规管理体制的建设。

第四节　股指期货投资者适当性制度

2008 年的全球金融危机及其后的香港雷曼迷你债风波、KODA（股票累积期权合约，Knock Out Discount Accumulator，也被称为 Accumulator）事件充分验证了不合适的金融产品销售给不合适的投资者酝酿的巨大风险，同时也表明金融创新必须与市场的接受程度以及投资者的认知水平和承受能力相适应。股指期货虽然在国际市场上已是一个成熟的金融产品和风险管理工具，但对我国投资者而言，还是一个全新的衍生类产品，与投资者已经熟悉的股票、债券相比，有着截然不同的风险收益特征和交易规则。

从本质上讲，股指期货是一种管理系统性风险的金融工具，而非一般性的大众理财产品，本来就应该有特定的投资者群体。股指期货当日无负债结算制度每日计算盈亏并对盈亏进行实际划转，保证金制度的杠杆效应进一步放大盈亏风险，资金不足时还会被强行平仓，合约在到期日会被自动交割。这些特点客观上要求参与主体具备较高的专业水平、较强的经济实力和风险承受能力，不适合一般投资者广泛参与。因此，在市场发展初期，在许多中小投资者还不十分清楚股指期货的产品特点，以及对参与交易应具备哪些基本条件都可能不太清楚的情况下，中介机构责无旁贷，必须承担应有的社会职责，在充分对投资者进行股指期货风险教育的同时，还需通过设置适当的程序和要求，建立与产品风险特征相匹配的投资者适当性管理制度并认真加以执行，将适当的产品销售给适当的投资者，从源头上有效避免由于投资者混淆金融产品特征、盲目入市导致爆炒创新产品的现象，进而由监管机构被动保护变为引导投资者主动自我保护，真正做到保护投资者的合法权益。

中国证监会和中国金融期货交易所（以下简称中金所）在借鉴中外投资者适当性管理实践的基础上，结合期货市场特点，设计了股指期货投资者适当性制度。但制度的实施不仅需要包括期货交易所、期

货公司、证券公司及各类投资者等市场参与各方的积极配合，更需要
"合格（或专业）投资者"的科学界定、充分完整的信息披露及买卖
双方职责的清晰界定。此外，监管机构从客户适当性的角度，要求相
关中介机构将合格投资者标准内化为内控制度的重要内容。监管机构
通过持续监管，确保市场中介组织在业务中严格执行。

一　制度体系

股指期货投资者适当性制度规则体系涵盖了证监会规章、交易所
业务规则、期货业协会自律规则三个层面。

一是中国证监会制定的《关于建立股指期货投资者适当性制度的
规定（试行）》，对投资者适当性制度提出原则要求，同时授权自律
组织制定具体实施办法。

二是中国金融期货交易所制定的《股指期货投资者适当性制度实
施办法（试行）》、《股指期货投资者适当性制度操作指引（试行）》
（中金所办字〔2010〕15 号），明确股指期货投资者适当性的基本要
求、程序、工作机制以及自律监管措施等，用于评估投资者的产品认
知水平和风险承受能力，选择适当的投资者审慎参与股指期货交易，
建立以了解客户和分类管理为核心的客户管理和服务制度。

三是中国期货业协会制定《期货公司执行股指期货投资者适当性
制度管理规则》和《股指期货交易特别风险揭示书》，修订《证券公
司为期货公司提供中间介绍业务协议指引》，督促期货公司和从事中
间介绍业务的证券公司向投资者充分揭示股指期货交易风险，严格执
行股指期货投资者适当性制度。

二　适当性要求

股指期货适当性投资者制度采用综合评分法，将硬性指标和弹性
指标中各项目一一评分估值。指标设计标准力求体现对不同投资者进
行公平、合理的评价，以此提高市场参与者承担风险能力的整体基
准，并特别从开户环节进行风险源头控制。其中，硬性指标包括 50
万元初始资金标准、通过中金所基础知识测试、达到股指期货仿真交
易或商品期货交易经验要求等；弹性指标则包括对个人基本情况、投
资经历、财务状况、资信状况等方面的综合评估。按照学历年龄、投

资经验、个人财务情况、个人诚信记录四大类指标分别打分，四项目总和达到一定标准，才可以从事股指期货交易。

（一）资金门槛要求

申请开户时保证金账户可用资金余额不低于人民币 50 万元。一般而言，资金指标可反映投资者的经济实力，是衡量投资者风险承受能力的主要指标，设定最低资金要求可以较好地验证投资者的风险承受能力。其计算依据为，根据沪深 300 股指期货合约的设计，其乘数为每点 300 元，以 2009 年 12 月 29 日沪深 300 指数收盘的 3500 点来计算，每张合约的价值达到了 105 万元，根据国内外期货交易的通行经验，持仓仓位一般不应超过总资金量的 30%，这样计算下来交易一手合约就需要约 50 万元。而按 12%—15% 的比例计算，其交易保证金就达到了 12.6 万—15.75 万元。由此看来，每张沪深 300 股指期货合约就要承担高达 15 万元左右的风险，并非所有投资者都能承受，而主要为机构投资者提供避险工具。在股指期货推出之初，优先培育和发展机构投资者是非常必要的。大力培育和发展机构投资者，将有利于股指期货的长远发展，尤其沪深 300 指数作为我国国内的首只金融、指数期货产品，要想将其建设成为我国将来指数期货市场中的旗舰指数产品，需要机构投资者的积极参与。

此项要求可以让投资者产生疑问，并主动寻找原因，从而了解一手股指期货合约的定价及杠杆比例，以及期货交易控制仓位、禁忌满仓的操作原理。不能满足条件的中小投资者虽无法直接参与股指期货市场交易，但可通过购买基金或理财产品等方式间接参与投资股指期货。其目的是将那些尚未具备与股指期货产品相适应的风险承受能力及缺乏股指期货基本知识准备的投资者，隔离在市场之外。这样做并非对那些不适合参与股指期货市场的投资者不公，而是要将其保护起来，做到让其远离不能承受之风险。这是一项建设保护投资者合法权益的基础性工程，是构建投资者保护机制的第一步。

（二）具备股指期货基础知识，通过相关测试

与资金量要求相比，知识测试和仿真交易经历对保护股指期货投资者而言更为重要。严格的股指期货知识测试可以让投资者在准备和

参与测试过程中，接触和学习与股指期货相关的各项知识，做好参与交易的知识储备，并为投资者提供了检验学习成果、判定自身能力的有效方法。

借助知识测试提高投资者的自我保护意识，投资者适当性制度有效实现了对个体投资者的保护。此外，该制度的实施将不适当的投资者排除在市场之外，将有助于维护正常的市场秩序，促进市场平稳运行，从而实现对所有市场参与者的保护。

（三）股指期货仿真交易经历或者商品期货交易经历要求

客户须具有至少累计 10 个交易日、20 笔以上的股指期货仿真交易成交记录或者最近三年内具有至少 10 笔以上的商品期货成交记录。参与仿真交易实践或商品期货交易经历可以让投资者熟悉股指期货的各项交易指令，引导他们在实际操作的过程中认识到自身存在的不足，并针对所发现的问题主动去寻求解答，成为一名合格的股指期货市场入门者。

（四）投资者信用

不存在严重不良诚信记录；不存在法律、行政法规、规章和交易所业务规则禁止或者限制从事股指期货交易的情形；投资者对自己提供材料真实性负责，负有如实陈述自身情况的义务；明确了人民银行征信中心为个人信用报告的权威出具机关。该要求突出了股指期货市场对投资者信用的强调，可以让投资者意识到到期履约、买者自负，以及熟悉当日无负债结算制度和及时补足交易保证金的重要性。

此外，对投资者的基本情况、相关投资经历、财务状况和诚信状况等进行综合评估，不得为综合评估得分低于规定标准的投资者申请开立股指期货交易编码。期货公司和从事中间介绍业务的证券公司必须在其经营场所为投资者办理股指期货开户手续，即临柜开户，禁止非现场开户。投资者应全面评估自身的经济实力、产品认知能力、风险控制能力、生理及心理承受能力等，审慎决定是否参与股指期货交易。

三　制度实施与监管措施

（一）制度实施

1. 市场参与主体的积极配合

作为落实股指期货投资者适当性制度的主要责任主体，期货公司应根据中国证监会、中金所和中国期货业协会有关规定，认真评估投资者的产品认知水平和风险承受能力，选择适当的投资者审慎参与股指期货交易，严格执行投资者适当性制度各项要求，建立以了解客户和分类管理为核心的客户管理和服务制度。取得中间介绍业务（Introducing Broker，IB）资格的证券公司接受期货公司委托，协助办理开户手续的，期货公司应与证券公司建立介绍业务的对接规则。与期货公司一样，证券公司也应严格执行投资者适当性制度，包括向客户充分揭示股指期货交易风险，审查客户开户资料，做好相关知识测试、综合评估和开户入金指导等工作，配合处理客户纠纷等。

而对于想一试身手的个人投资者，则必须提前做足功课，树立风险控制意识。既要充分认识其蕴藏的潜在盈利机会，更应理性看到因市场多变可能出现投资损失的概率，全面了解因为杠杆交易造成损失数倍放大的特点。可通过虚拟仿真资金交易对行情趋势进行预测和判断，进而积累投资经验。最为重要的是，投资者应将诚信贯穿于入市的全过程，从如实申报开户材料到追加保证金，均不得采取虚假隐瞒等手段规避投资者适当性标准要求。尤其在投资产生损失后，更不可"弃盘走人"或寻找理由将损失转嫁他人。

2. 科学界定"合格（或专业）投资者"

目前，实施投资者适当性管理在我国证券市场还处于探索阶段，合格投资者的判断标准需要结合我国证券市场发展的实际、我国居民的收入状况、社会信用状况等诸多因素进行确定。不属于专业从事金融服务行业的制造类、贸易类企业，一般都缺乏金融产品投资经验和金融知识方面的储备，若将该类机构投资者与证券公司、银行、保险公司、基金管理公司、资产管理公司、风险投资公司等金融机构一样界定为"合格（或专业）投资者"显然有失合理。此外，仅关注投资者的资金量，认为资产水平或年收入达到某一资金量便是合格投资者也不尽科学。例如，片面理解中国香港地区法规中对个人"专业投资者"的定义：拥有投资组合 800 万港元或等值外币。按照这一定义，在 KODA 事件中损失不菲的内地富有个人也属于专业投资者。然而，他们在金融产品、衍生品的投资上经验尚浅，有的甚至从未涉足衍生品投资，对该类产品的高杠杆、高风险性并不熟知，因此，从投资经验和知识水平上看，他们并非衍生品投资界的"专业投资者"。

3. 衍生产品卖方充分、完整地进行信息披露

为了确保投资者适当性管理制度落实，首先应确保衍生产品卖方充分、合理地进行信息披露。监管机构应制定相关规则，明确规定衍生品卖方对产品的信息披露须从笼统化、标准化转变为个性化、通俗化。为避免用冗长的内容使一般投资者望而却步，可以参考香港证监会的建议，规定在四页纸的篇幅内，用浅显易懂的语言说明提供所有的主要资料，并有助于与其他产品进行比较。

如《股指期货交易特别风险揭示书》增加了股指期货现金交割、与股票市场联动等新特点、新内容，其中特别突出了股指期货合约标的较大、可能造成较大亏损的特点。此外，还需告知投资者适当性制度对投资者的各项要求以及依据制度对投资者进行的评价，不构成对投资者的投资建议，不构成对投资者的获利保证；还强调了投资者申明自愿承担风险的内容，遵循"买卖自负"的金融市场原则，不得以不符合适当性标准为由拒绝承担股指期货交易履约责任。

4. 清晰划分买卖双方职责

衍生品卖方主要责任为合理、明确地披露产品信息，并按照监管规定严格筛选合格投资者，不当销售导致买方投资损失的，损失应由卖方承担。对衍生品买方，其责任在不同的情况下有所不同：若卖方未按照监管部门要求在产品合同中充分、合理地进行信息披露，使买方在对产品风险不知情的情况下进行投资，并且遭受投资损失，那么买方不承担损失责任，其投资损失应由卖方承担；若卖方已经在产品合同中充分、合理地进行了信息披露，买方在不符合投资者适当性的前提下，仍然自愿进行与其风险承受能力不符的投资，进而遭受投资损失的，其投资损失应由买方自己承担。卖方在筛选合格投资者上的

过错则由监管部门采取行政措施进行处罚，如追究相关负责人责任、停止其销售相关产品等。

中金所和期货保证金监控中心对制度关键指标进行核查验证，确保关键指标的执行到位。中国证监会派出机构、中金所分别从日常监管和自律管理的角度，加大监管力度及责任追究。中国期货业协会加强风险揭示，强化行业自律，切实增强会员公司制度执行的自觉性。期货公司和取得 IB 业务资格的证券公司负责具体实施。

中国证监会及其派出机构对违反投资者适当性制度要求，未能执行相关内控、合规制度的期货公司依据相关法律法规的规定，采取限制或者暂停部分期货业务、停止批准新增业务或者分支机构等监管措施；中金所可以采取责令整改、暂停受理申请开立新的交易编码、暂停或者限制业务、调整或者取消会员资格等处罚措施；中国期货业协会可以采取通报批评、公开谴责、取消会员资格等处罚。对负有责任的期货公司工作人员，中金所可采取通报批评、公开谴责、暂停从事交易所期货业务和取消从事交易所期货业务资格等处罚措施；情节严重的，中国期货业协会可处以撤销任职资格、取消从业资格等行政处罚或纪律处分。

（二）监管措施

监管机构从客户适当性的角度，要求相关中介机构将合格投资者标准内化于工作制度中，作为其内控制度的重要内容。监管机构通过持续监管，确保市场中介组织在业务中严格执行。中国证监会及其派出机构、中金所、保证金监控中心和中国期货业协会按照"统一领导、各司其职、各负其责、加强协作、联合监管"的原则，发挥监管协作机制优势。

具体而言，对于违反投资者适当性制度要求的期货公司，中金所可采取责令整改、暂停受理申请开立新的交易编码、暂停或限制业务、调整或取消会员资格等措施；中国证监会及其派出机构依据相关法律法规，采取限制或暂停部分期货业务、停止批准新增业务或分支机构等监管措施；情节严重的，根据《期货交易管理条例》第七十条规定，责令改正，给予警告，没收违法所得，并处违法所得 1 倍以上

3 倍以下罚款；没有违法所得或者违法所得不满 10 万元的，并处 10 万元以上 30 万元以下的罚款；情节严重的，责令停业整顿或吊销期货业务许可证。对直接负责的主管人员和其他直接责任人员给予警告，并处 1 万元以上 5 万元以下的罚款；情节严重的，暂停或撤销任职资格、期货从业人员资格。

第五节　中国合格投资者制度设计

多层次资本市场的建设，建立覆盖面更广的合格投资者制度和群体成为最重要的环节之一。基于注册制的多层次资本市场的健康发展要求交易产品风险特性与投资者风险承受能力相匹配。以中小投资者为主体的证券市场上，这种匹配的要求更为重要。相关主体应加强对多层次资本市场、多种风险特性产品、多元化投资者三者之间关系的研究，建立一套投资者适当性管理的完整机制。本节采用系统分析法，从投资者专业素养培育、产品规则设计、市场准入制度、账户监测和关注、"黑名单"制度、市场禁入制度实施过程中对投资者财产权、隐私权、平等权、自由权等权益的保护到信息公开披露制度，整体设计我国合格投资者制度。

一　投资者专业素养培育

伴随着注册制的逐步推进，金融创新不断深化，投资产品的选择性大大增加，同时创新产品的专业性、复杂性及风险性也不断提升。因此，投资者专业素养的培育成为投资者利益保护的首要任务。正是中国投资者包括机构投资者不具备专业素养与良好的职业道德和操守，导致多年来中国资本市场投机炒作之风日盛，价值投资崩溃，这也是 2015 年股灾的根本原因之一。由于投资者缺乏投资素养、法律意识和契约精神而引起的纠纷和投诉占据了很大的比重，很大程度上减缓和阻滞了金融改革和金融创新的步伐，使原本落后的中国资本市场在日益激烈的国际竞争中处于更加不利的地位。

投资者专业素养包括投资技能与投资心态两部分，无论是投资者投资技能的提升还是投资心态从感性到理性的转变均需要一个持续不断的教育和学习的过程。因此，投资者专业素养培育应从加强对投资者的教育和提升投资者自身学习能力两方面切入。

（一）强化投资者教育

政府和金融机构应将加强投资者教育作为一项长期的基础性工作加以落实，以提升投资者自我保护能力。一方面，由于现有创新型投资产品大多产生于金融衍生工具，广泛涉及全球资源、国际贸易、银行、投资、保险等一系列专业知识，需要有较高投资技能的投资者才适合涉足其中。如果缺乏专业知识和投资技能、操作不当，往往会造成很大损失。另一方面，很多涉足高风险投资品类的投资者本身风险控制意识非常薄弱甚至完全缺失，面对高收益所对应的高风险虽经监管机构反复提醒却仍然熟视无睹。

因此，金融机构应在政府组织下积极承担起公众金融投资知识和风险意识教育的社会责任。首先，在为客户提供金融服务的同时，各金融机构可主动进行金融投资知识与风险意识宣传普及，帮助客户树立科学、安全的资本投资理念，提高对金融风险的识别能力。其次，金融机构应通过与教育、宣传、法律等机构的合作，通过网络教学、电视媒体、专家论坛、专业课堂等形式，有针对性地在金融投资知识、风险教育、法律法规和国家金融政策等方面给予投资者更多的培训与辅导，从而使投资者能够更加系统地掌握投资理论和技巧，更加理性地进行投资，同时增强投资者对金融机构的信赖感，为金融行业树立良好口碑，推动整个金融业的稳定、长远发展。例如，对券商而言，中小投资者收益权维护的重点在于向投资者推荐适合实际情况的产品或业务，帮助投资者在风险控制的基础上获得预期收益，警示投资者将可能造成损失的产品投资排除在资产配置之外。

综合当前投资者教育的理论和实践及我国国情，投资者教育主要包含四方面的内容：投资决策教育、个人资产管理教育、市场参与教育及风险教育。四个方面相辅相成，缺一不可。

1. 投资决策教育

投资决策就是对投资产品和服务做出选择的行为或过程，它是整个投资者教育体系的基础。投资决策教育就是要在指导投资者分析投资问题、获得必要信息、进行理性选择的同时，致力于改善投资者决策条件中的各个变量，如受教育程度、个人资产、心理承受能力等个人背景因素及政治、经济、法律社会制度、伦理道德、科技发展等社会环境因素。

2. 个人资产管理教育

个人资产管理教育就是指导投资者对个人资产进行科学的计划和控制。人们对个人资产的处置有很多种方式，进行证券投资只是投资者个人资产处置及管理中的一个方法或环节，投资者的个人财务计划会对其投资决策和策略产生重大影响。因此，许多投资者教育专家都认为投资者教育的范围应超越投资者具体的投资行为，深入整个个人资产管理中去，只有这样才能从根本上解决投资者的困惑。

3. 市场参与教育

市场参与教育就是号召投资者为改变其投资决策的社会和市场环境进行主动参与。这不仅是市场化的要求，也是"公平"原则在投资者教育领域中的体现。投资者的市场参与包含保护自身合法权益和实现投资者利益在资本市场制度体系中得以充分体现两个层面。投资者权利保护是营造一个公正的政治、经济、法律环境，在此环境下，每个投资者在受到欺诈或不公平待遇时都能得到充分的法律救助。投资者的声音能够上达立法者和相关的管理部门，参与立法、执法和司法过程，创造一个真正对投资者友善的（Investor Friendly）、公平的资本市场制度体系。因此，为投资者维权提供的相关服务已成为各国开展投资者教育的重要内容。

4. 风险教育

风险教育是当前投资者教育的重点内容。风险是资本市场的基本特征，我国资本市场处于"新兴加转轨"的发展阶段，规范运作程度有待提高，市场不够成熟，波动性相对更大。2006 年、2007 年我国股市连续两年的大幅上涨彰显了"财富效应"，而 2008 年以来美国次贷危机导致的指数暴跌又验证了股市蕴含的巨大风险。因此，在对投资者进行风险教育时，既要提醒投资者"市场有风险，入市须谨慎"，也要告知投资者"市场存机遇，投资可选择"。具体包括：一是引导投资者在入市之前比较充分地了解市场的基本特征，了解各类投资的区别，谨慎入市。加深投资者对"买者自负"原则的认识，引导他们摒弃侥幸心理、从众心理和暴富心理，更不能抱有"赚了是自己的、赔了政府不会不管"的错误认识，使其逐步成为"明白"或成熟的投资者，培育理性健康的股市文化，进而促进我国资本市场健康发展。二是引导已入市的投资者在投资、交易过程中，树立全面的风险意识，既要充分了解自己所投资的对象，避免盲目投资；也要了解和遵守市场规则，避免发生违规行为；还要学习投资的基本知识，了解一些投资技术、技巧，善于分散风险，善于利用工具对冲风险、进行风险管理。三是引导投资者树立法律和法规意识，利用法律武器捍卫自身权益，增强自我保护能力。

（二）提升投资者自身学习能力

投资领域博大精深，不仅汇集了世界上最具才智的群体，而且还直接或间接地涉及金融投资、经济、管理、技术分析、心理学、哲学、历史、财会、计算机技术等数不胜数的学科和领域，专业投资者必须超过平均收益率才能生存。因此，投资没有捷径，持续的学习能力才是制胜法宝。首先，投资者可积极参加各类国家级证券期货投资者教育基地的培训，加入线上知识平台和学习型社区，通过持续在线学习，记录、评估、测试学习成果；其次，还要借助大量的投资实践，掌握一系列的量化指标和方法，培育风险识别能力；最后，养成良好的阅读习惯。阅读是投资者积累知识的最有效手段。阅读新闻资讯可为投资者带来最新的业内动态；阅读行业调研报告可了解行业的过去和现在，预期未来发展趋势；阅读专业书籍则可系统地梳理行业脉络，形成严谨清晰的投资逻辑，同时开阔视野，把握对成长广阔的国内资本市场基本面判断的前瞻性和系统性。

二　产品规则设计

产品规则设计上应根据产品风险，设计参与该产品的投资者条件，并且确立不同的风险揭示标准。如对于场内衍生品，因其在交易所内交易，产品简单且标准化、保证金交易、监管严格，可通过定制基本的风险揭示书方式，向投资者揭示产品风险。而对于场外衍生品，尤其是结构性、杠杆性产品，除了基本的风险揭示书，还应根据产品个性化特点附加一份"特别风险揭示"。

此外，证券公司在营销活动中，应建立以诚实推介、风险提示为内容的投资者教育制度。事前应充分了解客户的身份、财产与收入状况、证券投资经验和风险偏好，并根据客户情况推荐适当的产品和服务。

三　市场准入制度

市场准入可分为产品准入和投资者准入两类，其中投资者准入制度是在投资者分类的基础上，结合产品准入制度及国内投资者实际情况，建立相关产品的"核心投资者队伍"。例如，在融资融券试点筹备工作中，我国券商从多种角度对投资者准入制度进行了各自探索：华泰证券建立合格客户池；东方证券与银行共享征信记录；招商证券设推荐人制度；中信证券实施证书管理等。

四　账户重点监控

与证券产品分类相结合，依照投资者的资产水平、知识与市场参与程度等标准对客户进行分类监管，依据适当性管理原则，引导投资者选择适合个人风险承受能力的产品，并且要继续加强投资者交易行为监管，强化各项处罚机制。除现有的账户关注、账户限制等手段外，还要积极配合反洗钱工作的需要，加大对大额频繁交易账户的监控程度，切实配合有关部门规范投资者的交易行为。应根据投资者分类对出现异常交易情形的账户依程度给予监测和关注。证券和期货交易所作为一线监管机构，对异常交易行为采取发出口头或书面警示等监管措施，并要求证券和期货公司对所关注的账户实施重点监控，以防范违法违规交易行为发生。

五　建立"黑名单"和市场禁入制度

将有违法、违规行为的投资者列入"黑名单"，一方面冻结其账户，限制交易，另一方面作为资格认证的限制性指标之一。同时，对严重违法，不适合继续投资的"害群之马"，应责令其退出市场，并宣布为市场禁入者，禁止再次进入市场进行交易。

六　投资者权益保护

注重制度实施过程中对投资者财产权、隐私权、平等权、自由权等权益的保护，券商和期货公司应当建立客户资料档案，并进行妥善保管，同时应为客户保密；还应为客户提供合理的投诉渠道，告知投诉的方法和程序，妥善处理纠纷，督促客户依法维护自身权益。

七　信息公开披露制度

信息公开披露制度是保护投资者知情权和公平交易权的基本制度，是投资者保护的基本措施之一。证券公司信息公开披露制度要求所有证券公司实行基本信息公示和财务信息公开披露，通过中国证券业协会网站和公司网站等渠道真实完整地披露包括公司基本情况、经营性分支机构、业务许可、新产品、高管人员等信息，并在每一个会计年度结束后进行财务信息公开披露。通过现场检查和非现场检查、行政监督、年报审计等多种手段和措施，确保证券公司披露信息真实完善，将信息强制性披露与自主性披露结合起来，提高证券公司经营活动和财务状况的透明度，有助于投资者了解证券中介机构的状况及其变化。在自主识别机构风险的基础上选择证券公司，并加强对证券公司的监督。

总之，券商和期货公司可以投资者适当性管理制度建设为契机，开展适当性匹配关系模型、客户资格认证标识、客户适当性分析和适当性任务发布工作，架构属于公司内部的适当性管理和合格投资者建设体系，使客户投资的品种和享受的服务与客户的风险承受能力、投资实力、交易经验、知识结构等一一匹配，力争使每位客户均可获得与自己认知能力、风险承受能力相适应的个性化服务和产品的推荐，从而从自身实际情况出发，审慎投资，合理配置其金融资产。①

---

① 韦小敏：《投资者适当性管理将开启券商客户管理新纪元》，《证券时报》2009 年 7 月 7 日第 A09 版。

参考文献

一　中文文献

安庭慧:《我国上市公司信息披露制度研究》,硕士学位论文,吉林大学,2014 年。

包蕾:《欺诈上市的民事责任》,硕士学位论文,中国政法大学,2015 年。

陈峥嵘:《完善创业板退市制度　真正建立优胜劣汰的市场机制》,《科学发展》2010 年第 9 期。

陈峥嵘:《我国证券创业板市场退市制度的完善》,硕士学位论文,华东政法大学,2010 年。

陈政:《Facebook 招股说明书信息披露分析及反思》,《证券市场导报》2012 年第 11 期。

曹凤岐:《推进我国股票发行注册制改革》,《南开学报》(哲学社会科学版)2014 年第 2 期。

陈凯:《注册制条件下发行信息披露的法律问题》,硕士学位论文,华东政法大学,2015 年。

杜晓帆:《美国预测性信息披露制度及其对我国的借鉴意义》,硕士学位论文,厦门大学,2001 年。

邓丽萍:《我国上市公司内部控制信息披露问题探讨》,硕士学位论文,江西财经大学,2013 年。

丁丁、侯凤坤:《上市公司退市制度改革:问题、政策及展望》,《社会科学》2014 年第 1 期。

戴晋芳:《我国上市公司会计信息披露问题研究》,硕士学位论文,山西财经大学,2014 年。

董佳慧、苏杭：《我国股票发行注册制下中小投资者所面临的风险及对策》，《对外经贸》2016 年第 9 期。

冯芸、刘艳琴：《上市公司退市制度实施效果的实证分析》，《财经研究》2009 年第 1 期。

付彦、邓子欣：《浅论深化我国新股发行体制改革的法制路径——以注册制与核准制之辨析为视角》，《证券市场导报》2012 年第 5 期。

付芳：《我国资本市场发展历程及多层次资本市场建设的对策》，《哈尔滨师范大学社会科学学报》2014 年第 3 期。

冯科、李钊：《中外退市制度比较分析》，《首都师范大学学报》（社会科学版）2014 年第 5 期。

冯科、李钊：《我国退市制度实施效果的实证研究——基于 ST 板块"摘帽"现象的分析》，《北京工商大学学报》（社会科学版）2014 年第 5 期。

顾连书、王宏利、王海霞：《我国新股发行审核由核准制向注册制转型的路径选择》，《中央财经大学学报》2012 年第 11 期。

郭万明：《从注册制与核准制之争到监审分离：论新股发行市场化改革路径》，《西安电子科技大学学报》（社会科学版）2013 年第 5 期。

郭锋：《多层次资本市场及证券交易场所法律制度完善研究》，《证券法苑》2014 年第 1 期。

关旭、王军法：《我国主板上市公司退市制度之弊——以银广夏为例》，《财会月刊》2014 年第 2 期。

关永静：《中国上市公司会计信息披露有效性的分析》，硕士学位论文，中央民族大学，2015 年。

高升：《注册制下上市公司差异化信息披露制度之构建》，硕士学位论文，西南政法大学，2015 年。

管润青：《关于我国发展多层次资本市场的若干思考》，《市场研究》2016 年第 4 期。

黄亚钧：《为何要建立股指期货投资者适当性制度》，《上海证券报》

2010 年 1 月 21 日。

侯幼萍、程红星：《境外金融产品投资中的客户适当性制度比较》，《证券市场导报》2010 年第 2 期。

何艳眉：《我国上市公司退市法律制度研究》，硕士学位论文，华东政法大学，2013 年。

黄晓颖：《我国多层次资本市场的现状与发展》，《特区经济》2014 年第 6 期。

胡俊：《我国证券发行审核制度刍论》，《湖南商学院学报》2014 年第 6 期。

何振：《注册制下的我国 IPO 信息披露的路径探析》，《会计师》2014 年第 15 期。

黄方亮、熊德浩、杨敏、侯巧平：《IPO 信息披露与投资者权益保护研究进展》，《公司金融研究》2015 年第 3 期。

黄钰菁：《上市公司强制退市案例研究》，硕士学位论文，暨南大学，2015 年。

何启志：《经济新常态下的多层次资本市场建设》，《财贸研究》2016 年第 4 期。

鞠雪芹：《美国预测性信息披露制度及其对我们的启示》，《山东社会科学》2006 年第 2 期。

金一鑫：《我国创业板市场的退市制度研究》，硕士学位论文，华东政法大学，2011 年。

蒋大兴：《金融"过度监管"是个伪命题》，《人民日报》2013 年 6 月 5 日。

蒋大兴：《隐退中的权利型证监会——注册制改革与证券监管权之重整》，《法学评论》2014 年第 2 期。

吉娜：《注册制下完善证券发行信息披露制度的对策建议》，《行政与法》2015 年第 12 期。

贾平、王波、陈俊：《注册制背景下一级市场股票投资者权利救济制度研究》，载郭锋主编《证券法律评论（2016 年卷）》，中国法制出版社 2016 年版。

刘新民：《略论〈证券法〉的信息披露和民事责任制度》，《上饶师范学院学报》（社会科学版）2003 年第 2 期。

刘让武：《创业板退市制度研究》，硕士学位论文，湖南大学，2007 年。

刘溟：《中金所展开股指期货投资者适当性制度设计》，《经济日报》2009 年 2 月 13 日第 6 版。

李春风、李镇华：《证券市场产品适当性管理现状与改进建议》，《证券市场导报》2010 年第 7 期。

刘瑛、赵颖、陈璐：《中国上市公司非财务信息披露影响因素研究》，《经济问题》2013 年第 2 期。

刘建华：《对上市公司非财务信息披露问题的思考》，《财会研究》2013 年第 10 期。

刘源：《完善我国创业板退市制度的探讨》，硕士学位论文，华东政法大学，2013 年。

刘存绪、刘衍：《新退市制度下对我国上市公司退市的若干思考》，《财政监督》2013 年第 32 期。

刘纪鹏、韩卓然：《推行注册制关键在于监审分离》，《经济》2014 年第 2 期。

鲁桐、党印：《发挥多层次资本市场对经济转型的推动作用》，《金融市场研究》2014 年第 4 期。

李文莉：《证券发行注册制改革：法理基础与实现路径》，《法商研究》2014 年第 5 期。

李向阳：《我国上市公司盈利预测信息披露问题研究》，硕士学位论文，江西财经大学，2014 年。

刘慧娟：《国际证券市场信息披露监管制度研究》，博士学位论文，对外经济贸易大学，2014 年。

李曦：《浅析我国证券市场中上市公司的退市制度》，硕士学位论文，西北大学，2014 年。

李文华：《中国式注册制下的信息披露监管问题探析》，《西南金融》2015 年第 3 期。

李东方:《证券发行注册制改革的法律问题研究——兼评"〈证券法〉修订草案"中的股票注册制》,《国家行政学院学报》2015 年第3 期。

李曙光:《新股发行注册制改革的若干重大问题探讨》,《政法论坛》2015 年第3 期。

刘俊海:《打造投资者友好型证券法 推动资本市场治理现代化》,《法学论坛》2015 年第4 期。

吕劲松:《多层次资本市场体系建设》,《中国金融》2015 年第8 期。

李延鹏:《〈证券法〉修改的方向研究——注册制改革》,硕士学位论文,兰州大学,2015 年。

李奕:《论我国上市公司注册制改革下的信息披露制度》,硕士学位论文,西南政法大学,2015 年。

刘亚楠:《重大违法上市公司强制退市制度探析》,硕士学位论文,华东政法大学,2015 年。

刘川:《退市新规对 ST 公司业绩的影响研究》,硕士学位论文,河北经贸大学,2015 年。

刘亚楠:《重大违法上市公司强制退市制度探析》,硕士学位论文,华东政法大学,2015 年。

李东方、陈邹:《上市公司强制退市监管法论》,载郭锋主编《证券法律评论(2016 年卷)》,中国法制出版社 2016 年版。

冷静:《注册制下发行审核监管的分权重整》,《法学评论》2016 年第1 期。

赖衍禹:《股票发行注册制改革下监管审核分权重整之法经济学分析——基于对证券法一读草案的解读》,《华北金融》2016 年第6 期。

雷星晖、柴天泽:《股票发行注册制改革:利益衡平之下的监管分权和配套建制》,《经济问题》2016 年第10 期。

李晗:《注册制改革中的法律完善》,《法制博览》2016 年第15 期。

刘阳:《上市公司财务会计报告披露问题研究》,《商场现代化》2016 年第22 期。

苗玉坤：《注册制下保荐人法律制度完善研究》，《法制博览》2015 年第 10 期。

马丽华、孙晓伟：《注册制下完善上市公司信息披露制度的思考》，《中国管理信息化》2015 年第 17 期。

聂明、孙卫金：《中介机构在新股发行注册制下的职责和权利》，载中国证券业协会编《创新与发展：中国证券业 2014 年论文集》，中国财政经济出版社 2015 年版。

潘敏：《中国股票发行注册制改革问题研究》，博士学位论文，武汉大学，2015 年。

乔莎：《我国上市公司非财务信息披露研究》，硕士学位论文，山西财经大学，2014 年。

卿固、方欣：《注册制下上市公司自愿性会计信息披露探析》，《大连大学学报》2016 年第 4 期。

任凤凤：《多层次资本市场发展前景探讨》，《特区经济》2014 年第 10 期。

孙旭：《美国证券市场信息披露制度研究》，博士学位论文，吉林大学，2008 年。

深交所投资者教育中心：《创业板投资者适当性管理解读》，《上海证券报》2009 年 8 月 20 日第 5 版。

史金艳、杨睿博、戴望秀：《创业板退市制度新规的市场反应研究》，《证券市场导报》2014 年第 5 期。

思雯、孙闯：《从股票发行注册制改革谈证券市场法律监管》，《清华金融评论》2014 年第 10 期。

孙智全：《中国证券发行注册制度改革的几点建议——从事后监管的角度分析》，《现代商业》2014 年第 36 期。

孙兰芳：《浅析股票发行注册制后中小投资者所面临的风险》，《市场周刊（理论研究）》2015 年第 2 期。

孙钊昭：《中国新股首次公开发行注册制改革法律问题研究》，硕士学位论文，北京交通大学，2015 年。

苏崇崇：《证券法修改背景下的证券发行监管体制改革》，《知识经济》2016 年第 9 期。

石泓、丁玲：《IPO 注册制下投资者权益保护研究》，《商业会计》2016 年第 9 期。

汤仁征：《我国上市公司信息披露问题研究》，硕士学位论文，财政部财政科学研究所，2013 年。

唐应茂：《我国离注册制还有多远——兼论推进我国股票发行注册制改革的措施》，《上海金融》2014 年第 7 期。

汤欣、魏俊：《股票公开发行注册审核模式：比较与借鉴》，《证券市场导报》2016 年第 1 期。

王雪飞：《股票发行审核证监会行政赔偿责任研究》，《政治论坛》2013 年第 10 期。

王啸：《美国资本市场转板机制的得失之鉴——兼议多层次资本市场建设》，《证券法苑》2014 年第 1 期。

魏晓辰：《强制退市制度中中小投资者利益保护问题研究》，《品牌》2015 年第 9 期。

吴国舫：《构建我国股票发行注册制的法理逻辑》，博士学位论文，武汉大学，2015 年。

吴彧：《中美证券市场退市与再上市的制度解析与案例研究》，硕士学位论文，浙江工业大学，2015 年。

王月：《浅析欣泰电气强制退市案例》，《中小企业管理与科技》2016 年第 8 期。

谢静：《完善我国上市公司退市制度的若干思考》，硕士学位论文，华东政法大学，2008 年。

奚晓明：《完善与注册制配套的民事责任制度》，《证券法苑》2015 年第 1 期。

肖立强、郭玲：《我国股票发行制度的注册制改革研究——基于美国注册制视角的比较分析》，《北方金融》2015 年第 12 期。

夏泳：《我国上市公司退市制度研究》，硕士学位论文，华东政法大学，2015 年。

徐娜：《我国证券市场信息披露制度研究》，硕士学位论文，郑州大学，2015年。

杨郊红：《美国上市公司信息披露制度的变迁及启示》，《证券市场导报》2005年第4期。

姚狄：《我国上市公司信息披露的真实性研究》，硕士学位论文，华东师范大学，2010年。

叶晓华：《注册制下的法律风险》，《董事会》2014年第1期。

杨业中：《我国多层次资本市场体系的构建与完善》，《时代金融》2014年第5期。

尹存喜、徐文强：《浅议股票发行注册制下中小投资者的权益保护》，《财经界》（学术版）2014年第17期。

叶林：《关于股票发行注册制的思考———依循"证券法修订草案"路线图展开》，《法律适用》2015年第8期。

闫冠群：《股票公开发行注册制法律问题研究》，硕士学位论文，北方工业大学，2016年。

朱玉辰：《正研究股指期货适当性管理制度》，《证券日报》2009年12月4日。

朱文斌：《我国ST公司股票投资分析及价值评估》，硕士学位论文，华中科技大学，2012年。

赵慧君：《我国创业板市场退市制度的法律问题研究》，硕士学位论文，山东大学，2013年。

张兰田：《企业上市审核标准实证分析》，北京大学出版社2013年版。

张万聪：《浅析上市公司非财务信息披露》，《时代金融》2014年第5期。

郑慧蓉：《浅谈IPO注册制——基于投资者视角》，《现代商业》2014年第25期。

张文芬：《我国上市公司会计信息披露研究》，硕士学位论文，财政部财政科学研究所，2014年。

张燕：《我国上市公司退市制度的完善》，硕士学位论文，西南交通大学，2014年。

赵宇鹏：《上市公司财务预测信息披露的研究》，硕士学位论文，太原理工大学，2014 年。

周友苏、杨照鑫：《注册制改革背景下我国股票发行信息披露制度的反思与重构》，《经济体制改革》2015 年第 1 期。

张美霞：《中国新退市制度实施政策效应的实证研究——基于财务性退市标准的证据》，《贵州财经大学学报》2015 年第 5 期。

张瑜：《证券发行注册制下中小投资者的法律风险问题探讨》，《法制博览》年 2015 第 18 期。

张文婷：《注册制下证券交易所民事责任的边界》，《决策探索》（下半月）2015 年第 12 期。

左磊、陈春羽：《从 IPO 注册制改革谈中小投资者的市场担忧》，《经济研究导刊》2015 年第 18 期。

赵颖晨：《我国上市公司强制退市标准的法理分析》，硕士学位论文，西南政法大学，2015 年。

张启梁：《试论推行股票发行注册制面临的风险和改革的途径》，硕士学位论文，中国青年政治学院，2015 年。

朱亚宁：《我国上市公司 ST 板块退市制度研究》，硕士学位论文，兰州大学，2015 年。

赵晓钧：《股票发行注册制改革中的投资者权益保护》，载郭锋主编《证券法律评论（2016 年卷）》，中国法制出版社 2016 年版。

张程睿：《公司信息披露对投资者保护的有效性——对中国上市公司 2001—2013 年年报披露的实证分析》，《经济评论》2016 年第 1 期。

周中明：《从国际比较看我国多层次资本市场的建设与完善》，《经济研究导刊》2016 年第 11 期。

张韩：《信息披露制度创新与注册制改革探究》，《财经界》（学术版）2016 年第 13 期。

詹雷、吴柠杉：《招股说明书风险信息披露分析——以电商企业为例》，《财会通讯》2016 年第 17 期。

二　外文文献

Alpert, M. and Raiffa, H., *Judgment under Uncertainty: A Progress Re-*

port on the Training of Probability Assessors, Cambridge: Cambridge U-
niversity Press, 1982.

Atkins, A. B. and Dyl, E. A. , "Price Reversals, Bid – Ask Spreads,
and Market Efficiency", *Fin Quant Anal*, Vol. 25, No. 4, 1990,
pp. 535 – 547.

Annorjee, A. V. , "A Simple Model of Herd Behavior", *Quarterly Journal
of Economics*, No. 3, 1992, p. 103.

Bem, D. J. , "An Experimental Analysis of Self Persuasion", *Journal of
Experimental Social Psychology*, No. 1, 1965, pp. 199 – 218.

Barber, B. M. and Odean, T. , "Trading is Hazardous to Your Wealth:
The Common Stock Performance of Individual Investors", *Journal of
Finance*, Vol. 55, No. 2, 2000, pp. 773 – 806.

Chan, K. C. , "On the Contrarian Investment Strategy", *Journal of Busi-
ness*, Vol. 61, No. 2, 1988, pp. 147 – 163.

Chopra, N. , Lakonishok, J. and Ritter, J. R. , "Measuring Abnormal
Performance: Do Stocks Overreact?", *Fin Econ*, Vol. 31, No. 2,
1992, pp. 235 – 268.

Conrad, J. and Kaul, G. , "Long – Term Market Overreaction or Biases in
Computed Returns?", *Journal of Finance*, Vol. 48, No. 1, 1993,
pp. 39 – 63.

Clare, A. and Thomas, S. , "The Overreaction Hypothesis and the UK
Stock Market", *Journal of Business Finance & Accounting*, Vol. 22,
No. 7, 1995, pp. 961 – 973.

De Bondt, W. and Thaler, R. , "Financial Decision Making in Markets
and Firms: A Behavioral Perspective", *Handbooks in Operations Re-
search and Management Science*, No. 9, 1995, pp. 385 – 410.

Fischhoff, B. , Slovic, P. and Lichtenstein, S. , "Knowing with Certain-
ty: The Appropriateness of Extreme Confidence", *Journal of Experi-
mental Psychology: Human Perception and Performance*, Vol. 4,
No. 3, 1977, pp. 552 – 564.

Fama, "Market Efficiency, Long – Term Returns, and Behavioral Finance", *Journal of Financial Economics*, Vol. 49, No. 3, 1998, pp. 283 – 306.

Hira, A. and Hira, R., "The New Institutionalism: Contradictory Notions of Change", *American Journal of Economics and Sociology*, Vol. 59, No. 2, 2000, pp. 267 – 282.

Odean, T., "Do Investors Trade too Much", *American Economic Review*, Vol. 89, No. 5, 1999, pp. 1279 – 1298.

Zarowin, P., "Size, Seasonality, and Stock Market Overreaction", *Fin Quant Anal*, Vol. 25, No. 1, 1990, pp. 113 – 125.